高端访问

危机、转型与增长

张军/著

人民东方出版传媒

东方出版社

目　录

下　篇

前　　言

对于一位研究中国经济的学者来说，接受国内外媒体采访是常有的事。我也一样，经常要接受媒体的采访。很多是通过电话，比较简短，但也有数量不少的专访或面对面的长篇访谈，这些专访的内容比较集中，而且时间相对较长一些。但我从来没有想到要去编辑一本访谈的集子。

两年前，因为要协助编辑一本我与多位国际著名经济学家的对话集（2017 年 8 月以《顶级对话》为名由文景出版社出版），我才意识到，或许我自己也应该编辑出版一本我自己是被访谈主角的专集，作为《顶级对话》的姊妹篇。

但当我决定要编辑这本集子的时候，我才发现我接受媒体访谈的数量远超我的预期，而且访谈涉及的内容繁杂。后来我不得不把时间范围缩小到最近几年，而且只以涉及这些年中国经济与全球经济的内容作为主线。还有很多接受媒体的访谈涉及了经济学的研究，包括对某些经济学家（如诺贝尔经济学奖获得者）及其经济理论的评价，囿于篇幅，在这本书里暂未收入。

过去这几年，中国经济的一个根本性变化是增长率出现了下降，宏观经济上也出现了很多值得关注和思考的现象。加上全球经济进入所谓的"长期停滞"（secular stagnation），经济学家不得不面对这些问题并有所解释。以这个为主线,我在本书收集了几十篇不同的媒体对我的专访。经过对这些访谈关键词的仔细提炼,出版社把这本访谈集命名为《高端访问:危机、转型与增长》,也算贴切。

有意思的是,这个书名其实也是对我2009年出现健康危机以及康复之后的生活与研究工作的真实写照。上海的新媒体《上观新闻》诞生后不久就安排记者对病后复出的我做过一个长篇专访,在网络上分上下两篇推出。后来,同样是《上观新闻》的记者,对我担任复旦大学经济学院院长两年来的工作也做过两次专访。在这些专访中,我都对媒体谈及了一些私人的内容,其中就包括之前所患的疾病。是否把这几篇涉及我个人生活的专访也收入进来,作为本书的下篇,我犹豫过,但最终还是决定放进来,我觉得这应该是一个不错的想法。

我要感谢这些年来跟我保持密切联系的诸多媒体的记者,有些已经是很多年的朋友。是的,很多有影响的财经媒体如《经济观察报》、《21世纪经济报道》、新浪财经、网易财经、凤凰网、FT中文网等跟我都有很多年的合作。在上海的《文汇报》、《解放日报》、《东方早报》、《第一财经日报》、《澎湃新闻》、《观察者网》和《上观新闻》的很多资深编辑和记者更是跟我保持着密切的关系,包括秦朔、邱冰、金仲伟、杨燕青、季桂保、范兵、郑红、张明扬、高艳平、徐蒙、郑景昕、陈抒怡、柳森等,大多数访谈都是他们出马或出面安排的。在《东方早报》还存在的那些年,我多次接受过张明扬的长篇专访,而且几乎每次都是在《东方早报·上海书评》作为首篇刊发的。当然也要谢谢李媛在《东方早报·上海书评》上五次为我画了封面肖像画。

　　我还要感谢东方出版社的李烨女士，她为本书的出版付出了不少的心血。她不仅积极推动我出版这样一本书，而且还亲自帮助收集整理每一篇访谈并担任本书的责任编辑。顺便说一下，这是我们之间合作的第三本书。

　　过去的 8 年，我要感谢的人很多，包括我的父母、岳父岳母、兄弟姐妹等。我也要感谢学校的领导和我的同事、研究的合作者及我的学生们。我尤其要谢谢我的太太、儿子和儿媳给予我的爱的力量和无微不至的关怀，以及小乔者和小乔玮兄妹的到来给我和整个家庭带来的无比的快乐和幸福。

张　军

2017 年 11 月 12 日

上

篇

经济增长不能缓解收入分配不公？

在充斥着各种关于收入分配改革的新闻与"噪音"的时候，张军认为，一位负责任的学者有义务告诉公众，什么才是最大的公平，什么才是当前中国劳资博弈的真相，尽管这些并非那么动听，有时还理性得让人很难接受。

问：收入分配改革问题近 1 年来可以说已经成了中国人最大的政治，从政府到媒体到民众都在关注这一问题。这一话题的变热是否说明中国的收入分配状况比从前恶化了？

张军：如果翻阅一些中央文件就会发现，早在差不多 10 年前政府就开始关注收入分配问题了。而经济学家对此的研究早在 20 世纪 90 年代初就开始了。但总的来说，那时政府工作的重点是解决国有企业的问题，之后重点又转移到"三农"问题。随着上述问题的缓解，政府目前将收入分配改革作为新的重点来抓，从而也吸引了各种社会话语与舆论聚焦于此。但必须说明的是，目前对收入分配问题的关注并不意味着分配状况在这 10 年中持续恶化了。2004 年之后，中国政府在解决收入分配差距上做了很多重要的事情，特别是解决农民的负担。减负就是增加农民的收入。我认为不能把目光仅仅停留在城市内部人与人的收入差距，因为这个收入的差距绝大部分是职业和行业的工资差距造成的，是可以解释的差距，有相当的合理性。

中国收入分配的最大问题其实是地区之间的差距，即城乡之间的差距。但大家现在谈论这个话题时往往把眼光聚焦于城市内部个体收入的差异，像"蚁族"这样一批有话语权的年轻人越来越受到舆论的关注。刚才提到，2004 年之后中央采取了大量增加农民收入的措施，农民收入的增速很快，就这个角度而言，广义上的收入分配差距，即城乡收入差距并没有延续拉大的趋势。只是农民并没有太大的话语权，特别是网络论坛的话语权，他们是沉默的大多数。

从长远来讲，为确保地区之间收入分配公平，政府应当加大基础教育与医疗的投入力度，教育是投资于人力资本，医疗是保证健康，这两个东西是未来决定收入的决定性因素。中国未来的孩子不管在什么地方，都应该享受同样的教育、医疗、保健。这个做好了，地区之间未来的收入差距就会更加公平。

问：但问题是，很多人就是不相信统计数据，不相信经济学家的研究结果。觉得自己的收入在降低、生活在恶化，比如"蚁族"和富士康的工人们。

张军：我注意到，经济发展到一定水平，都会经历一个社会高度关注收入分配的阶段。在这个阶段，对收入分配状况的各种不满会集中爆发出来，有时候会非常刺耳。这当然不是什么坏事。但我们也要看到，这里面的"噪音"很多，需要我们的学者，特别是经济学家帮助政府和民众加以分析、辨别和澄清。你说到很多人不相信统计数据，并不完全代表数据本身不可信，而是因为人们在这个时候往往缺乏理性，不愿意倾听经济学家对数据的分析。这是真正的问题。政府的政策要试图建立在科学分析的结论的基础上，不能由那些"噪音"分贝来决定。比如，很多人只关心为什么有的人的收入是我的收入的几十倍甚至上百倍，而不懂得个体收入之间的差别尽管很大，但却可能是正常的、可解释的，这个差距是由教育水平、技能、工作性质、行业、地理位置以及劳动力市场结构的差别等很多因素决定的，在任何国家都是如此。这跟我们所关注的收入不平等的问题在性质上是完全不同的。工资和收入的差距只要是可以解释的，就不是问题。在中国这样的经济发展阶段，这样的差距其实正是未来效率增进、结构变迁和经济增长的源泉。不然我们就不能解释，为什么我们的基尼系数超过所谓的国际警戒线起码 10 年了，我们还能维持下去。只要人们对未来的期望收入随着经济还在持续增长，它就不是特别严重的问题，我们就能赢得时间来消解这个问题。

不可否认，当前"噪音"分贝最高的年轻一代并未经历过中国经济变迁的过程，更没有经历计划经济时代，他们不知道真正的贫困意味着什么，他们看到的只是一个当下的截面。这使得他们很容易感性、孤立地看现状，认为所有弊端都是市场化等当前政策带来的。他们不知道这些问题都是阶段性、过渡性的，并且一些看似无法讨论的问题其实都是有解决方案的。许多发达国家在类似的人均收入水平上都经历过相似的状况，这都为我们提供了相当好的参照系。人们太容易把目前的局面都归结到体制上，其实如果我们把中国放到全球一两百个经济体当中看，很多问题并不"另类"。

更年轻的一代民工已经没有他们的父辈进城打工这样一种经历。当他们的父辈决定要离开农村进城打工的时候，他的参照系是在土地上一年能挣多少钱。可以说，这些人原本的生存工资几乎是负的。那么，一旦他的工资可能转为正数，他就会选择进城，并一步一步开始打工，在城市中立足。但是他们的孩子一出生就生活在城里，是打着电子游戏成长起来的一辈人，和他们种稻子的父辈完全是两代人。

问：从务实的角度来看，如何看待"蚁族"或者80后民工的糟糕感受呢？

张军：我们的经济在转型、城市化在进行，这是一个必须面对的痛苦过程。所有的成功经济体都曾经历这个过程。现在大学生在北京、上海等一线大城市的生活状况肯定在恶化，因为竞争越来越激烈。但年轻人的地理选择空间也在相应扩大。可以选择待在一线城市，也可以退居二线，现在不是有一个流行的名词叫"逃离北上广"吗？比如富士康最近说要在中西部投资，对中西部类似年龄段的年轻人就是一个机会。同样的问题，在上海看和在二三线城市看完全是两个概念。中央政府这些年来创造了很多条件，鼓励人才要素往中西部流动，但效果并不理想，孔雀还是爱往东南飞。在一线城市的生存压力这么大，生活费用这么高，人们仍旧不愿离开这里。

然而，现在靠市场的力量，政府甚至不需要开出更优惠的条件，很多年轻人也开始转变观念，开始向二三线城市迁徙。这个过程是痛苦的，对很多年轻人来说也是被迫的，但对经济转型肯定是有促进作用的，可能在很短的时间里这个问题就有解了。10年前我们几乎都认为这个问题不可能解决，但10年后这个问题就逐步找到了答案。尽管解决的形式不是那么美，付出了我们并不情愿付出的代价，特别是当转型的压力落在本来已承受巨大考验的年轻人身上之时。

　　问：我们刚才谈的很多东西都属于"效率"的范畴吧，现在的舆情是似乎很多人挺烦 GDP 这样的东西，大家都想知道收入分配的"公平"在哪里？

　　张军：现在民众更关注分配中"公平"的丧失，认为如此"分蛋糕"导致了资本占有者的收获比劳动占有者多，被认为产生了所谓的"国民收入分配不公"。那么这个现象是否合理呢？在大多数经济学家看来，这并不是反常的现象。因为在考察中国收入差距扩大这样一个现象的时候，必须考虑劳动和资本的相对稀缺性。没有人会挑战说中国不是一个资本稀缺的国家。从这个意义上讲，在劳动力相对资本不那么稀缺的时候，收入差距的扩大是一个必然要发生的现象。那大家又会说，不能把差距拉得太大。这就说明大多数人假设收入差距只会拉大，不会缩小。我个人认为这样看问题是错的。

　　其实在这些问题上，经济学家有很好的理论可以帮助解释我们在中国看到的现象。这些理论当然是基于大多数发达国家的经济转型的经历和经验，但我相信对很多发展中国家的经济政策有重要的参考价值。一种理论提出，经济增长与收入分配之间存在"涓滴效应"（Trickle-down Effect），简单地说就是"水涨船高"效应。只要维持经济的快速增长，只要人均收入能得到持续提高，收入不平等的问题最终会得到解决。经济学家库兹涅茨从很多国家的经济发展经验中也发现，人均收入增长与收入不平等之间在统计上存在倒 U 型的函数关系。也就是说，人均收入提高到一个"阈值"之后，收入不平等的现象就会得到缓解。我们可以猜测，这个函数关系的背后当然是政府再分配政策扮演重要的角色。这就说明，这个问题在理论和经验上都是有解的。

我们最近一项基于 1978~2008 年数据的实证研究发现，改革中居民收入差距与城市就业比之间呈现出倒 U 型规律，即出现"库兹涅茨进程"。研究还显示，城乡之间收入差距始终占据主导地位，各地区之间收入差距显著大于各地区内部收入差距。因此，打破城乡劳动力流动的制度障碍和坚持城市化战略，提高城市就业人口比重，对平抑收入分配差距意义重大。

现在有一种看法认为如何分蛋糕决定了蛋糕能做多大。这个看法在理论上叫作通过收入再分配来促进经济增长。在这方面，经济学家在理论上还没有找到这个命题成立的很好的增长机制。有意思的是，在理论和经验上，我们有平均主义的收入分配如何摧毁经济增长机制的典型案例，那就是中央计划经济模式。这些年来，经济学家也在试图寻找一个理论上的机制，看看究竟多大的收入差距有利于经济增长而不是相反。所谓更惠及穷人的增长或者包容性的增长这些概念的出现显示了经济学家在这方面的努力，不过，我还没有看到通过过大的收入再分配来更好地促进增长的经济理论的出现。

有些人会说北欧提供了一个支持上述命题的很好的例子。的确，相对于其他地区，北欧人的收入分配状况更平等。这当然是政府收入再分配政策的结果。但这是否意味着更平等的收入分配更有利于增长呢？我认为很难得出这个结论。一个事实是，北欧的政府再分配和高福利模式抑制了"资本主义的"竞争和创业精神。没有了市场竞争的压力，也许的确让一些人能更注重自己喜欢的事业（艺术创意就属于这样的活动）。但即使这样，我们也得承认，总体而言，这个模式在理论上需要满足的条件（如生产力水平、人口素质、资源禀赋、地理环境等）非常苛刻，难以移植到更多的国家去。

问： 有种观点认为，中国将迎来工资大跃进，理由是劳动力将进入稀缺时代。

张军： 很多人现在解读富士康、本田事件，因此联想到"刘易斯拐点"的问题，会思考中国在最近是不是开始出现了转折点，劳动力增长由加速变为减速。减速以后，工资上涨的压力就很大。如果工厂和企业不能很好地应对劳动力工资上涨的压力，那么就会出现利益上的冲突，就会出现类似富士康的事件。到目前为止，我还没看到一个正式的研究，从个别企业的现象来推断中国是否进入了劳动力短缺的时代，甚至推断中国是否面临着"刘易斯拐点"。对这两个命题，我给出的答案是否定的。现在的加薪潮是地方政府行为。我觉得现在的举措，包括新劳动法、工会要搞的劳资谈判，包括国民收入倍增计划、最低工资上调20%的政策，都是一系列政府行为，但未必会带来好的结果。这些举动的前提是，我们真的出现了"刘易斯拐点"。从富士康事件中可以确切地推断中国进入了这个阶段了吗？我觉得现在证据不足。

人们总是抱怨工资增长赶不上劳动生产率的增长。可是实际情况是，在中国，劳动生产率的增长主要来自资本—劳动比率的提高（或者叫资本装备的改善，经济学家称之为"资本深化"）。既然资本对生产率的提高贡献大，资本当然也就拿了大头。所以，工资增长与劳动生产率增长之间的差距（成为投资回报率的主要来源），反映了中国所处的工业深化的阶段，并没有错。没有这个差距，产业就不能深化下去，产业结构的升级和产业竞争力的提升就是空话。

中国仍处在工业深化的阶段。在相当长的时间里，产业的升级仍将表现为资本的不断深化，也就是快速提高制造业的资本密度和附加值。而资本密度越高的行业，生产率越高，但劳动报酬的份额却相对越低。只有产业结构提升到高端服务业（如金融、贸易等）主导的阶段，资本深化的过程才有望结束。而这时候，生产率越高，附加值越高，人力资本（劳动）所得份额也就会不断提高，成为附加值中的主导部分。所以，劳动报酬占比的变化与产业结构的性质和升级阶段有密切的关系。

问：您提到加薪潮是地方政府行为，而之前他们更倾向于资方以吸引投资，目前他们在劳资对抗时对劳方的一定保护，难道不是一种社会进步吗？

张军：地方政府的态度转变和中央政府政策的调整有关。但对地方政府来讲，最重要的还是经济增长，所以资本对它来说仍旧很重要。目前这个"政治正确"的调整是否真的会对地方经济的发展带来正面的影响，我表示怀疑，并且我认为在转向的过程中会产生很多对冲。因为工资是刚性的，如果真的上调了工资，减少了引资的力度，那么就必然会伤害地方经济的发展。短期内，后果可能还不明显。3年、5年后可能会进一步出现区域性经济差距的拉大。中央政府不应该一刀切，而是应该留给地方政府一定的自主权。不同地区的经济初始条件大相径庭，沿海和内地、南方和北方的情况都不能一概而论。诚然，有的地方必须通过提高最低工资以促进转型，必须让工会在劳资谈判中扮演重要的角色，但有的地方就不一定。所以中央还得留出一定的体制弹性，否则很多地方很可能丧失发展机会，地方差距会拉得更大。

我知道大家目前对地方政府推动经济增长的热情不以为然，然而现在关心收入差距的拉大，这些问题都需要依赖政府的二次、三次分配来最终解决。但政府自身并不创造收入，政府的资金来源于经济发展，来源于税收。如此看来，经济发展不但不允许减缓，相反只有经济高速发展了，才能谈下面的解决方法。我个人认为，中国目前收入差距最终是一个就业创造的问题。未来20年内中国还有2亿农村人口将向城市转移，这是一个潜在的更大的"公平"。这意味着需要把更多的人纳入到国家的就业体系中，使之进入市场经济的轨道，让他们的边际生产率由负变正。这些从农村出来的人恰是最边缘化、最没有话语权的群体。为什么很多经济学家并不支持新劳动法？就是因为它其实只保护了已就业者的利益，伤害了就业创造。所以它将来保护不了那些进入城市的农村人口，他们可能连就业的机会都没有。

（本文发表于 2010 年 7 月 25 日，《东方早报·上海书评》，

记者：张明扬）

贸易摩擦不应成为中国负担

中国商务部副部长兼国际贸易谈判副代表钟山2012年3月在岭南论坛上，表示中国的世界贸易大国地位已经确定，2011年中国外贸额达到3.64万亿美元，比1978年增长了175倍，中国是世界第一出口大国和第二进口大国。

中国日益成为国际贸易主角的同时，也成为世界贸易摩擦的中心。据WTO统计，自1995年以来，截至2010年，中国已连续16年成为全球反倾销措施的最大受害者，并自2006年以来连续5年成为全球反补贴措施的"重灾国"。

贸易摩擦焦点在于中国巨大的贸易顺差，欧美国家以中国巨大的贸易顺差规模为由，要求人民币升值。但是，通常我们只会看到数据统计上大额的贸易顺差，却很少有人关注：贸易顺差里究竟有多少价值是中国创造并享有的？中国巨大的出口总值是否能真实地反映出中国在出口中获益的情况？中国和其他国家的贸易不平衡是否被夸大？

一、贸易摩擦是政治问题

问：来自商务部的统计显示，2011 年，中国出口总额约 1.89 万亿美元，而 2011 年中国共遭遇反倾销、反补贴、保障措施、特保调查 67 起，涉案金额 59 亿美元。与出口总额相比，涉案金额实际上占比很小，但是关于贸易摩擦的声音却很强，贸易摩擦是否被夸大？

张军：历来，贸易摩擦就是个政治事件。从经济学上说，贸易摩擦是无谓的。从亚当·斯密、大卫·李嘉图，到卡尔·马克思，再到当代的一些经济学家，无论是经典作家还是当代经济学家，有非常完美的理论来论证为什么两个国家要做贸易，所谓贸易双方都是互惠的。不可能出现一方损失，一方获益，否则贸易没办法进行。既然贸易是互惠的，那么摩擦就无谓了。

摩擦无非就是贸易双方中一国出口过多，冲击另一国国内的产业，影响其国内就业，所以要采取各种贸易限制，以关税或非关税的方式来提高壁垒。

贸易摩擦是个政治问题。政治问题，就是政府要反映老百姓的利益。美国政府对中国产品征收关税等提高壁垒，是由于来自国内产业企业主的压力，以及媒体或公众的呼声。中国的产品进入美国，给美国提供廉价质量好的产品，给美国创造很多福利，节省了大量成本。虽然美国的某些产业竞争不过中国，很多中小企业关闭，如劳动密集型行业，像之前美国针对中国光伏产业，是因为光伏产业在美国也是劳动密集型产业。但是，对美国整个国家来说，中国商品出口带来的福利远超过负作用。

政治问题的背后，是美国局部行业、部分老百姓利益的相对变化、内部利益相对分配的变化。利益相对分配的变化就是政治要解决的问题。贸易可以创造更多的利益，但是会影响利益的分配，这就是分配的问题、政治的问题。

问：贸易摩擦是多年来的老问题，在金融危机后，更为明显，2012年伊始中美贸易摩擦频频出现，美国方面连续对中国产品发起"双反"和"337调查"。那么今年的贸易摩擦与之前比，是否有新的特点？

张军：无论是改革开放后，还是在加入世界贸易组织（WTO）之前，贸易摩擦一直都有。但是，中国加入WTO后，贸易摩擦出现得更加频繁。因为之前中国不是WTO成员，有很多贸易上的问题，就没有引起很大的争议。而加入WTO后，中国的贸易增长非常快，中国在国际贸易中的地位得到认同，欧美看待中国的角度改变了，不能再忽略中国。这带来的变化，就是贸易摩擦现在已经变成常规化了，不是像之前，只是偶然事件。没有必要太严肃地看待，贸易摩擦发生的理由未必有那么大，只是政治上的动作，中国政府不要把它当成一个负担。

问：金融危机后，美国针对中国的贸易调查更频繁，是否与美国的"再工业化"，重新重视发展制造业相关？

张军：金融危机后，美国总统奥巴马有一个宏伟的计划，就是所谓的重振美国制造业，重振美国出口。其实，从国际贸易的数据来看，美国制造业的出口占绝大多数，制造业的地位没有动摇。但是，美国中小企业因为受到新兴国家出口的影响有一些问题。奥巴马可能出于政治上的策略，说要重振制造业。美国右翼政客也要求制定法案，保护美国制造业。这三四年来，美国在立法层面上，加强了对本土制造业的保护，这在客观上会让进入美国市场的壁垒提高，也就使贸易摩擦加剧。

现在有一个有趣的现象。过去美国主流的经济学家，也就是自由主义的经济学家，本来主张自由贸易、降低关税、解除贸易壁垒，开放市场，现在他们都反过来帮美国政府说话，认为美国政府不能袖手旁观，支持政府通过法案保护制造业。这是在 2008年金融危机后出现的现象，过去不曾有过。解释这个现象的背景，就是美国经济近年的变化，尤其是出现没有就业的增长（Growth without Job）。面对严重结构性的问题，美国需要改革，而改革在美国谈何容易，美国其实是个非常讲政治的国家，既得利益盘根错节，很难改变。

二、培育中间组织

问：还有一个变化，美国发起的反补贴、反倾销裁决行业似乎正由美国的夕阳产业，转向新兴行业、科技密集型领域。这是否说明，中美两国的贸易互补性正在向竞争性转化？

张军：表面上看是这样。美国的公众或者中小业主，觉得之前中国出口到美国的都是服装、玩具、塑料制品，放在美国的 One Dollar Shop（一美元商店）中卖。而现在，好像从中国进口的都是机电产品、电子产品，还有一些复杂的汽车零部件，比如通用从中国进口了大量零部件，波音公司也从中国进口零部件。中国出口的产品似乎已经升级换代。在美的纳斯达克市场挂出的都是中国高科技企业。

但问题是中国现在的出口商品中，技术复杂性、技术含量究竟怎样呢？这就涉及附加值的问题。拿最发达国家出口的产品清单跟中国对照，会发现最近 10 年，重叠的部分越来越多，表面上，出口产品的复杂性提高。一个国家出口产品的技术复杂性，从经验上说，跟该国人均 GDP 是成正相关的。中国出口商品的技术含量，大概相当于一个人均 GDP 高于中国 3 倍的国家。我的看法是，首先说明出口产品升级换代快，但是不同行业差别很大，电子、IT 行业，中国国内附加值仍偏低，大概只有 10%，更多是用进口零部件组装。中国贸易方式更多是加工贸易，基本上是跨国公司外包加工业务形成的。

问：2011 年美国对中国企业发起涉嫌知识产权侵权的"337调查"16 起。专利侵权更多的是小微企业，这是否从另一个角度说明中国企业的创新能力需要进一步提高？中国企业应如何避免知识产权纠纷？

张军：中国大量中小微企业，不怎么跟政府打交道，也不怎么得到政府的支持。中小微企业进入市场的方式千差万别，对市场的了解、对国际贸易的游戏的规则可能不清楚，只知道如何模仿现有产品、品牌，如何生产产品。

但当这些企业参与国际贸易、生产产品外销时，就需要更多的机会了解规则，增加知识储备，提高人力资本水平，这是个渐变的过程。我个人认为，中国的经济和东亚的韩国、日本都很类似。应该鼓励企业与政府之间的组织，通常我们叫中间层组织，如行业协会的发展。在知识产权侵权比较多的时候，政府介入并不是件好事，不如交给社会的中间组织。中小微企业更需要中间组织的发育，中间组织可以维护、代表中小微企业的利益，同时也能规范中小微企业。

三、贸易统计法的不科学性

问：您的文章曾提及中国制造产品只是处于全球产业链中低端。中国出口技术复杂产品的现象下面，其实还是加工贸易的扩张，而我们忽略了区分出口的附加值。那么，如何让贸易统计方法更科学、准确地反映出口的真实情况？

张军：我觉得，WTO 在这个事情上的角色很重要，因为这不仅仅是中美之间的事情。当然，由于中美之间贸易不平衡，中美贸易摩擦突出。贸易不平衡，只是因为统计上贸易余额大。现在的统计，是统计贸易总值，不是统计贸易附加值。现在，中国的进口量虽然很大，但是出口以贸易总值统计，所以贸易顺差大。而在中国出口美国的产品价值中，很多不是中国的价值，是从其他地方转移过来的价值，也就是说，从账面上看，中国有大量的顺差，但是实际上，在顺差里面，有大量的钱给了法国、澳大利亚等国。这样的结果，很大程度上是统计造成的。

过去 20 年，加工贸易发展很快，特别是在亚洲地区。加工贸易发展迅猛是由于跨国公司的外包，所谓外商直接投资比较活跃。亚洲很多国家就去做加工贸易，中国也如此。加工贸易会扭曲贸易双方的不平衡程度，加工贸易越多，扭曲的程度越大。

现在的贸易统计，是根据原产地来统计的。比如，来自中国的手机出口到别的国家，别的国家的海关就记为中国。而可能这当中 70% 的价值，是来自其他国家。最近这两年，WTO 的总干事帕斯卡尔·拉米，无论在欧美还是在中国，都呼吁必须改革现有的贸易统计，建立附加值统计的系统，以还原两国或者多国贸易不平衡的真实面貌。而且，他推测，如果按照贸易附加值统计，中美贸易不平衡程度会下降一半还多。

因而，现在要做的，就是使 WTO 这样的国际组织，来推动建立全球的附加值统计系统，建立跨国投入产出表。现在每个国家都在建跨国投入产出表，因为这个表可以显示，最终产品价值里有多少是中间产品的价值，这些中间产品来自什么地方，这些都有记录。但是，现在缺少一个全球的，就是跨国的投入产出表。如果可以做出跨国投入产出表，就可以实现拉米建议的去改变现有的贸易统计方式的目的。

问：建立全球投入产出表难度大吗？现在是否已经有局部地区的投入产出表？

张军：局部地区已经有了。比如，在亚洲地区，日本的一个贸易促进会和一个亚洲研究所，在跟 WTO 合作，建立了亚洲的投入产出表，涵盖 9 个经济体，包括中国在内。但是它只是局部的，应该由各地区制作，最后组合成一个全球的投入产出表。

当今外商投资活跃，国际分工由横向分工变成纵向分工，在这种情况下，各国贸易统计需要改变，不然会扭曲贸易余额的大小。所以，投入产出表是一个非常重要的国际项目，需要有一个国际组织，如 WTO、世行，或者国际货币组织参与，制定全球的投入产出表。

四、贸易摩擦会常态化

问：发展中国家近期对华贸易救济措施增加，应对来自发展中国家的贸易摩擦，如何建立和完善政府间的贸易救济合作机制？

张军：跟发达国家做贸易，通常是和进口商或和他们所在的中间组织打交道，有公平游戏规则，不需要跟政府打交道。但是，到发展中国家，就必须考虑跟政府打交道，发展中国家普遍的问题是：不是法治是人治。所谓的政府就是地方政府，跟发展中国家做贸易，要寻求地方政府的支持。

建立政府间合作机制，就是政府做担保、做承诺，政府扮演的角色更重要。中国和其他发展中国家领导人互访的时候，更多的不是在政治上谈大的全球问题，基本上谈的是贸易，怎样使双方的贸易、投资有更好的发展，出了问题双方能更好地解决，或者说降低风险，基本上就是风险担保的做法。

问：未来贸易摩擦会进一步严重吗？

张军：在西方发达国家，反对全球化的声音很强。认为全球化代价比较大，比如环境代价，全球化未必是件好事。但是，我想从长远来说，全球化是好事情，将来互通有无，甚至护照都不需要。但是，在全球化的过程中，对它的批评声音也会很多，从这个意义上说，贸易摩擦只会越来越多。因为全球化直接的成果就是贸易便利化，会影响一个国家内部的利益分配，所以就变成一个政治问题。我所指的贸易摩擦越来越严重，是说会经常发生，就是常态化。对于中国来说，就是持有平常心。

问：既然中国和欧美等国的贸易摩擦不可避免，对中国政府来说，该有哪些应对措施？如何尽快摆脱中国经济对出口的依赖，重点发展国内市场？

张军：出口是好事情。从中国过去20年的经验来看，出口最重要的贡献在于对就业的贡献，排在后面的，才是对GDP的贡献。未来的方向，我们现在尽量不要让顺差增加得太快，完全可以有很大的进口和出口。进口很重要，因为出口都是中国有优势的产品，进口弥补短处，产业进步技术升级。就未来来讲，贸易是重要的，但是不需要追求顺差的最大化，顺差或逆差不重要，关键是保持进口和出口都能有很好的发展。

从长远来说，随着中国人口老龄化，消费的释放应该更多，20年之后，消费占GDP的比重肯定高很多。但是，我觉得，消费、出口是经济发展的结果。要更多地看供给这一方，要看未来经济的潜力，教育人力资本水平、技术水平、研发，这些才决定中国未来的经济。而生产出来的东西，是卖给国内还是国外，这个不需要刻意设计，这是结果。

（本文发表于2012年4月12日，《东方早报·上海经济评伦》，
记者：柯白玮）

地方竞争推动中国高速增长

网易财经《意见中国——网易经济学家访谈录》栏目专访了复旦大学经济学院教授张军。他以学者的理性思考改革的得失，评价朱镕基主导经济改革的 10 年。他认为朱镕基搭下的架构还将继续发挥作用。

张军教授对前总理朱镕基的好感溢于言表。《意见中国——网易经济学家访谈录》之前也有两位嘉宾——张五常和陈志武，对朱镕基给予了非常高的评价。张军教授做客《意见中国——网易经济学家访谈录》的访谈主要围绕朱镕基时代的关键改革——分税制以及地方竞争。

一、朱镕基搭下经济的宏观架构

问：我们知道您在《经济观察报》开了一个专栏，谈改革的往事。

张军：对。

问：从整体上来看，您对改革有一些什么样的看法和感情？

张军：2008年的时候，中国改革进入了第30个年头，那个时候我就开始想，如果能够用我个人的视角去回顾改革这30年，特别是1992年邓小平南方谈话以后的整个改革的进程，我觉得是件很有意义的事情。从我个人的角度去看一些也许在公众看来不是那么起眼的事情，比如说一些重要的会议，可能在公众视野里面这些会议太多了，所以大家未必去关注，但是我自己因为经历过这个阶段，所以回过头去看的话，我觉得有几个重要的会议，可能在改革这30年里面扮演了非常重要的角色，特别是在20世纪80年代，比如像莫干山会议、巴山轮会议、无锡会议等。现在想想我觉得这可能是我人生当中所经历的，我认为最重要的一个阶段，也是最重要的一些片段。

问：您对朱镕基在主政经济工作期间推进的一些改革非常赞赏，您对朱镕基本人有一些什么样的评价？

张军：中国的改革分为两个阶段。在邓小平南方谈话之前的这个阶段，应该说中国进行了一个探索性的改革，当时经济学家把这个改革定义成"渐进主义的改革""摸着石头过河的改革"，总体上的意思就是说，没有自上而下的改革方案，基本上都是通过一些自发的，以及一些试点的改革，然后进行总结推广，所以是由点到面这样一种局部性的改革。

我想这个改革的虽然取得了很重要的成就，但是它没有解决一个很重要的问题，就是在宏观层面上，在整个经济结构的层面上没有很好地改革和规划。因此20世纪80年代尽管因为放开了经济很有活力，可是宏观经济不稳定，所以出现多次恶性的通货膨胀，货币一直超发。这个问题一直到邓小平南方谈话以后，我觉得才真正走进改革者的视野和议程，这样就引出了朱镕基先生在 1991 年到北京工作，担任副总理，然后兼任中国人民银行的行长。

他上来以后就进行了很重要的宏观层面的改革，也做了很重要的几个今天被看作结构性改革的工作内容。首先，就是严肃金融的纪律。因为 20 世纪 80 年代的时候很混乱，所以一定要把金融管住，票子不能多发。应该说他在这上面做了很重要的工作，真正地强化了央行这样一个角色，而且建立了商业银行与央行之间的可以调控货币的一套机制。

第二，我觉得他开始把财政跟银行彻底分开了。因为过去通货膨胀一个很重要的原因就是财政，就是政府没钱了，向银行去透支，银行变成财政的"钱袋子"，而这个钱是不还的。我记得朱镕基在那个时候讲过这样的话，政府向银行借钱，不能打白条，你要还。那时候是什么意思？就是说你要真想借钱的话，你发债。政府发债，那么银行买这个债，你不是把这个钱就拿到了吗？但这个债是要还的，所以你要承担起发债的责任。就是说你不仅要融资，同时还要有还款的义务。所以他把银行跟政府的关系彻底理顺了，从此没有透支了。否则通货膨胀是没有办法从根本上解决的。

第三，我觉得就是他对国有部门进行了大刀阔斧的结构性改革，也就是除了保留所谓战略性部门的国有或者国家控股的这些行业以外，绝大多数的行业里面，国有企业全部退出，全部私有化。尽管社会成本很大，比如说有几千万的职工下岗，但是在那个时候，中央政府还是承担了这样一个社会的成本，用了四五年的时间把整个国有部门的民营化的结构改革基本上完成，奠定了后来宏观经济稳定和经济高速增长的基础。

他还有一个最重要的工作，就是在 1993 年的时候，说服了地方政府的大员，能够顺利地推行中央跟地方政府的分税制。分税制改革我认为非常非常重要，在中国的 30 年改革历史上，它是最重要的一个改革，因为它把中央跟地方的财政关系彻底理顺，然后加强了中央政府对宏观经济的驾驭能力，也增加了财力；分税制也加强了中央政府向中西部地区的转移支付，对于财政的平衡，扮演了非常重要的角色。

当然更重要的我认为分税制实际上建立了一个地方政府为增长而竞争的这样一套激励机制，比如说增值税的引入。增值税在中央跟地方政府之间分享，其实某种意义上讲是导致地方政府加大对基础设施的投入，改善投资环境，进行招商引资等整个一套经济发展的机制的一个前提，一个基础。

所以我认为朱镕基担任副总理，主持经济改革工作的期间，是很值得去研究的一个时间段。我个人认为尽管对他本人有各种各样的说法，对他个人的工作风格也有各种各样的评价，但是我还是很希望能够写一本书，来研究朱镕基在国务院主持经济改革工作的这 10 年，以及在这些改革中所扮演的重要的角色。

我甚至希望能够有机会当面向他去请教一些我还没完全弄明白的问题。因为有些事情只是间接地从二手资料里面来推断，可能是这样子，那么到底是不是这样子？在中国改革的 30 年，恐怕这 10 年是中国经济改革的，特别是结构性改革的最重要的一个 10 年，也是中国经济增长加快、加速的最重要的一个 10 年。在 1994 年以后，就基本上摆脱了 20 世纪 80 年代困扰中国经济的多次的恶性通货膨胀，宏观层面非常稳定，投资环境改善非常快，地方政府相互之间有很好的良性竞争，基础设施获得突飞猛进、日新月异的改善，然后才向世界市场开放，加入世贸组织等。

二、朱镕基巧妙地让地方良性竞争

问：那您认为分税制改革，最终达到这么一个效果，是不是朱镕基有意识追求的一个结果？

张军：这是一个很有意思的问题，因为我自己在研究过程中也不断地去问这个问题，就是当时为什么要选择分税制。

比如说为什么大家对中央地方之间的财政包干有那么多的批评？在这个批评下，当然要寻找改革的出路，那为什么会锁定在分税制这个体制上面？特别是为什么当时会想到引入增值税作为地方跟中央政府之间的共享税种？今天我们都知道，各级政府的财政收入里面增值税是第一大税种，而不是所得税。根据我个人的研究，增值税其实扮演了一个非常重要的角色，就是说上级对下级有一个最简单的政绩的度量，不用别的东西来度量，只要看你的增值税，就能看出来地方政府在地方经济发展上投入怎么样，表现怎么样。它是一个最简单的考核指标，能够相对全面地来衡量地方政府的表现，这些看起来都很巧妙。

我记得张五常先生写《中国经济制度》的时候，里面也有一章专门去讲增值税，他觉得太奇妙了。他发现增值税又变成地租了。因为增值税都来自投资，而地方政府的投资，要吸引外资，要吸引外部的资本进来，招商引资，需要土地，需要土地的开发。所以他觉得这个其实就是地租，他说中国古代历史上就是租税不分的，所以增值税就是一个地租，那么就等于现在中央跟地方在分享这个地租。如果有这套机制的话，他认为总体上可以确保土地得到最有效、充分的利用，所以他认为总体上这是一个非常正面的东西。

三、中国式财政联邦制还可以管用 20 年

问：根据您的观点，在分税制下，地方政府保持了一种竞争的共赢，那么就是说地方政府保持这种竞争的活力的时候，如果仅靠分税制的话，是否能够完全保持地方政府的这种竞争活力？广东省委书记汪洋在两会上说，地方想改革，但是受制于部委的一些不是很好的那种法规的限制，您对这个问题是怎么看的？

张军：现在所有的海内外经济学家对中国经济体制的一个最重要的评价里面，有一个非常有意思的看点就是中国的地方政府相互竞争，这一点在大多数的经济体中都很少出现，就是它们为什么会有这样的竞争。我并不认为分税制是这个竞争的唯一的源泉，比如说光有分税制是不是就一定会带来有效的和良性的竞争？我觉得不一定。

那么我们可能也会考虑到像政治上的权力集中，或者说政治上的威权，可能也扮演很重要的角色。比如说地方政府的领导人的任命全部由中央政府来决定，那么在这种情况下，有了分税制，有了增值税这个要素进去，那么地方政府就必然要对中央政府负责了，所以我们现在当然也可以说，他应该对老百姓负责，现在他不是向下负责，而是向上负责。但是我们在一定阶段里面会发现，当他向上负责，是为了确保经济的发展、经济的增长、改善当地的民生的时候，那他向上负责跟向下负责的差异不是那么大，对吧？

地方政府有了活力，有了竞争动力，同时又受制于中央政府的这个控制，在这种情况下，那么一方面因为竞争，可以带来资源的有效配置、土地的有效配置、经济的增长，同时我觉得在宏观层面上就不至于出大的乱子，否则的话，像 20 世纪 80 年代财

政包干体制下面，地方政府的权力无限大，中央政府又没有办法来控制它，在这种情况下宏观经济就出现严重的波动，反而会让经济出现大起大落。

那么问题就是，这种体制它会随着经济发展、经济阶段的变化，随着时间的推移，成本效益会发生变化，所以也许到今天，那么我们说这个体制的负面的东西也开始暴露出来。在这种情况下我们就需要对这个体制进行一些修补。所以我原则上并不认为，现在这个体制到了一个好像需要推倒重来的、推倒重建的阶段。我认为总体上这个架构应该还可以维持 10 年、20 年的时间，因为中国经济在未来 10~20 年的时间，还是会有一个较快的增长时期。从潜力上来说，缩小与美国之间的人均所得这个差距，我认为最重要的这 10 年、20 年，我们不能错过。

问：美国的州权是宪政一个非常重要的环节，据您看，中国这种非正式的，但是非常有活力的地方竞争的格局，会不会形成一种地方高度自治制度的一个部分？

张军：这个问题比较复杂。就目前来讲，我想在地方政府的层面上，它拥有比如说财政支出上的高度的自主权，另外它在分税制这个体制里面，可以独立地去征收地方的税收，它跟中央政府已经分开了，它不需要上缴给中央政府，它需要在中央政府规定的这个税种里面去收取自己的税收，所以从经济意义上讲，中国这个体制类似于这个财政联邦制。它在这个财政层面上不是跟中央政府之间进行博弈，进行像 20 世纪 80 年代那样，玩各种各样的游戏，隐藏收入，谎报收入，它没有这个动力，这完全是一个稳定的分权体制。所以它很像一个稳定的财政联邦制。

但中国总体上又不是个联邦体制的国家，因为中央跟地方政府目前在政治上的关系，无论在架构上还是在体制上，都跟联邦制有很大的区别。

比如说，我刚才讲，在未来10年、20年，我个人认为地方政府在经济发展的过程当中还将扮演重要角色，而不仅仅是地方公民的一个代表，为地方选民提供社会保障、公平。我想中国的地方政府做的事情比这个多。因为它不仅有社会福利提供者这个角色，也就是说它不仅是个消费者，还是个生产者，它还要在经济发展过程当中扮演更加积极的角色。

如果让我来推测，我个人觉得从现在起20年以后，中国的人均GDP基本上是在人均3万美元的这个水平，那就进入发达国家的行列，那经济总量当然比美国要大多了，但是人均所得差不多是美国的一半。在这种情况下我想地方政府的角色就完全不同了，因为那个时候经济发展已经不是一个头等重要的事情，那个时候更多是考虑怎么样分配我们的财富。

四、分税制应加强地区转移支付

问：现在对分税制的一个最大的质疑就是中央政府拿走了其中很大的比例，现在像广东地税局的一个局长叫王南健他就说了，100元的GDP中，中央政府拿走了55元，您对这个问题怎么看呢？还有一个问题就是，您刚才说在未来20年内，我们中国在财税的制度上，分税制仍然是一个框架性的东西，会发挥更大的作用，您认为其实对分税制在未来20年内可能会有一些修补性的东西，您觉得这种修补性的东西包括哪些方面？

张军：分税制引入以后就有一个理念，希望中央政府集中财力以后，能够加大对中西部地区转移支付的力度，而且这种转移支付应该是一般性转移支付，就是不指定用途的。在 1993 年，不是沿海地区的地方政府都支持和认同，朱镕基做了很多让步，那么其中一个让步是什么呢？就是像广东、上海、江苏这样的地方，说你们先交上来，然后我再返还给你们，就是在 3~5 年里面，我确保你们每年的财政收入不会因为分税制而减少。在《朱镕基讲话实录》里面，有三篇讲话都是针对分税制的，有一篇就是在广东，跟地方的政府官员进行谈判，其中就讲到这个，所以他做了很多很多的让步以及承诺。

结果这样一个东西就延续了很多年，延续的一个结果是什么呢？就是尽管中央政府现在这个财政收入增长得很快，但是每年要向发达地区进行税收返还，而且这个返还头几年力度还是蛮大的，然后向中西部地区进行转移支付。可是在当时的转移支付里面，就是在当初的设计里面，比较多的是强调专项转移支付，也就是说指定用途，比如给你这个钱，是用于某项基础设施的，或者农田水利基本建设里面的某个项目的融资，然后又要求地方政府能够配套，我给你一个，比如说给你 1 个亿，可是你也要拿 1 个亿出来配套。

这样在当时，这些地方政府，特别是像中西部地区来讲，经济不发达，财政收入本身很少，所以拿到了转移支付，它其实要配套也很难，所以在这种情况下它们往往就作假，就带来了一系列的问题。我们做过一个研究，就是分税制以后的 10 多年里面，这个专项转移支付进去到底有没有发挥作用。我们发现，有一个黏纸效应，就是这个钱到了那里以后，基本上没发挥作用，就被吸纳掉了。结果这个钱经常就用于财政吃饭了，它没有发挥到经济发展这样一个层面上去。

发达地区的返还现在都已经没有了，因为已经不需要再返还了。但是对中西部地区的转移支付我觉得做得还不是很好，特别是现在中央政府的财力已经不是当年那个财力了，近年已经有差不多一半的收入都在中央政府手上，这种情况下，就是怎么样更好地发挥财政平衡的功能，我认为在分税制的体制里面，如何更好地体现这个功能，这是未来要修补的一个重要方面。

（本文发表于 2012 年 4 月 18 日，
《意见中国——网易经济学家访谈录》栏目）

中国不应对开放畏首畏尾

> 网易财经《意见中国——网易经济学家访谈录》栏目近日专访了复旦大学经济学院教授张军。他以学者的理性思考改革的得失，评价朱镕基主导经济改革的10年。

一、国企赚钱是件好事

问：朱镕基的女儿朱燕来最近在两会上说，老百姓说的腐败问题，它的原因是政府涉入经济太深了，为腐败提供了机制上的土壤，她认为解决的方法之一，是政府最好退出这种垄断的行业。朱镕基推进的经济体制改革，您觉得在哪些方面做得不是很到位，导致了朱燕来说的这种情况到现在还是大量存在？

张军：今天我们看到的垄断行业，特别是那些战略性地行业，由政府控制的这些行业，当然可以理解为是朱镕基这10年结构改革留下来的一个遗产。那么为什么在当时不能够把这些问题解决了？今天出现这些垄断行业是当时的一个设计。战略性的重组国有部门，其中一个很重要的内容就是，国有企业只保留在战略性行业，要从大量的竞争性行业当中退出，这在当时不仅仅是中央政府，党的文件里面确认、通过，而且在全社会，包括经济学家内部，大家都支持这个方案，所以应该说，20世纪90年代中期，在设计这个结构改革的时候，就保留了这样一个东西。

20年下来，今天大家对国有垄断行业这么诟病，当然反映了当年的改革不彻底。但是我们回过去想一想：在20年前有没有可能把这个问题彻底解决掉？我想在政治上是不可行的。在中国的改革过程当中，很多方案，设计的最优的方案不等于是政治上可行的方案，所以在当时的条件下是不可行的。

因为你抓大放小已经是一个妥协。国有企业怎么可以私有化呢？所以，采取了多种所有制形式。我们不能因为今天看到这些垄断性行业，对它有很多的批评，就认为当年改革是不彻底的，我觉得一个阶段有一个阶段的任务。你要想抓大放小这件事情，放在20世纪80年代那是想都不敢想的事情。

今天我们看到了国有垄断行业的一些问题，我觉得完全可以针对国有垄断行业进行再改革。至于怎么改，怎样来对待国有垄断行业，我认为我们可以再讨论。但是现在社会上流行的看法，认为国有垄断行业包括国有银行应该全部私有化，我觉得这个方案第一在中国政治上不可行，不具操作性；第二太简单，一卖了之这种事情，在我们改革30年的历史上一直是很谨慎来对待的，因为从大多数经济转型过程的经验中我们可以看到，简单的私有化不解决问题。

我们得去想，怎么给国有垄断行业中的这些问题找到一个更符合中国国情的办法去解决，而且在政治上是可行的办法。

比如现在这些国有垄断行业，它有 10% 的的股份是要给社保的，那能不能把这 10% 提高到 20%、30% 呢？这些都是可以调整的。国有垄断行业挣钱不是坏事情，比亏损要好。过去改革以前，20 世纪 80 年代、90 年代国有垄断行业都是亏得一塌糊涂的，那是一个财政的窟窿，可是今天它赚钱了。

而且我们也得承认，它们赚钱也不是那么容易的。大家不要以为它们赚钱一定很容易，即使是垄断的，它从不赚钱到赚钱，也是因为它经营上面通过现代公司治理、通过上市、通过在国际资本市场的融资来实现的，还是一个相对现代的公司。

还有就是说，它既然是全民的，不是要加大分红的力度？我们有一些社会组织、事业部门，过去其实是拿财政的钱的，现在能不能让它通过持有这些大的垄断企业的股份摆脱财政？其实我们现在已经在做了，现在所有的国有上市公司，一上市就要有 10% 的股份给社保基金会，那么社保基金会就变成这些公司的一个股东了。现在能不能把这个思路推广到更多的部门？

问：您认为垄断性行业改革的前景在哪里？

张军：我们现在的这些垄断战略性行业，能不能降低准入标准，民间资本可以进来，这样的话这个市场就会变得可以竞争。所以很多垄断行业，其实某种意义上讲，我们把它定义成垄断，它本身不一定是那么垄断的一个市场结构，比如说航空业，美国 30 年前撤销管制以后，美国的航空业就充满竞争。竞争以后你就会发现有很多公司活不下去，然后就会出现兼并、收购。在过去这是不可能的，因为政府管制，这个门槛很高，私人航空公司，私人资本想经营航空公司是不可以的。

二、对开放的担心都是错的

问：除了分税制改革，朱镕基在担任总理期间，中国发生的另外一件事情就是成功加入了世贸组织。您在加入世贸组织 10 周年的时候写过一篇文章，说"入世" 10 周年回头看经济学家的预测全错。您认为是什么原因造成这个结果？

张军：因为当时，在加入世贸组织之前的那几年，包括我们自己的政府，对中国经济应对外部震荡的抗震荡能力，其实估计也是不足的。当时很明显，我们在谈判的过程中，比如说有些领域我们是不能开放的，有些领域像金融这些就要分阶段地开放等，但是有些，比如像汽车这些行业那就马上开放，所以当时我们是有底线的。从全球来说，大家觉得中国经济如果加入世贸组织以后，全面市场开放，那可能所有的行业都会垮掉，这是当时一个基本的判断，而且很有市场。

除了那些出口有竞争力的行业，比如像纺织、服装，这些劳动密集产业，中国做了几十年了，出口量也很大，这些行业当然没什么问题，但是其他的，特别是那些所谓技术比较复杂，或者资本密集型的行业，包括服务业，中国都应该说禁不起外部的冲击。

所以在这种情况下，朱镕基去谈判加入世贸组织，最后在关键时候，其实他压力很大，对不对？因为大家觉得你进去了，整个经济会不会遭遇灾难性的冲击呀？事后证明，我们低估了中国经济的抗震荡能力。很多部门开放，特别是汽车行业开放以后又怎么样呢？

问：还有银行也是。

张军：对吧，银行开放了又怎么样呢？好像没有出现我们当时所担忧的那些灾难性的东西，相反，我们发现开放了以后这些行业获得了一个相对比较健康的成长环境。

问：竞争力也强了。

张军：竞争加强了，也规范了，引进了规则以后，它们也要按照这个规则做了，混乱的局面没有出现，反而造就了这些开放部门的发展的能力。事实上我们在 2001 年加入以后，中国的贸易扩张速度可以说是数倍于之前的速度，那个时候有了很大的发展，特别是像进口的增长其实还是很快的。进口对我们更重要，因为进口的是资本品、中间产品，包括一些服务等，这些其实对中国经济的整体素质是个提升，我觉得是非常重要的。

所以我觉得加入世贸组织也是一个非常重要的事件，应该说在 30 年改革开放里面，它是很重要的事件。而且因为加入世贸组织，让我们增强了信心，起码这些行业、这些部门的开放，总体上是没有问题的，相反我们在这个过程当中经受住了考验，而且能够不断地提升这些行业的技术等级，产业的结构都在不断地优化，所以我觉得这方面总体上还是很正面的。

三、宏观经济难以预测

问：经济学家中出现了错误的预测，实际情况跟他们的判断是不符的。政府官员对经济的预测会不会也是这样呢？如果也是这样的话，那么政府有一个所谓的宏观调控的提前的预判，会不会也是这样不可靠的？

张军：对。对经济的这个预判，总体上不如天气预报。我想原因很复杂，因为大家的预判总体上都是根据过去的经验，它是个线性的推断，就是过去是这样子的，那么未来也会是这样子。实际上经济可能比天气还要变化多端，很复杂。像中国经济其实在这30年里，特别是20世纪90年代以来的这20年，有很多很多的事情总体上都是远远出乎我们意料的。

我举个例子，就是2003年的时候，高盛推出了一个预测报告，关于中国什么时候能赶上美国的报告。这个当时很有意思，就是说它认为要38年才能赶上美国的经济总量。在2003年，中国的人均GDP才3000美元，要达到60000美元，达到美国的经济总量的规模，总体上高盛认为它的预测已经很大胆了。它认为，从3000美元往上走，到5000、到10000这个速度走的话，它说中国经济增长率，不可能再保持9%、10%，它说会掉到5%，所以按照5%来推，要38年，到2041年才能赶上美国经济总量。

那么实际的情况呢？中国从2003年到现在，平均每年还能增长9%以上，不是5%。所以我就觉得这有很多出乎意料的地方，相对来说大家事后被证明都是过于保守的，因为中国经济的爆发力，有的时候真的是让我们事先不太容易去预测。总体上大家可能对中国经济现在出现一些问题都比较悲观，甚至有人认为也就两三年的时间经济就要"熄火"了。所有这些预判里面有没有道理呢？有道理，他们都抓住了某些证据、某些指标，但是我想从以往的教训里面，我们应该能够做出一个基本的推断，就是说，如果你只看某些指标的话，我想大多数判断将来都要落空。

四、改革年代学者容易成名

问：在您的改革回忆文章里面，您提到了，在当时改革的时候，中国的一些经济学者这么一个群体，您对他们的作用，有一个非常高的评价。您认为现在这些中国经济学者对可能发生的改革，会起到跟以前那样重大的推进作用吗？

张军：哦，我觉得再也做不到。因为那是一个特殊的历史阶段、特殊的知识结构层面上形成的一个特殊的角色。20世纪80年代，关于经济改革的研讨会其实很少，今天我们每天可能有很多很多的这种会议。可是在那个时候，每一个会议都变得那么重要，可是把那个会放到今天，就没有任何价值。

所以我觉得那个时候是一个特定的历史阶段、特定的环境、特定的知识储备，因为刚要改革、要开放，可是我们过去知识的储备、知识的积累都不足以让我们来推进经济改革，我们不知道市场经济是什么东西，里面的规则是什么、怎么做，没有任何知识储备。

尽管那时候的信息不像今天这么发达，可是那时候的年轻人已经可以阅读英文的东西，可以阅读东欧很多国家的经济改革的文献。那时候，比如说请世界银行来召集一些全球的重要经济学家来中国，告诉中国的政府、中国的学者，什么是市场经济，市场经济里面企业应该怎么做，政府扮演什么角色，怎么样调控宏观经济，怎么样控制通货膨胀，怎么样管理货币……这些在那个时候都是新的课题，所以年轻人能扮演重要角色，就是因为年轻人能够在相对宽松的环境里面，积极地去接受来自东欧跟西方的经济学家的文献。

比如说像莫干山会议，大家讨论怎么样推进价格改革、怎么样进行企业改革，都是分成了十几个专题，然后年轻人在那儿讨论。那时候讨论的东西在今天看来已经是常识，可是那个时候它不是一种可以让所有人都接受的想法，所以还会有争论。

现在已经是市场经济了，可市场经济里面政府、市场、社会，对内、对外，经济的结构、生产力，货币制度，外汇，所有这些问题都变得高度的技术性了，中国不再特殊了，跟国际上是一样的，所以你也要跟大家讨论同样的问题。可是在那个时候，是计划向市场转变，谁对市场了解得多一点，谁在那个时候就会变成很有影响的人物，就是这个道理。

问：您怎么评价中国经济学界呢？您认为现在的中国经济学界跟20世纪80年代或者90年代有什么不同？

张军：我想最大的不同就是，20世纪80年代的经济学界，经济学家们关注的问题，是中国的命运，或者说是中国的改革，所有的人讨论的问题都是同一个问题，就是改革。今天的中国经济学界，我想就是多元化的。有一部分经济学家是关注我们自己的问题，但是可能很多更年轻的经济学人，大家是在做跟国际的经济学界比较接轨的东西了。也就是今天是做经济学，当年是思考中国经济，这是一个最大的区别。

也就是说今天我们可以拿出很多响当当的经济学家，可是在20世纪80年代，中国没有经济学家，中国只有对中国经济进行思考的学者——他们没有经过很好的经济学的训练，他们不是职业的经济学家，他们跟国际上有很大的差距，他们看不懂国际上很多经济学的论文，但这没关系，这不妨碍他在中国经济问题上面的思考有自己的思想、见解和贡献。今天我们有越来越专业的经济学家，越来越训练有素的经济学家，但是他对今天的中国经济的贡献已经很小了。所以这是个很大的区别。

（本文发表于2012年4月25日，
《意见中国——网易经济学家访谈录》栏目）

这个时代还可能重演当年的大萧条吗？

1929 年 10 月 24 日，华尔街遭遇"黑色星期四"，自此美国进入了"大萧条"时代，而后迅速席卷整个资本主义世界。张军说，1929 年第一次让人类看到了经济危机的可怕，如此大规模的危机没有重演，"并不是说危机本身改变了，只是我们有了更好的应对危机的制度"。

问：按照传统的说法，1929 年经济危机宣告了"自由放任"市场经济时代的结束。

张军：我们习惯于把 1929 年之前的经济学叫作自由放任的经济学。之前的经济学家，包括李嘉图、马尔萨斯，的确不太谈政府如何去管理经济的问题，最著名的当然是 1776 年《国富论》中提到的"看不见的手"。但是，我并不认为具体到一个国家的层面上，政府对经济就真的是完完全全"自由放任"了。也就是说，自由放任其实是个传说，我们这样形容 1929 年之前的经济学，更多是为了突出凯恩斯的贡献。

不过，1929 年之前的经济学确实很少谈就业，古典经济学重点是讨论货币，一直在研究货币、研究价格，在古典经济学家的眼中，就没有非自愿失业这个概念。可在大萧条中，无数人因失业流落街头，这大大警醒了那一代经济学家。

凯恩斯在 1936 年出版《就业、利息和货币通论》（以下简称《通论》）前，就曾指出，古典经济学的一个重大失误就是在讨论货币和价格的时候，没有探讨与就业的关系。所以他在《通论》中，结合了在经济危机中的很多思考，第一次提出，就业才是经济学研究的核心问题。从《通论》的书名可以看出，他是把就业放在第一位的。

问：作为历史上最大的经济危机，1929 年这次怎么就具有那么大的破坏力？

张军：我觉得这个事情到现在还是个悬案，很多经济学家仍然在试图找出原因，比如，前美联储主席伯南克当年的博士论文写的就是这个。弗里德曼和安娜·施瓦茨的那本著名的《美国货币史》，其实就是为了解释 1929 年的危机。书中得出了一个结论是，货币政策搞错了，归结于政府的失误。简单来说，就是美国政府那个时候应该选择方案 A，最后却选择了方案 B，结果就是火上浇油了。这就像日本在 1990 年前后，泡沫已很严重时，反而采取了错上加错的政策。这就提出了另外一个问题，当危机发生时，那么多顶级经济学家围绕在政府周围，却往往达不成共识，最后往往还采取了相反的错误政策。

虽然弗里德曼凭借《美国货币史》获得了诺贝尔经济学奖，但我并不认为他对大萧条的看法就是正确的。事实上，这远没有盖棺论定。最重要的是，正因为 1929 年危机，这么多代的经济学家产生了那么多对经济危机的研究，研究比危机本身还重要，把危机变成了经济学中一个重要的主题，写进了教科书，在每一个国家经济发展的政策讨论中，"危机"都成了一个关键词。

问：在西方哀鸿遍野的时候，1929年的苏联经济似乎是"风景这边独好"。这一反差对于当时西方经济界的"理论自信"应该造成很大的"刺激"吧？

张军：在那个年代，苏联崛起了，工业化速度非常快，一下子在整个西方思想界引起了非常大的震动。当时还在伦敦政治经济学院读书的科斯，就特别欣赏"苏联模式"，甚至一度要"投诚"到那个队伍中。熊彼特也是如此，苏联当时就是非常令人向往的另一个世界。在20世纪30~40年代，很多西方经济学家开始研究苏联，苏联经济学家也非常自信，就计划的优越性做了很多的宣讲。欧洲特别是英国，甚至美国的罗斯福新政，我相信当时思想界、学术界动摇的人应该是很多的，对于苏联模式的推崇可能是"主流"。

当时年轻的波兰经济学家奥斯卡·兰格也在那边讲学鼓吹苏联，张培刚先生当时也在那边读书。张先生曾对我讲，兰格讲苏联模式为什么能够成功，如何能避免市场带来的问题，包括波动，因为大危机已证明市场是有问题的，苏联的经济体制可能会取代市场而做得更好。张先生后来也反思过，兰格有两个问题没有解决：第一个是所谓的官僚主义，庞大的国家机器如何克服官僚主义；第二个是激励，那么庞大的系统，激励机制在什么地方，每个人干事情的动力就在什么地方。一开始可能由于热情，可是时间久了就出问题了。兰格讲的那个东西很完美，但是这两个问题在那个体制下是没办法解决的。事实证明，苏联模式在20世纪60年代以后就慢慢不行了，跟这两点是有关系的。其实中国经济在 20 世纪 50 年代中前期也不错啊，但是搞了农村合作化、人民公社以后，再来了个"大跃进"，生产率就根本不增长了，甚至负增长，养不活自己，因为农民就懒散了，没有了动力，所以那几年饿死了那么多人。

但无论如何，因为大萧条，苏联的表现让很多人看到了一个新世界。20 世纪 30 年代在英国学术界，有所谓米塞斯和哈耶克对社会主义者的大论战——社会主义体制有没有可能取代市场。米塞斯和哈耶克是坚决反对的，他们认为如果一个经济没有计算，没有价格，是没有办法运行下去的。市场是一个很好的计算机，它每时每刻都在计算，但计划经济，哪怕像苏联动用科学家来编制程序，搞大型的计算机模拟市场，都不行，因为市场变化太快了。哈耶克也跟凯恩斯进行论战，甚至在《通论》发表后于瑞士成立了那个著名的"朝圣山学社"，来维护自由市场主义。

这场争论在经济学界留下一个重要的遗产，就是计划和市场的关系，这也是我们改革开放后一直讨论的东西。这场大争论，虽然我们很难讲已见了分晓，但从对以后的影响来看，我认为这是思想史上非常大的一个交锋，它让人们看到了计划经济非效率的根源。哈耶克把这个叫作"通往奴役之路"，不符合人性，所以是没办法运行下去的。但苏联模式的巨大成功却让很多人看到了政府的作用和力量，最重要的影响就是凯恩斯《通论》的产生，也就诞生了宏观经济学。

问：对"力挽狂澜"的罗斯福新政，这些年批评也颇多，认为新政开了一个国家大规模干预经济的"恶例"。

张军：罗斯福新政也是个历史的悬案。批评的人现在越来越多，甚至认为美国走出大萧条和新政的关系也不是那么大。我想学术界出现这种翻案的事情很正常，很多历史上的定论会被翻案，这是学术界的一个规律。这并不是说罗斯福新政就没有什么作用，在那个萧条的年代，新政通过动用政府的开支，建设公共基础设施，我相信在当时一定是起作用的。不光罗斯福新政，在英国，财政部部长乔治建议用公共工程来解决失业，这其实对凯恩斯写《通论》产生了巨大的影响，《通论》在政策层面上，支持了乔治在当时的建议。事实上，整个《通论》就是围绕如何在短期内刺激总需求来拯救经济危机、严重的失业的。所以罗斯福新政应该是有功劳的，但是它也留下了诸多后遗症，随着时间的发展，人们可能会更多地看到它的过，忘记它的功。新政和凯恩斯的《通论》之间，到底是谁影响了谁，现在也没有说清楚。有人认为，罗斯福受凯恩斯的影响，罗斯福甚至和凯恩斯讨论过；也有人认为凯恩斯是受新政的影响，因为新政在先，《通论》在后。凯恩斯的思想受到英国财长乔治建议的影响，我想这个建议应该和新政之间是有瓜葛的。事实上凯恩斯和罗斯福的通信中也有很多线索，现在没有一个定论，到底谁影响谁。我想其中应该是相互交织在一起的，单项的因果关系可能不完全成立。

问：即使到了当下，每次萧条来临，凯恩斯主义就应时而起，一度还成为西方世界的主要经济思潮。

张军：1929 年危机之后，政府的大财政都变成常态了。在这之前根本是不可能的，大家都没有大财政大政府的概念。凯恩斯主义现在比较流行，已摧毁了很多国家潜在增长的能力，在这个意义上，这可能是个不幸的事情。从过去 50 年来看，历次的危机，无论是发达还是发展中国家，大家都自然想到应让政府来拯救危机，而且都是简单地用政府扩大开支的办法刺激总需求。好像是有一定效果，但长期依赖它是不行的，因为它带来的问题比解决的问题要多，这对发达国家来说是一个致命的后遗症。因为政府过度开支，产生巨大的财政赤字和债务。欧洲很多国家的债务实际是永远无法还清的，以致经济潜力完全被透支了。旧债要靠发新债还，但政府债务这么大，新债评级自然就比较低，发债成本就高，换句话说，为偿还旧债要欠上更沉重的新债负担，还债基本上没有希望了，这就是凯恩斯主义一个没办法解决的死结。

2008 年经济危机后，一些主流经济学家都在反思，我们到底进步了没有，我们是进步还是退步了，为什么我们还在用凯恩斯主义，为什么凯恩斯的影响会这么大。这就不仅仅是一个经济问题，已经上升到哲学层面了。凯恩斯主义已成了国家意识形态了，写进了教科书，一代代的人受此影响，大家觉得就需要这样的国家，在危机时需要由国家来出手。

问： 对凯恩斯主义的反思不是没有，像 20 世纪 80 年代后英美新自由主义的当道。但 2008 年之后又开始反思新自由主义，这是一种经济思潮的轮回吗？

张军： 也许可以这样看问题。的确，里根和撒切尔的政策推翻了凯恩斯主义的需求管理模式，发现用凯恩斯主义效果只是一时的，后面慢慢就出现问题了。因为政府开支大了以后，整个经济的效率下来了，创造就业的能力也跟着下来了。本来凯恩斯的处方是要通过政府的力量来创造就业，最后反而导致创造就业的能力越来越弱。由于过度地用赤字财政，通胀就越来越严重。欧美主要国家在第二次世界大战后，都经历了"滞涨"，最后只能采取休克疗法，就是采取自由化的办法来解决。后面思潮的转型，并不完全是因为英美的自由化的政策。从 20 世纪 20~30 年代的争论中，凯恩斯主义和苏联模式的巨大风险就被充分认识到了，只是在当时的思潮中不占主流。等到英美后来出现严重滞涨，它们就没有更好的选择，只能搞自由化。于是，思潮回流就不可避免。

新自由主义思潮，我个人的看法是，不能把它推到极端。因为 2008 年的危机，反映的是在金融领域里过度自由化所带来的问题。金融的问题，相对于其他领域，可能更特殊。在其他领域，私有化、让市场来配置资源，很多问题都可以解决。但是金融，大家没有充分意识到它的特殊性。特别是像华尔街的自由化，已快到完全脱离实体经济的程度。金融不再匹配经济，远远跑在前面，最终缰绳就断掉了，根本监管不到的，没有人能够看到整个金融系统是什么，人们只看到它所做的这一部分。这就是金融过度自由化，衍生工具过度发达以后，我们自己已找不到自己了。这种情况下没有一个监管者知道怎么能够监管得滴水不漏。

其实，1929 年危机也暴露出金融监管缺失的后果。因为，华尔街的危机能够迅速波及整个西方世界，是金融的问题。所以，在危机之后，美国和很多欧洲国家的政府才开始建立对金融的监管制度，包括起草证券法等。这实际给我们一个反思，金融要与其他部门有一个相互匹配的机制，金融是为经济服务的，但金融总是跑得太快，如果没有监管，肯定是会给经济带来灾难的。本来金融的功能是要分摊系统的风险，如果为了分摊风险而创造金融工具，反而带来了更严重的系统风险，甚至超出了可以承受的风险范围，那就是一场灾难。

问：当下的市场经济和 1929 年是两回事了吧？这个时代还可能重演当年的大萧条吗？

张军：我觉得重蹈 1929 年危机的可能性是没有了。1929 年第一次让我们看到了危机的可怕，我们永远记住了它。而且 1929 年以前，我们对公司、银行都没有监管，都没有保险，所以那个风险是巨大的，好比之前我们根本没有应对自然灾害的准备，所以可能随便刮一个大点的飓风损失就很大，今天我们则有了应对的工具。并不是说危机本身改变了，危机的能量减小了，只是我们有了更好的应对危机的制度。每次危机以后，就会有制度的改进，会知道在危机后修补哪些东西。制度在不断地进步，在不断对冲危机的风险，我觉得这是一个重要的进步。用今天的流行语说，危机也能带来正能量。

1929 年以来，经济危机其实从未间断过，当然还要看我们怎么定义危机，如果大危机、小危机放在一起，每年的危机比地震的次数要多得多。全球经济系统仍有很大的不确定性，市场不是完美的，在调解供求上面，有时候也会失灵，因为信息在买卖双方的分布总是不对称的。由于金融系统的传导，哪怕出现局部的失误，也会放大为整个系统的风险。但这些危机对我们的伤害却没办法和 1929 年相比，原因是我们的制度改进了，我们对危机的预测、防范能力提高了。

问：但好像有不少人怀念 1929 年之前那种"纯粹"的资本主义。

张军：这可能是一种眷恋和怀旧的情怀而已，我们希望更简单地生活，希望回到过去那种更简单纯粹的经济模式，只有集市贸易，没有政府。现实是，今天的经济复杂程度比 1929 年要高出几十万倍，回不去了。今天的经济系统，特别在金融领域，已经复杂到我们自己都会迷失的程度，没有人能看清全局。这种情况下，没有政府能行吗？不能没有监管，我们今天甚至连食品和空气都需要严格地进行监管。但我们也要清醒一点，那就是，政府也会打个盹，政策的疏忽和犯错误是常有的事，搞不好也会毁掉经济，就像日本和南欧一样。

（本文发表于 2013 年 4 月 14 日，《东方早报·上海书评》，
记者：张明扬，丁雄飞）

改革、危机与中国的长期增长

2013 年 3 月中旬，摩根大通发布报告建议减持中国股票，之后，高盛、瑞银等多家投行也发表看空 A 股的言论，2013 年 4 月，国际评级机构惠誉和穆迪也相继下调了中国主权信用评级。这些对中国经济的悲观预判主要依据是中国经济增长放缓、地方债风险、银行坏账增加、房地产泡沫和产能过剩等问题。

中国经济学家在中国经济的趋势判断与未来道路的思考上也产生了重大分歧。除了坚持"中国模式"的理念者外，改革倡导者也展开了激烈辩论。

一、经济增长的潜力和长期因素

1. 推算经济增长的潜力

问： 你的中国经济增长率的推算方法是怎样的？

张军： 按照经济学家应该有的推算方法，首先要从 Convergence（收敛）出发。一个落后的经济能够增长多快，不是取决于现在的人均收入有多高，而是取决于它与前沿国家的差距，不是 level（水平），而是 distance（距离）决定未来的潜在增长率。这是经济学告诉我的。然后，经济学家在对一个经济未来增长前景做出估计时应该要往后看。

所谓往后看，我的意思是说，要拿历史说事。历史经验很重要。比如，根据美元的 2005 年购买力平价（PPP）测算，中国的人均 GDP 约为美国的 1/4。然后我们应该回放一下第二次世界大战后的经济发展史，看看那些人均收入与美国相差 1/4 的经济体都曾经能保持多快的收敛速度。

为了找到这个答案，有经济学家做了这样的工作。例如，Arvind Subramanian（编注：阿文德·萨勃拉曼尼亚，彼得森国际经济研究所和全球发展中心的资深研究员）以人均 GDP 相当于美国的 1/4 或者 30% 为准则，从一个跨国的数据库中发现有 25 个经济体符合这一标准。其中有 8 个经济体（日本、韩国、葡萄牙、西班牙、希腊和德国，以及中国香港、中国台湾地区）在 20 年的跨度里实现了人均 GDP 快于 5.5% 的增长水平。如果把人口增长率加上的话，GDP 的增长率在 7% 左右。这就说明，在那些与美国的人均收入差距基本上与中美现在的收入差距大体相当的经济体中，多数经济体保持 7% 左右的增长率并不是新鲜事。

实际上，中美之间的收入差距与日本 20 世纪 50 年代末、"亚洲四小龙" 60 年代末的情况大体相当，而它们后来都有 20 多年超过 7% 的增长。中国经济增长了 30 年，人均收入与美国的差距才达到日本和"四小龙" 20 世纪 50～60 年代的相对水平。这样推算，中国经济追赶发达经济体的高增长潜力还应该可以持续 20 年左右。我认为，中国经济的奇迹其实不在于可以实现 8%～9% 的增长，而在于它持续的时间极有可能是 40～50 年，这是历史上没有过的超长增长纪录。

问：日本经济增长因为偶然外部危机而突然出现下降，中国要如何维持发展增长的潜力？

张军：按照收敛假说，任何一个高增长的经济体都终究要进入低速增长。日本在 1973 年从 9% 的增长率掉下来，增长率下降了一半还多。很多人都把现在的中国和 20 世纪 70 年代的日本做比较。我觉得这两者是不可比的。

第一，刚才我说了，从与美国人均收入的差距来看，中国才达到日本 20 世纪 50 年代的状况，所以，两者的增长潜力很不同；第二，日本在 1973 年结束高增长的时候，人均 GDP 已经达到美国的 60% 以上。假设没有 1973 年的外部石油危机和美国对日本的汇率干预，日本的增长也一定会在那个时候开始放慢下来，但不是比较陡地下来。

根据日本经济学家的研究，20 世纪 60 年代开始日本就出现了人口老龄化的趋势，农村劳动力向城市的转移就逐步放缓了。所以说，劳动力成本在 1973 年之前就开始上升，日本经济的减速也就开始了，石油危机打击了它，加快了它减速的步伐而已。如果没有石油危机和汇率危机，它整个趋势往后平移个 5 年，还是会下来。

但中国不一样，中国人均 GDP 只有美国的 20%，按照官方汇率计算只有美国的 10%，增长潜力足够大。2008 年全球危机发生以后，沿海的增长率下降了很多，但内地的增长变化不大。即使沿海停下来不增长，内地可能也还需要 20 年才能使劳动生产率达到沿海的水平。而这 20 年，内地消除与沿海的劳动生产率的差距的 20 年，也足以维持中国经济较快的增长，更何况沿海本身也在转型中继续保持适度的增长。

问：美国《外交杂志》上有一篇文章，讲到全球真正实现收敛的国家很少。

张军：我没有注意到这篇文章，但我不同意这个作者的说法。这要看他使用了什么样的数据。事实可能正好相反。美国的一位经济学家最近在英国《金融时报》上发表了一篇文章（编注：系指阿文德·萨勃拉曼尼亚的《这是全球增长的黄金时期》一文），里面写到，20 世纪 80 年代以来，全球经济体收敛的速度其实加快了。从第二次世界大战后到 20 世纪 60 年代，全球只有 20 个经济体平均 GDP 的增长速度是发达国家的 1.5 倍，但是 20 世纪 80 年代以来，约有 80 个经济体的人均 GDP 的增长速度 3.5 倍于发达国家。这说明，低收入国家收敛于高收入国家的速度在加快。

这个现象的原因值得好好研究。起码有一点，包括中国在内的很多国家，在宏观经济上保持比较稳定和谨慎的政策至关重要。其实，每一次外部危机里面我们都在不断地吸取教训，使经济政策更加有效，因为宏观稳定最重要，它确保着增长的环境。

问：但非洲一些国家却在原地踏步，没有发展。

张军：全球将近 200 个经济体，就算 80 个也是很小一部分，还有很多国家的情况比较糟糕。但上面我提到的这篇文章里也谈到，撒哈拉一带的国家，甚至是在拉美，也有不少的经济体在过去的二三十年里，增长速度也上来了。按照这样的趋势，50 年以后，目前最穷的那些国家的平均收入水平可能达到智利今天的水平。这是一个令人鼓舞的现象。

2. 经济增长的长期因素

问：你不同意韦森所讲的经济增长的长周期问题？

张军：不光我本人，我想今天的经济学家不怎么会接受长周期的假说。长周期只是个陈旧的假说，相信它真的存在的人其实并不多。如果真存在的话，那么经济学家就可以准确预测周期了，经济世界就变简单了。所以我觉得这个概念没有太大的用处。

2008 年全球金融危机爆发之后，欧美经济出现了问题，大家说现在进入衰退的长周期了，美国、欧洲短期内不可能恢复，即使恢复了，也是新常态，但由此断定世界进入了衰退的长周期，有什么意义呢？

所以我改一个字，从"长周期"中拿掉一个字，变成"长期"。经济学家历来认为经济的变化中存在着长期的因素。同样，看中国经济的未来增长前景，我们也要看长期因素的变化。人口转变或者人口出生率的持续下降就是个长期因素，教育或人力资本的水平不断积累也是。劳动力在城乡和行业之间的流动也是一个长期的因素。这些长期因素的变化会逐步改变两个重要的经济增长要素：一个是劳动力的供给速度将慢下来，另一个是储蓄率将降下来。一个国家不可能长期保持高储蓄。20 年后，我们的储蓄率很可能下降 10 个百分点，因为人口在老龄化，随着人均GDP 上升，储蓄的倾向会下来。

还有，劳动力从农村向城市的转移速度从长期来讲会越来越慢，很多地方已经没有年轻劳动力可转移了。20 年前，劳动力首次向沿海转移的时候，大家可能谁都没想到中国有一天会出现劳动力在沿海地区的短缺。

这些长期因素的变化自然会推动工资水平的上涨。这个现象在 5 年前就已经出现了。短期来看，工资上涨对经济增长会是一个负面的影响，我们现在的经济减速与这个有关系。所以，这几年的增长减速不是什么长周期可以解释的。长期看来，工资上升反映的是人力资本水平的提高，劳动力受教育的程度和技能在提高，它应该有助于产业结构的升级转型，因为当工资水平越来越高时，企业是要用资本替代劳动的，这样的话，那些劳动密集的制造业部门就会不断去提高它们的资本密集程度，只有这样，产业结构才能逐步升级起来。

问：增长潜力和资本边际收益率也有关系。现在有些讨论讲到投资回报率下降。

张军：在经济增长比较快的阶段，投资回报率看上去有下降的趋势。当然以西方主流经济学家的观点来看，这种增长模式是不可持续的。

当年克鲁格曼批评"亚洲四小龙"的发展模式时就断言，因为投资增长太快了，边际回报率会下降。但对我们生活在发展中国家的经济学家而言，我们知道实际情况可能没那么简单。超常增长的经济体大都有这个资本深化的特点，因为为了经济的快速增长，政府要阶段性地进行基建投资，而基建投资的回报率往往都不高。特别是基础设施的投资，本来就有正外部性，它可以提高那些生产性投资的回报。比如说物流企业，因为有很好的基础设施，物流成本降低了，效率提高了，周转时间短了。所以等到社会对基础设施的需求增大之后，宏观的投资回报率就会上升。这不是因为基础设施的投资回报率上升了，而是私人部门的投资回报率上升了，前者改善了经济运行的效率。

中国也不例外，这是所有高速增长经济体的共性。学术一点的话，可以说这些经济体的投资回报率也好，全要素生产率也好，它们的变化都是波动的，不是线性的，它们与投资增长之间存在着"二次关系"。

我这里特别想强调投资的阶段性，是因为快速增长的经济体和发达国家的经济有一个很大的差别，那就是发达国家的投资增长比较稳定，而在所有快速增长的新兴工业化国家，投资增长波动都很大。发达国家的投资每年2%、3%地增长，而赶超经济呢，在一段时间里，比如5年、10年，投资增长率都是20%，甚至30%，经济增长快的时候投资增长要更快，资本的折旧也较快。

比如说高速公路和轨道交通线路。你看我们在一段时间里的每一年的投资增长速度可能都很快，这些投资其实都是政府主导和私人部门共同参与的投资，回报率不是很高，因为其有公益性。经济学家核算出来的全要素生产力增长也不是很好。但是它最终推动了经济增长。由于经济增长了，到了下一个阶段，整个投资的回报率，包括全要素生产率就又上去了。20世纪90年代中后期，当时经济学家都认为中国的经济结束了高速增长阶段，结果到了2001年、2002年以后，我们又进入了高速增长期，投资回报率又恢复上去了。

这就是回报率的波动。发达国家就不会有这样的情况。因为有波动，我们这些经济的投资回报率要长期来看才有意义。长期平均而言，我们的投资回报率还是很高的，不然就不能解释为什么我们有那么多的外商直接投资（FDI）进来，为什么我们保持了长期的高增长。

二、产能过剩？地方债危机？房地产泡沫？城镇化争议？

1. "4 万亿"和产能过剩的问题

问：现在来回顾"4 万亿"政策的话，你如何评价？

张军："4 万亿"导致了国内宏观经济的剧烈波动。2008 年推出"4 万亿"之前，从 2004 年、2005 年开始，成本条件已经在发生变化，招工难的现象已经在广东出现。当然这种变化不可能是暴风骤雨似的，它是缓慢的，这些都是长期因素。

出生率一直在下降，劳动力增长速度开始放缓，城乡之间和行业之间的劳动力流动速率也可能在下降，农村人口向沿海地区转移的流量也不可能像过去那么大，毕竟持续 20 年了，也会慢慢地下降。这些因素其实在那时已经发生变化，但因为是长期因素，它变化比较慢，企业总会有一个适应的过程。但是因为外部的危机来了以后，中央政府迅速推出了个"4 万亿"刺激方案，导致货币严重超发。

"4 万亿"中只有 1.2 万亿是财政支出，其余的支出都是通过融资平台，撬动的整个信贷量应该是 20 万亿。中国的 M2 占 GDP 的比重，也就是在 2008 年以后从 150% 突然上升到 180%，然后再从 180% 到现在接近 200%。现在差不多有 100 万亿的货币量，GDP 大概 50 万亿，差不多是 GDP 的两倍。这样的天量货币肯定扰乱宏观经济，导致全面的通货膨胀和资产价格的暴升。结果在实施了刺激政策一年半之后，政府不得不急刹车，宏观经济从过热迅速转入过冷。

所有这一切是短期发生的。本来货币量和经济发展应该是一个长期的匹配过程，经济每年有 8% 左右的增长，货币量有 13% 左右的增长就差不多了，经验上是这样子。但突然之间 2008 年以后，货币量每年增加了 20%~30%，我记得有一年是 40% 多。

结果是什么？本来你的生产率在缓慢地上升，但购买力就突然上去了，最后这些购买力只能冲高价格。成本有价格，资产也有价格，实际上，2008 年 11 月国务院明确地说要重新把房地产当作支柱产业来发展，鼓励大家买房，为了扩大内需。结果房地产自然成了 2008 年之后 3 年吸纳超量货币的行业。由于房地产行业的扩张创造了需求，拉动了十几个行业的扩张，需求过旺，物价上升，结果经济增速不可维持。

今天的经济持续减速在很大程度上是对房地产扩张过快的回调，结果那时候产能迅速扩张的行业今天变成了过剩的行业，包括钢铁。所以，我认为，2008 年 11 月推出的 "4 万亿" 刺激政策是值得反思的，它可能是一个超调，有过度的反应。如果没有 "4 万亿" 这个政策，我们经济的情况反而会更平稳一些。它过度依赖货币扩张是一个值得吸取的教训。1998 年中国遭遇亚洲金融危机时我们也实行过扩内需的政策，但货币政策相对稳健，甚至有些偏紧，信贷增长不快，结果经济反而比较平稳地过来了，没有大起大落。

问：就是说成本因素跑在了生产率前面。

张军：理论上说，成本总是跟生产率有对应的关系，因为成本从另外角度讲就是收入，那么生产率增长多少，成本也增长多少。如果由于货币超发导致成本增长超前太多，跑在劳动生产率之前，对企业而言就是危机。我们现在经济减速的微观机制就在这里。

所以，如果没有"4万亿"的刺激政策出台，没有超量的信贷出来，在宏观基本稳定的大背景下，中国的企业特别是沿海地区的企业，本来会有足够的时间来调整。因为在2005年前后，汇率已经变了，再加上劳动力市场的变化，工资已经开始缓慢增长，企业方面已经面临条件的改变，调整和转型的大幕已经拉开，但2008年年底的"4万亿"政策像洪水突然泛滥，有的企业被冲泡了，有的死了，等到洪水退了，剩下的都已经奄奄一息。

为什么我认为"4万亿"是个过头的应急政策？要知道，对中国而言，美国金融危机的影响主要可能在出口方面。而中国的出口集中在沿海地区，因为沿海地区的加工出口企业占比比较高。我们70%多的出口其实集中在长三角加广东。其中广东一个省的出口占将近30%，长三角占40%，再加上山东、渤海湾这边，90%超过一点其实都在沿海地区。这就是说，2008年的危机对沿海的影响可能大一些，但整体而言，中国的经济不会有太大的问题。本来，2007年政府已经开始出台政策将过热的经济降温了，没有想到，2008年年底突然来了个反向调整，去火上浇油。

货币超发是回不去的，就是你现在100万亿的货币在那里就在那里，你每年还要增加。换句话说，货币的量和你生产率之间的差距可能会维持相当的时间来消化。中国肯定还需要一段时间来适应这个"新常态"。我估计，对企业特别是东部企业，没有别的办法，要去库存，去杠杆，要修复资产负债表，最终还要去提高生产率，这样才能逐步去适应。

所以经济减速是必然的，2010年严厉紧缩之后，这几年企业和政府的投资意愿确实下降了，经济进入了新常态，成本下不来，内需要扩大。这些都需要时间来换取。一旦爬上了这个坡，过了这个坎，后面有可能会加快产业结构升级的步伐。所以，中长期来看，还有很大希望。

问：你觉得存在产能过剩的问题吗？

张军：经济学家对产能过剩这个概念有不同的看法。一些经济学家是否认它的，除非你指的是计划经济或者经济活动受到了政府的干预，否则长期而言不可能存在产能过剩，市场会调节和出清价格。我们现在看到的产能过剩，多数还是短期现象。

今天有不少行业出现库存的增加，那还不是因为这几年政府控制了宏观经济，特别是房地产的发展。钢行业是最典型的，为什么前十年钢的产能有那么快的增加，因为2007年之前，经济持续高涨，政府没有很好地微调，以致在2007年才开始急刹车。现在整个钢的市场不好，因为房地产形势不好，基本建设放慢了。但是，市场会有它自己的调整，可能要2~3年的时间，逐步就会把现在看起来过剩的产能消化掉。

但也有经济学家注意到产能过剩的现象可能是很多高增长的新兴市场经济的常态。也就是说，在那些扩张较快的新兴的行业里都会保持一个产能相对过剩的状态。从日本和"亚洲四小龙"来看，几乎都这样。无论是钢铁还是其他发展过程中需要的原材料中间品的行业，总体上都会保持产能的相对过剩，甚至包括基础设施也会有一定程度的超前。其实，只有在产能保持相对过剩的条件下，价格才会较快地下降，生产者的利润也才会回归到正常的空间。

无论哪种情况下，我都不太认同发改委等有关部委的做法，每年总是去衡量哪些产业的产能是过剩的，我认为这都是静态的眼光，是用计划经济的眼光去看待动态的问题。然后用行政办法去调节，向下压指标，具体到哪个地方哪些行业，每年需要关掉多少产能。现在各地就是这么干的。其实这是没有必要的。如果我们没有办法制止产能在一段时期的相对过剩现象的出现，那么我们最好应该允许产能相对过剩的存在，也应该允许市场去调节产能。如果这些产能是持续过剩的，那么下一轮的投资就会减少，逐步调整到供求平衡的状态。

2. 地方债危险不危险

问：会不会比较担心产能过剩背后的债务问题？

张军：不是特别担心，因为今天的金融比过去发达了。其实我们产能过剩最严重的时候是 20 世纪 80 年代。那个时候，最严重的现象就是所谓重复建设。很多东西，比如说电冰箱，所有的县都会引进生产线，相对于当时的购买能力，短期内会迅速形成相对过剩的生产能力。但也因为这样，冰箱的价格才能快速降下来。

我记得 1997 年前后，国家统计局公布过一次通过工业普查获得的数据，在两位数行业中，除了能源类的行业尚有产能不足以外，有一半以上的行业出现不同程度的产能过剩，高的甚至有 70% 的产能没有充分利用。

那时，我们的市场经济和金融都不发达，在产能形成过程中，各级政府支出比例特别大，而且财政支出基本上都通过银行贷款，产能过剩的后果往往就转成银行坏账的积累了。

那个最严重的时候都度过了，现在金融更发达，经济更市场化了，现在企业的融资也多样化了。过去 20 年来，平均而言，固定资产投资中银行贷款的部分其实只有百分之十几。现在企业的主要投资资金来源是市场化的融资，是多种多样的。杠杆率特别高的行业毕竟是少数。更重要的是，今天与过去不同，企业资产，甚至包括政府资产的流动性也大大增强了，因此，产能过剩的风险就大大降低了。没必要太担心产能局部的过剩导致的债务问题。

最近西方投行又开始唱空中国经济，理由还是大家讲的地方债风险，2008 年后地方融资平台形成的债务有大概 3 万亿在 2013 年要到期，这个数字超出了地方的财政收入。在西方国家，这的确是个严峻的问题。而在中国，这需要太大的担心吗？我们需要换个角度去看，毕竟这是内债，即使做最坏的打算，地方政府准备展期偿还债务，所谓用时间换空间，那也是可行的，并且是最可能的方案。如果从未来金融发展的前景来看，中国地方政府的资产负债表总体上没有西方人理解的那么糟糕。现在需要解决的问题是，怎么尽快通过放松金融管制和政府融资体制的改革来提高地方政府拥有的巨大资产的流动性。中央和地方两级政府的真实资产负债表是一个很值得研究的题目。

3. 房地产是否存在泡沫?

问：现在谈资产泡沫的人很多。股票没怎么涨，只有房地产涨。

张军：泡沫与过剩一样，经济学家的看法历来有分歧。我觉得泡沫有没有不重要，重要的是泡沫能不能被不断地消化和吸收。当然了，泡沫能不断被吸收和消化，就不是什么泡沫了。有人说只有破了才叫泡沫，没有破就不算泡沫，也就是这个意思。

所以，泡沫这个词让我很纠结，到底该怎么定义它呢？多想一下就发现，其实如果真有泡沫，金融从某种意义上讲不就是在制造泡沫吗？为什么要发展金融呢？因为金融帮助了经济发展，也帮助了个人财富的增长，而且两者之间是有联系的。那为什么金融有这个本事？因为有了金融，我们才能在今天与明天之间游走，明天的事拿到今天来做或者反过来今天的事放到明天去做。

股市、房市都一样，为我们提供了这样的机会。为什么我今天把东西卖给你才能挣钱，因为你愿意今天买下；而你为什么今天要买呢，因为你觉得你可以明天卖给下一家还能挣钱。所以发展金融，其实就是在利用未来的需求创造今天的财富。而只要它后面有真实的需求，就能消化前面的价格，这就不是泡沫，而是财富的积累和资产的增长。关键是，后面的和未来的需求来自何处呢？为什么未来的需求会消化今天的价格？当然是因为人们未来的收入期望会增加，从而使得未来人们面临的收入—价格比与今天可能没有什么太大的变化。所以，只要经济在增长，收入在不断提高，未来形成的需求就是真实的，就可以支撑今天的价格上涨。

以这个眼光看中国今天的楼市，我们就会发现，如果考虑到人均收入每年接近10%的增长，房价的上涨更多反映的就是我们未来收入的增长前景。实际上，总体而言，房价和经济发展水平是高度正相关的。同样是省会城市，西北和东南地区的房价差别巨大，这主要反映了它的人均GDP的差异。房价上涨还受其他因素，包括地理和生活质量等因素的影响。比如，尽管城市规模和收入水平不同，但杭州与上海的房价就相差无几。

所以在中国谈房价，最好别太笼统，要细分市场来谈才有意思。现在政府对房价的调控，就像香港政府限制外地人买房和购买奶粉一样，那是politics（政治），不是经济学。经济学家可以理解，但能说的很少了。

问：浙江很多县级城市房价也很高。

张军：我们不排除有些局部城市涨势过高，只要有炒家去炒它，它就会高起来。大家都说房价太高了，要跌，这是针对个别地方来说的，就全国总体情况而言，这个预言不成立，不符合我们对中国经济发展趋势的预测。当然，即使在一些局部的地方和城市，我们在政策上有办法可以让房价涨得更慢。香港也采取了措施。但是与香港不同，我想内地的一些大城市，现在的政策应该要更多考虑如何增加供给而不是过多限制需求才行。比方说，沿海大城市的土地建设指标需要放宽，政府在土地一级市场上面的管制要有严有松，不能一刀切，要有反思和改革的考虑。

问：管制的严格是不是可以增加土地的收入？

张军：大家都这么解读。但我们也要换个角度去想问题，当下的各级政府要城市建设，更新基础设施，要创造良好的投资环境来吸引投资和创造就业机会，这些都需要钱。在中国的条件下，地方政府逐步建立起来了政府基金收入。这是政府的预算性收入之外的收入，其中包括来自土地出让的收入。出让的土地一部用于商业性开发，一部分用于公益性项目，还有一部分用于招商引资。

后两部分土地基本都是零地价，而且还得花很多钱去做这些土地的"七平一通"，将生地变成熟地。这些钱哪里来？所以一部分土地需要用"招拍挂"的方法来解决融资的问题。那是不是会因为这个而导致土地价格太高呢？这个逻辑需要推敲。

很多学者的实证研究证明，是房价在先，土地价格在后，因为开发商对未来房价的预期决定了今天对土地的出价。起码地价与房价的关系也应该是双向的，而不是单向的因果关系。房价的问题我们前面谈过了。现在大家需要对政府土地收入有一些客观的认识，有很多学者，包括搞社会学的曹锦清教授也都认为没有"土地财政"，我们的基础设施不可能是现在这个水平。

4. 另个角度解读城镇化

问：你怎么看现在的城镇化政策？

张军：我们过去一直说，30 年来，我们的工业化快于城市化，就是说，进城就业的非城镇户籍人口的增长速度快于城镇户籍人口的增长。城镇化这个概念的提出其实可能反映了中央高层对这个问题的态度，希望借助于城镇化这个口号来加快改革和解决一系列过去没有解决好的问题，比方说城乡分割的问题、户籍制度的问题、流动人口的养老和社会保障的问题等。从这个角度去理解它，城镇化可以加快很多改革的步伐，这也是可以的，毕竟它涉及人口的流动问题。

但是，城镇化又不仅仅是人的问题，它还是一个让人容易误解的概念，因为城镇化不是一个孤立的现象。现在国内的经济学家很多都在解读城镇化这个概念，担心城镇化会不会变成造城运动，进一步推高中国的投资率，恶化投资回报率。

过去 20 年从来没有把城镇化作为一个战略，但实际上还是推进了它。现在把城镇化提出来，大家就会向其他方向去解读，首先就会有人问：你没有就业，不创造就业机会，这些人会到城里来吗？所以我想我们最好不提城镇化，因为它更像是工业化和经济发展的一个结果。

也有支持城镇化的言论，我猜测政府也希望城镇化能够成为在出口疲软之后创造出巨大内需的手段，来支撑中国经济的增长。之所以对城镇化做这样的理解，是因为我们过去总是习惯于把经济增长的推动力简化为某个给予的力量。比如，现在流行的说法就是，我们过去20年的高速增长主要靠了外部需求，即出口。现在出口不行了，需要转向内需的扩大。而城镇化正好可以帮助推动消费和投资的扩张。

这个逻辑看上去很真，实际上经不起推敲。以需求而论，出口与进口的影响正好相反，所以，代表外部需求的其实是出口与进口之差，也就是贸易余额，由于这20年我们的贸易余额只占GDP的4%左右，所以外部需求的力量没有我们想象的那么大。贸易很重要，但主要不是在创造需求方面，而是在推动技术进步方面。所以，如果说贸易对推动中国的技术进步有正面影响的话，经济学家发现，反而是进口更重要些，因为进口的资本品和中间品比中国出口消费品更有利于改善我们的技术水平。

因此，城镇化从来不是贸易的替代品。贸易有利于工业化的进程，从而也必然有利于推动城市化的进程，而不是相反。

三、改革的动力与阻力

改革需要中央高层的决心

问：当下谈改革很多，你觉得现在改革的动力有吗？

张军：现在多数经济学家希望的那些改革是要自上而下推出，通过所谓顶层设计来实施。顶层设计的改革难度不可小觑，那些需要顶层设计的改革往往都是涉及全局的改革，外部性很大，一旦成功，收益巨大，当然风险也很大。更重要的是，这些改革的阻力很大，需要中央有改革的决心。

20 世纪 80 年代，成功的改革绝大多数都是自下而上的，一个地区、一个省、一个市、一个县，有改变的动力，甚至在中央支持之前都先行先试了，如广东、浙江。也有中央支持后的改革，如上海。为什么自下而上的改革会成功，因为它解决了一个改革动力的问题。你不需要去推它，它自己就要改变，希望改成更好的机制。

20 世纪 80 年代后期，包括乡镇企业和中小型国有企业亏得一塌糊涂，地方政府要补贴，财政上是个很大的负担，所以你不需要顶层设计针对这些乡镇企业和国有企业的改革方案，很多地方都开始想办法，像把企业私有化，卖出去，或者是职工买断等，总之，地方会想尽各种办法来甩包袱。这种动力成就了那时的改革。

但是，一些基础性的体制改革并不能这么做，因为那些改革的外部性强，一个地方、一个部门不可能，而且也不会有动力去推动那样的改革。在这种情况下，改革就需要自上而下，也就是要进行所谓的顶层设计。

最典型的例子可能就是 1994 年的分税制改革。从地方来说，多数省份对于放弃财政承包制没有动力，因为承包制的后果具有很强的外部性，那就是宏观不稳定，但这是大家的事情，不是自己的，所以地方就没有动力去改革财政包干的体制。就是因为宏观不稳定而且中央缺乏调控能力，所以只有中央政府有动力去改革这个财政包干的体制，地方政府是非常不欢迎的，像沿海发达地区，特别是广东，根本不愿意与中央分税。

很多人说，过去 10 年无改革。因为今天要进行改革的很多领域都是全局性的，地方没有太多的动力，需要中央下决心才行。如果中央，特别是最高领导层没有改革的决心，自然就难以有体制性的改革行动。

过去 10 年，我们看到，中央政府的各部委权力很大，审批加强，根本不可能有改革的动力，相反成为改革的阻力。在这种情况下，中央最高层的改革决心就变成改革能否推行的关键。实际上，过去的 5~6 年，中国在收入分配和社会保障方面的改革，包括基本养老和医疗改革，颇有成就，就是因为中央高层的决心。而今天经济学家一直呼吁的金融改革、财政改革以及公共部门的改革，如果没有中央最高层的决心，就很难启动了。

回想 20 世纪 90 年代的那些重要改革，中央为什么会有很大的决心？一个说法是，因为邓小平还在。那时候朱镕基还是副总理，他力推分税制，但下面的阻力很大，他带领 60 人的队伍与地方进行谈判，希望大家支持分税制。这对中央来讲是有利的改革，事实上对那以后的经济发展也非常重要。邓小平健在固然是当时一个重要的因素，但也不是唯一的。更重要的是，中央高层下了决心。20 世纪 90 年代初那个时候的经济状况非常不好，中央财力弱小，通货膨胀严重，宏观经济不稳定，中央高层也很容易下决心。过去 10 年的情况完全不同了，经济快速增长，中央的财力雄厚，权力集中，宏观上也很稳健。改革的迫切性没有了。

2008 年全球金融危机之后，我们的经济情况受外部的冲击，更是受国内过度扩张的货币政策的冲击，宏观经济出现了不稳定，增长率持续下降，经济中存在的一些结构性和体制性的矛盾和问题凸显出来。于是，经济学家要求改革的呼声高了。而且，在经济出现问题的情况下，往往也是进行改革的最好时机，因为这比较容易让中央高层下决心。看起来，这一届的中央高层是显示了改革的决心的。

问：你觉得言论单一存在很大的风险？

张军：对。这涉及改革的技术性问题。解决了改革的动力，就需要考虑改革的方案和技术路线。在这方面，经济学家发挥着重要的作用。而在改革方案的设计和技术路线上，需要有更广泛的讨论。

在20世纪80年代和90年代的改革中，经济学家以及社会各界对改革方案的讨论相当充分，不能只有一家之言。事实上，经济问题太复杂，经济学家也只是"盲人摸象"，每个人只是从很小的局部观察来推断整体，依据的是某些理论的逻辑，所以，不可能说得很准。这样一来，言论一致反而就有很大问题了。

我们说要达成共识，是说在决策的时达成共识，但是讨论的时候千万不能真有共识。因为一旦言论单一，政府就只能听到一种声音，一旦判断和推算有误，政策的风险就比较大。

你查看改革30年的决策过程的资料就会发现，几乎每一个阶段——20世纪80年代分两段，1985年以后那一段，然后20世纪90年代邓小平讲话，到朱镕基后来的改革，经济学家之间针对同一个问题都是争得一塌糊涂。这就是所谓的"墨菲定理"：对政策影响力最大的观点往往也是经济学家最难达成一致的观点。

问：对，包括国企改革也是……

张军：是啊。在不同的声音下，最终决策一定是妥协的结果。你看几十年来经济学家对国有企业和管理体制改革问题讨论得多么深入，包括电力和铁路体制改革，可是，政府并不能很快拿主意。

大家都觉得为什么讨论当年不能出台政策呢？可能权衡下来

很多事情还做不了，因为现在剩余的那些大国企很多都在承担着社会责任，如果没有很好的方案，一旦失去政府的控制，情况会更糟糕。所以，肯定需要寻找和等待更好的机会和方案，经济学家只呼吁私有化是没有用的，政府需要有更多权衡周全的方案才能行动。

我前不久参加在上海举行的中美经济学家闭门会，对方是在华盛顿的彼得森国际经济研究所。他们当中有多位经济学家一直追问中国经济学家一个问题：你们的利率市场化改革讨论了20年了，为什么今天还不放开利率管制呢？吴晓灵女士给出了一个我认为相当坦诚的答案，她说，利率至今没有完全放开，主要是因为政府担心放开后，那些中小银行会在存款利率上过度冒险，效果难以如愿。

其实政府的改革和政策的出台这个事情比较复杂，因为政府不仅需要听取政策建议，更需要对新的政策的出台对社会和经济的影响有更全面的评估。就像20世纪80年代要决定用分税制取代财政包干制的时候，下面反对的力量多么强大，政府心里没有底，尽管试点了多年，但是权衡来权衡去，还是决定不搞，继续搞财产承包制。

但是到了1993年，情况发生了变化，分税制对经济的正面影响可以更容易评估出来，所以朱镕基下了很大决心一定要推，因为那个时候中央财政占比已经下滑到20%的程度了，严重威胁到了宏观经济的稳定，这样的话，新政策实施的正面效果就大幅度提高了，决策也就比较容易。

包括20世纪80年代中期那个曾经被认为设计得当的价格税收财政等联动改革方案，也就是我们今天讲的"最小一揽子改革"，为什么会被当时的领导人抛弃，因为当时的高层看不到这个改革的正面效果是否会大过负面，觉得风险还是太大，不敢贸然行事。

所以政策是一回事，经济学家的观点是另一回事。两者的逻辑不同。现在又到了一个阶段，经济学家都在谈改革的必要性和重要性，我认为并不错，但问题是，当几乎所有的经济学家基本上是一个口吻在主张顶层设计改革的时候，政府就必然会基于风险权衡来进行某些妥协，寻找风险最小的改革方案。我的看法是，顶层设计改革必须有足够的风险评估，其方案才可以实施。

实际上，过去我们那些执行效果好的改革，总是那些先允许局部地区进行改革试验的改革方案。为什么呢？因为这样中央政府才能对其风险有多大有一个基本的评估。所以，即使有些改革必须自上而下，也需要考虑有什么办法来估计可能的风险。

四、危机与可改革性

关键是确保体制的柔性

问：但是如韦森所说，不改变它肯定会有大萧条来，然后到那个时候再改革，现在是不是还没有到这个时机？

张军：我并不觉得我们的经济已经到了大危机大萧条的前夜。从全球看，我们的经济表现仍旧是最好的。但说到危机，我喜欢正面去看它。过去 30 年，我们不断经历危机，各种各样的外部危机。危机有大有小，1998 年我们经历了亚洲金融风暴，是比较大的危机，10 年后我们又面临全球性的金融和债务危机，是更大的危机。

对经济而言，外部的危机往往会改变很多经济赖以增长的条件。最主要的条件有两个：一个是需求条件，一个是成本条件。30 年来，我们的制造业可以说不断面临外部的危机，如人家要烧温州的鞋子，要限制我们的出口，要起诉我们侵犯知识产权，要我们生产更环保的产品，等等。

结果怎么样呢？这些危机最终都变成了正能量，为我们的制造业提供了更多发展和升级的机会，这是因为大量的制造业，包括那些加工出口企业，都需要应对这些挑战，要改变，要适应，不然就被淘汰了。所以，危机从某种意义上讲是正能量。因为危机其实不仅迫使政府改变，更重要的是改变企业，因为企业要生存。

今天沿海地区，特别是那些出口加工企业，正在面临严峻的挑战，生产成本随着工资上涨和汇率升值越来越高，外部需求也不稳定，虽然有部分企业跑路了，但是绝大多数企业其实是希望外部市场和内部成本条件发生变化之后，去适应这样一个改变的条件。所以，现在我们看到有很多企业往所谓的中三角转移，像湖南、湖北、安徽等成为制造业增长最快的地区。产业转移也是一种调整。还有很多企业希望用资本去替代劳动来维持竞争力，这就是升级。我相信，5 年以后，我们沿海地区制造业升级的格局会非常明显。现在已经开始。

在过去的一二十年里，国内外不少经济学家在不同国家都在研究危机对经济发展过程当中的转型和升级的影响，有国家层面的研究，也有企业层面的研究，发现危机的影响多数情况下是正面的，当然也有例外和错失机遇的例子。这真就印证了"危"里面有"机"了。很多国家在经历了危机之后，它的企业和政府都在调整和适应，政策和体制上也会有很大的改变，会去适用新的条件。

韩国就是一个很典型"机自危出"的例子。1997年金融危机之后,东南亚很多国家和地区都遭遇了严重的打击,韩国也不例外。但韩国政府做了大刀阔斧的结构改革,包括金融改革,放松了对经济的管制,也承受了银行和大财阀破产倒闭的风险。但是韩国通过改革做出了很好的调整,从危机里面走出来了。很多企业,包括三星被推向了更高的技术前沿。

问:那日本是不是就是另外一个例子了?

张军:对的。相对而言,日本没有很好地应对危机。日本经济创造了第二次世界大战后25年的经济奇迹,而1973年的外部石油危机和汇率危机却让日本经济一蹶不振。1973~1990年,日本经济的增长率下降了一半多,而1990年到今天,日本失去了再增长的动力。

我认为,这是日本的体制问题。因其体制不够灵活,无法适应以全球竞争加剧为特点的经济发展新阶段而进入到超低速增长的阶段,而且没有能改变它。如果拒绝改革,没有哪种"最优"经济体制可以保证经济长期发展。相比之下,1998年亚洲金融危机后没过几年,韩国经济增长势头能保持强劲,那是因为改革。西方经济学家经常批评韩国的经济体制,它的威权政府和大企业,因为它看上去的确不够标准,但在关键的时候这种体制却又显得有可改革性。相对来说,日本这个体制反而不可改革。

印度的改革也很难,它的体制在政治和经济上看上去都比较接近英美,但当遇到外部震荡的时候,它调整的能力却比较差。由于调整迟钝,在2008年全球危机之后,它的增长率比中国要低4~5个百分点。

问：体制的可改革性是不是和强中央有关系？

张军：为何一种体制能够改革而另一种则不能？经济学家的研究表明，既得利益和强大的游说势力会扭曲经济政策，致使政府错过千载难逢的发展机会。改革体制需要政府权力和财力压倒一切利益集团，才能坚持长期的目标政策，并确保改革成功。

在一定阶段上，政府不受利益集团过多干扰，就可以确保体系是可改革的。也不见得一定是特别强的政府，但是它的权威一定要大过利益集团，不受利益集团的左右才能保持中性。

比如俄罗斯、墨西哥这样的地方，看上去也许政府也很强大，其实很弱，因为它的利益集团很强大。比方说，它们的社会财富主要分布在少数利益集团手里，像俄罗斯八大寡头，他们的势力就很强大，有足够的能力来影响政府。这样政府就比较容易被俘获，被俘获的政府很难保持中立，政策当然会受到利益集团影响。

东亚，包括韩国、新加坡，很巧的是它们都是威权政府，政府一度都比较强势，但我觉得这个还不是重要的，重要的是它们能够相对保持中立，免受利益集团的干扰。这就需要长期防止利益集团的过度扩张。

任何国家在任何发展阶段上，都会有相应的利益集团出现，关键在于怎么样控制利益集团的膨胀。如果像俄罗斯，现在把中国的央企一开始都私有化了，很有可能会出现几十个巨大的寡头，控制的财富足够大，如果没有很好的手段控制这些寡头，政府就会很容易被他们控制和影响。

另一个极端例子就是拉美，它的利益集团可能更多的是工会。如果是工会的话，像撒切尔时代最大的利益集团就是工会，这个工会往往阻碍经济的长远增长，因为它只要再分配，一旦政府被绑架，经济要转型要增长就困难了。所以，撒切尔逝世后，英国的工会阶层出来欢呼就不奇怪了。

从某种意义上，像拉美那样，民粹的政府也不是中立的，它受到了巨大利益集团的影响，就是代表平民阶层的工会。工会如果过于强大，过分影响了政府，那也很糟糕，因为他们更多地要求再分配。

即使是一个发达国家，过度再分配的后果也还是很严重，欧债危机暴露的问题也就是这个。对发展中国家来讲，过度再分配的问题更大，因为你连创造足够就业的能力都没有了。

即使今天的改革比中国刚开始经济转型时难度更大，也并不见得改革更不可行。现在的中国，即使国企的力量比 20 年前改革的时候大多了，比方说，尽管只占公司总数 2% 的国有企业目前拥有的资产占总资产的 40%，国企的影响力也十分巨大，但中国似乎不太可能走俄罗斯走过的道路。恰恰相反，中国政府手中累积的财富可以令其改革能力大幅增强。关键看中央高层的改革决心有多大。

确保体制的可改革，30 年来一直是中国经济转轨和快速成长的关键。只要中国政府继续保持中立、不受利益集团的过大影响，确保体制从长远看能够保持开放，就能不断去适应外部和内部变化的环境与条件。

五、经济发展与政治体制改革

一个可改革的制度好过完美而不可改革的制度

问：经济发展和政治体制改革常常被联系在一起讨论。

张军：这是自然的。但即使这样，也不必过于悲观。将一切问题归咎于政治体制是中国式思维的典型。但也许我们要问一下：已经实现了 30 年高速增长的体制难道真的比不上当年的"亚洲四小龙"的体制吗？它们后来的体制变革的道路难道对我们没有什么启示吗？

从理论上，经济学家至今没有发现经济发展与民主化之间的因果关系，甚至连相关性都不显著。这不难理解。关键的问题是，政治体制要服务于经济发展。体制的发展与它的最终结构很可能与一个国家的收入水平或经济发展阶段密切相关。如果现有政治体制的某些方面无法对经济发展给予支持，就有可能反过来阻碍发展。我最近写文章说，经济增长并不一定需要"结构最好"的体制，而要看体制能否容易地调整和适应新的经济发展需求。

前不久发表的我与谢千里（Gary Jefferson）教授合作的文章就谈了我们对中国政治体制未来变革方式的看法。我们认为，随着经济的发展和收入的提高，中国的政治制度正在发生增量的变化，这些变化将会推动中国逐渐民主化。这也是东亚经济的制度变革模式。

问：其实生产力也和美国差距很大，不能只看到制度。

张军：对，中国人均 GDP 现在只有美国的 1/10，按照购买力平价算，大概也不过 20%。有那么大的空间需要赶超，却希望用美国的体制来支撑中国的发展，这是方法论的问题。

制度要和经济发展阶段相匹配，只要它是服务于经济发展，而不是阻碍，这个制度就是可以接受的。不是把它叫作好制度还是坏制度，因为任何制度都会有缺陷。关键看这个制度是不是开放的，你不能封闭，不能像计划经济那样子，封闭就不能变化。

如果我们的制度是开放的，当外部出现危机的时候，它可以朝着正确的方向去调整，这个就是制度的相对优势。我提出，对经济发展而言，一个可改革的制度比一个完美而不可改革的制度更重要。这一点很多国内的经济学家是看不到的。现在很多的经济学家陷入了教条。

问：政治因素会打断这种经济发展吗？当大家变得有钱而不是很有钱的时候，就会有别的诉求，比如说政治方面，就会干扰稳定。

张军：经济学家看政治问题，还是要把政治的变革内生到经济发展的过程中。这不仅有理论，而且有经验。而一些西方的经济学家，还有教条的国内追随者，往往认为，要先有好的制度，经济才能发展。所谓好的制度，就是他们的制度。

东亚，中国台湾地区、新加坡、韩国，它们在经济起飞后的一段时间内，大家也自觉不自觉地在谈论政治和经济的关系。普遍的看法都受到西方主流思潮的影响，觉得经济发展需要先有一个比较良好的政治体制，当然他们说的体制基本就是英美的。

但经济学家并没找到这个论断的逻辑存在，只是先验地假设这样。东亚经济告诉我们，在这些国家和地区，政治不是铁板一块，经济的发展会带来诉求和利益的多样化，利益的诉求多样化之后会带来新的政治需求，需要被代表，所以政治就不可能保持原来的状态，随着经济发展水平的提高，政治也会走向多元，不断走向开明和民主。是经济发展导致制度变化而不是相反的。

如果从这个角度来考虑的话，30 年来中国政治发生了很大的变化，因为它需要不断去适应经济的发展。所以真正的问题不是说中国的政治未来会不会出问题，而是说我们的政治、目前的体制和结构能不能去调整，去适应经济发展的需要。这又回到了体制的可改革性问题上来了。只要这个体制是不封闭的，是开放的，我觉得它就能去适应变化。

"亚洲四小龙"是最好的例子。相反的例子就是政治改革超前的国家，像南亚、东南亚等的一些国家，后来经济都出了问题，错失了进一步发展的机会。

问：很关键的就是可改革性。那么未来，中国的可改革性怎么样，可以适应未来发展的需要吗？

张军：我说过，到目前为止，中国还是中国，没有变成俄罗斯。从东亚经济的发展经验来看，社会对政治变革的要求应该会越来越强烈，因为中产阶级增长速度非常快。中国的政治体制早已开放，这是大势所趋，不可回头。物权法的讨论，行政诉讼法的讨论，都是标志性的。可能在每个十年，我们对政治的要求是不一样的。

这些要求从某种意义上讲是经济发展的结果。我始终认为，经济发展决定制度的发展和制度的质量而不是相反。可以找到无数的例子来反驳制度的质量决定经济发展的命题。

对我们而言，我在前面说过，重要的是要通过改革不断适应新的发展条件和阶段。连政府公共部门自己的改革都不可避免。现在沿海地区的政府官员也在老化，锐气不足，不能适应新的挑战。这也要改革。上海已经开始把培养更年轻一代的干部作为今年最主要的课题进行调研了。

问：许成钢认为中国过去经济增长的动力是地方分权和地方

竞争，但是这种增长制度可能不是中国未来经济增长的动力，比较悲观。这种制度在未来经济增长中可能扮演什么角色吗？

张军：是的，他在几个会上都讲到这个观点，但是也有很多人问他：那么你觉得未来的体制应该是怎样的？需要怎么改变？威权的分权体制要怎么改？如果改成美国的一人一票选举的体制是否能解决你说的问题？其实他回答不出来。

他用财政联邦主义的概念框架分析过去中国经济为什么会出现奇迹性增长是有贡献的，发展了一个很好的理论框架。现在他从他的分析框架里简单地推出这个悲观的结论在逻辑上是有疏忽的，起码是忽略了体制的可改革性和适应调整能力这个可能性的。

问：有没有更好的办法，让中国经济保持高速发展？

张军：在 1994 年实行中央与地方的分税制之后，中国基本上是具有了一个保持长期增长的基本体制的。这或许就是许成钢的分析得出的重要结论。我在 2012 年 12 月的《比较》上也发了一篇长文，叫《理解中国经济高速发展的机制——朱镕基可能是对的》。中国的经济比较复杂，地区差距大，完全按照政府的政策往下推是做不好的，必须分权。但是 20 世纪 80 年代也搞分权，分权分到后来，中央政府失控，宏观经济的稳定总是受到威胁，通货膨胀难以消除，经济大起大落。各个地方都以邻为壑，经济怎能长期增长？这不是一个好的办法。

朱镕基克服阻力力推中央与地方的分税制，取代承包制，逐步将经济体制改革为许成钢所说的中国特色的财政联邦主义体制，一方面财政上保持分权或者联邦制的特色，另一方面保持中央政府的威权。这有很多好处：第一，没有丧失和挫伤地方发展的动力，激励机制还在；第二，可以避免 20 世纪 80 年代包干制分权的后遗症，就是地方倒逼中央超发货币。就是说，它保留了原来分权的好处，但是拿掉了分权对经济稳定的杀伤力，把货币超发的机制断掉了。能将这个体制建立起来，是了不起的。

问：如果说分税制可以完善的话，还可以怎么做？

张军：我认为，中国分税制的架构应该保留下来。要改的重点是，中央政府拿的收入和承担的责任要调整到基本匹配的程度。那就需要把很多支出责任上收到中央，这是最简单的调整。比方说基础教育的支出，现在都收到中央去了。最基本的社保也应该收到中央去。也就是说外部性特别强的支出领域，比如说教育、医疗、社保、养老，都应该收到中央去做，逐步调整到与它的收入相匹配的比重。那些主张回到 20 世纪 80 年代的财政承包制的观点是不可取的。

现在最怕的就是马上去建立类似印度的那种所谓标准体制，因为在那种体制下，地方政府根本不干事，只向中央政府去要钱，连基础设施都搞不成，后果就严重了。

六、改革公共部门

保护市场和企业家精神

问：你觉得中国经济存在哪些问题？如何改？

张军：中国经济不是没有问题，而是问题很多，结构性问题也存在。比如，国有经济现在的势力越来越大，已经威胁到私人部门的生存空间了。政府公共部门的改革也势在必行，包括政府机构的改革也很重要，需要提高行政效率。

现在沿海发达地区，整个政府运行的效率貌似也在下降。比较发达的地区，挑战更严峻，政府如果不能不断地保持改革的动能，不能适应内外变化的条件，就可能阻碍经济的结构升级。而内地正在经历历史的机遇，2008 年以后金融危机加快了沿海资本和全球产业链加工区段向内地的转移。但这种转移不是必然的，东南亚的竞争力也很强，所以，内地地方政府的治理水平和开放程度如何是很关键的。当然，我们要承认，相比于东南亚，中国有更好的产业配套的能力，沿海产业资本向内地的转移会充分考虑这个产业链存在的优势。

我不主张政府去遴选和设计很多产业，最重要的是开放，保持体制的柔性。记得董建华先生曾经针对香港的未来说，香港的主要问题就是对外部世界的变化作出的反应还太迟钝。他说，从做生意的角度讲，生意从小做大比较容易，但做大以后想继续保持不断增长不容易，要一直应对变化。

对国家来讲也是这样，经济做大之后，反应会变得迟钝，弄不好就要走下坡路。锐意进取这东西是很实际的，怎样驱动，从而让每个地方政府都保持开放的竞争，致力于保护市场和企业家精神，不断应对各种挑战和危机，这是中国的领导人面临的最重要的挑战。

问：此外，如何进行国有企业私有化的改革？

张军：我觉得真正做到公平竞争是企业改革的最重要目标。要公平竞争就是取消那些限制竞争和保护某些企业而歧视另外的企业的制度安排与政策。从法律上讲，私人经济可以进入任何行业，但实际上它进不去。2008 年"4 万亿"投资以来，国有经济的势力扩张得更大了，游说能力和话语权更大了。

比如说，民企在法律上可以进入航空，但现在政府发了几个牌照给私人的航空公司？这就牵涉到政府很多部门的设置，其实是我们的很多政府部门的官员本身就来自国有企业，习惯于代表国有企业的利益。审批制度看起来是中性的，实际在客观上阻碍了私人部门的进入。所以，要公平竞争，最好还是把太多不必要的政府审批权给取消掉。今天，一个私人企业要与国有企业竞争地盘谈何容易，更何况还需要政府主管部门的刁难与审批，可能还牵涉到不止一个部门来审批你。

所以，要在制度上真正降低民企民资准入的门槛，我们就要把注意力转移到公共部门的改革，因为国有经济本身是一套系统，它跟政治不是同一个东西，但也不是两个东西。它背后有政府的保护伞。为什么我一直说更多的改革需要走供应学派的思路？供应学派就是鼓励公平竞争，打破垄断，降低进入壁垒，撤销政府对经济的很多管制，还有大幅度减税。这都是供应学派的主要政策主张。跟凯恩斯主义的政策更多地依赖政府管制不同，这些供应学派的思想是让竞争变得更加公平和自由，这是确保经济活力和创新进取的必要的改革。

至于现在的大型国有企业，特别是央企怎么改，相当复杂，需要认真研究方案，权衡多方利弊，不可贸然行事。俄罗斯那样的私有化是不可取的。不管怎么说，现在的大国企，无论多大，总还有中央政府的职能部门能监管它们，如果没有很好的制度设计和监管手段，一味把它们私有化之后，会立刻形成巨大的私人财阀或寡头，情况只会更糟。

我们不得不承认，国有企业今天还部分承担着社会责任和政府目标，包括电力、铁路等基本公共品的提供，它们还不得不承担和执行着政府的目标，不能够借助垄断地位去牟取暴利。即使将来这些行业需要某种方式的民营化，对这些行业的监管也不可放松，只能加强。国有资产的经营是否要以国有企业控股的方式进行，还是可以与国有企业分离？这些问题也需要研究。国有企业的股权结构是否要进一步更大地社会化，也是可以考虑的重要问题。

总而言之，中国目前的国有企业的改革，需要慎而又慎，制度的设计和不同的改革方案的评估不可或缺。与其致力于呼吁私有化，不如研究和提出具体的改革方案与技术路线来。我想，在国有企业改革这个问题上，现在的最高领导层不是缺乏改革的决心，而是缺乏改革的知识。

（本文发表于 2013 年 5 月 7 日，《东方早报·上海经济评论》，

记者：柯白玮，郑景昕）

危机不是导火索，是催化剂

2013年6月底，"钱荒"袭来，海内外关于中国面临危机的声音再次响起。

面对银行间资金面吃紧，央行起初并未出手放水，这一举动，迅速被英国巴克莱银行总结成"不刺激、去杠杆、调结构"的"克强经济学"，并且预言，"克强经济学"可能短期内使中国经济某月增幅出现3%的低点，出现"临时硬着陆"。

话音未落，二季度数据出炉，数据显示，GDP增幅低于一季度的7.7%，下探至7.5%。多个因素叠加，中国经济"硬着陆"的说法，在海内外媒体上开始以更大分贝流传。

2013年7月22日，正在伦敦访问的张军教授，就中国经济"硬着陆"风险等问题接受了记者电话专访。

一、"钱荒"常有，危机不常有

问："钱荒"之后不久，有学者认为，中国目前已经出现事实

上的危机，制造业领域企业已经资不抵债了，地方债务平台偿债
压力加大。危机为什么没爆发，原因在于人们对经济增长轨迹的
预期没有改变。一旦这些预期改变，危机马上就会爆发。你认为
危机存在吗？有多严重？

张军：2013 年 6 月底，市场疯传"钱荒"时，有些海外媒体
就说，中国出现了危机，但加了前提叫"中国式危机"。这种资
金紧张的局面在其他国家发生可能会有很大影响，但是在中国，
貌似很严重，但很快就平息了，而且政府也没有大规模出手
来救。

我的看法是，经济学家要慎言危机，因为我们学到的危机的
表现、危机的发生机制，都来自西方。在西方，看到这样的事情
发生，就可以断言这就是危机，或者危机已经到来。

但中国不一样，"钱荒"在中国出现过不是一次两次了。朱镕
基时代整顿金融的时候，广东信托等多少家金融机构倒掉了，也
没有发生什么危机。

一些人认为"硬着陆"也好，崩溃也好，说金融系统的风险
积累一触即发，都讲了很多年了。危机为什么没有爆发？现在该
来反思一下，我们的理论是不是出了问题。

问：中国的情况更复杂。

张军：对，亚洲金融危机的时候，西方都认为，整个亚洲都
很危险，认为亚洲经济将就此一蹶不振。结果，这些预测并不
准。比如韩国，1998 年之后，反而迎来一个超好的发展时期，三
星公司乱中取胜，如今成为全球通信行业龙头。

我们需要反思，一有风吹草动，人们就认为整个系统会爆
掉，这是个导火索，当然我们也可以转变思维，危机或许会对经

济产生冲击，有没有可能成为正能量，成为经济结构改革的催化剂。

二、调结构经济不能脱轨

问："克强经济学"在 2013 年 6 月底成为一个流行词，你发表文章认为"克强经济学"不是通缩经济学而是结构经济学。从你的文章来看，可否理解为信贷扩张过快及错配必须纠正、结构改革也必须加快，但前提是经济增长不能脱轨？

张军：对，很多人认为要经济增长停下来，腾出手去"调结构"，这是不现实的。"调结构"需要一个紧缩的局面，但不是说要经济增长停下来"调结构"。比如车子要掉方向了，不是把引擎关掉熄火再拐弯。实际情况是，经济还要保持一定的增速，在增长过程中，不断调整结构。

20 世纪 90 年代中后期朱镕基时代，也曾"调结构"，那时候是压缩庞大的国有部门，大规模私有化。当时推行相对严厉的货币政策，先抑制通胀，经济开始减速，但不至于让经济停下来。

当时西方人就认为，朱镕基这么干，经济会硬着陆。事实证明没有硬着陆。

原因在于，宏观调控只是微调，同时保持了一定的经济增幅，没有让经济失去增长动力。朱镕基时代最困难，风险最大，我们都挺过来了。

问：现在的状况跟当时比，困难要小吧？

张军：现在的情况要比当时好。好在哪里呢？第一，就业压力轻，那时候大量国有部门职工下岗，而且农村剩余劳动力蜂拥进城寻找出口。如果经济出现显著放缓，社会压力非常大。但现在我们"调结构"，经济静悄悄的，经济增幅从 10% 以上降至 7%，也没有出现大的失业。

第二，当时财政很困难，中央政府捉襟见肘。因为改革需要支付巨大社会成本，政府要埋单的，而现在中央政府很有钱。今天政府的结构改革，需要财政手段补贴，调节空间游刃有余，比朱镕基时代大多了。

三、中国经济正在"软着陆"

问：现在看起来你对政府调控思路理解得很准确。李克强总理最近就提出，既要调结构，又要稳增长，不能让经济大起大落。

此前，巴克莱银行还认为"克强经济学"为了调结构，会把中国经济推向"硬着陆"，二季度数据出来之后，跟着喊防范"硬着陆"的声音更多了。

张军：中国经济"硬着陆"的说法讲了很多年了。"硬着陆"有点像急刹车，经济处于特别严重的泡沫和过热的时候，必须采取急刹车的调控措施，这时候会出现"硬着陆"。

"4 万亿"政策推出后，2009 年年底，通胀从负值开始上升，政府很快发现了"超调"的问题，经济有过热苗头，2010 年下半年改变调控方向，物价回落，GDP 增长减速。直到现在，经济增幅还在减速，这些都是按照政策意图在走，为什么还说是"硬着陆"呢？事实上刹车好几年了，总体上是个"软着陆"的过程。

回顾历史，20 年以来，"硬着陆"风险最大的是 1992～1994年，当时通胀最高达到 24%，朱镕基采取比较激进的方式抑制住通胀，经济增长仍然保持在 13%～15%。当时风险非常大，那时谈"硬着陆"是合情合理的。

现在谈"硬着陆"，物价指数在 2%，经济增幅回落到 8% 以下，即使政府采取袖手旁观的政策，也不至于"硬着陆"，因为不"刺激"不意味着急刹车，而是"微调"。信贷方面盘活存量，并没有让增量为零，允许增量贷款有 14% 的增幅，只不过要管住增量贷款的投放方向，不让银行投到那些价高利大的项目，而是要投产能不足、经济薄弱的领域，这不会产生急刹车的效应。

问：对于中国经济的上限下限，据 2013 年 7 月 23 日媒体报道，李克强总理最终给出了答案，经济增长 7% 是下限，3.5% 的 CPI 涨幅是上限，跟你之前的预测吻合。从国际上来看，6% 也未尝不是一个令人振奋的经济增幅，但中国认为 7% 的经济增幅以下就不能容忍，测评标准是什么？

张军：经济增长真的降到 6.9%，与 7% 在统计上可能没有实质性差异。GDP 增长的下限，跟两个指标联系起来：其一是就业，如果经济增幅降到 7% 以下，企业出现大规模裁员，这说明可能就到了下限；其二是看有没有出现通缩，如果 CPI 总体上保持正增长，说明经济在可容忍的范围，如果出现负增长，就该引起警惕了。

亚洲金融危机之后几年，中国的物价三四年之间出现了通缩，CPI 出现了负增长。当时的讨论非常多，因为通缩的治理比通胀的治理要难。一个前车之鉴就是，日本签署广场协议后，泡沫经济破灭，通缩至今持续了 20 多年。通缩表现为，物价下跌，老百姓不愿意花钱，企业不愿意投资，经济陷入倒转的恶性循环。

四、"摩擦性"经济增速下滑

问：既然不会"硬着陆"，但不可否认，中国经济处在增幅放缓的轨道上，而且仍有下行的压力。你一直认为，中国经济未来还有 20 年的较快增长期，那么从中长期来看，目前的经济增幅放缓属于什么阶段？

张军：经济未来的潜在增长率，是由长期因素决定的，不是由短期因素、周期因素决定的。

长期因素包括了资本形成情况、劳动力状况、受教育情况、生产率提高的速度、技术进步速度，这些因素决定潜在增长率。

经济学上有一个"收敛假说"，很多人错误地认为一国劳动生产率水平决定了该国的潜在增长率，事实上这个理论认为，一国劳动生产率与国际发达国家的差距决定未来经济的潜在增长率。以收敛假说来分析，当前我们与发达经济体的劳动生产率差距还非常巨大，仅仅是美国的 1/10。从这个意义上讲，中国未来至少有 20 年的追赶空间，潜在增长率近期每年能够保持在 7%～8%。

问：那么实际的经济增幅会不会偏离潜在增长率 7%～8% 的轨道？

张军：是不是会偏离，取决于李克强讲的"中国经济升级版"打造的成果如何。近 10 年来，中国经济走势受到外部冲击和内部压力多个因素影响。外部冲击包括汇率改革人民币升值，以及美国的金融危机；内部压力，包括了维持过去 20 多年经济高速增长的长期因素发生了变化：劳动力受教育水平高了，劳动力变贵了，劳动人口增长速度放慢，社会福利提高，等等。

2004～2005 年开始，这些因素就开始静悄悄地发生了变化，但对经济增长的影响是逐步体现的。如果前面讲的外部冲击和内部压力没有发生过，经济可以按照潜在增长率继续走，但事实是这些条件都在变，而且有些原来支持经济高速增长的条件已经不存在了，比如"人口红利"。所以，要保持原来的增速，有两个办法：一是修复原来的条件，但是这几乎不可能；那么第二个办法就是去适应，适应已经变化了的支持增长的那些条件，这就有了升级版的概念。经济必须转换到另外一个增长机制上：经济活动生产率更高，制造的产品附加值更大，经济就能够得到持续的增长。

问题在于现在能不能培育出跟现在的汇率水平、劳动率水平、工资水平、福利水平相匹配的经济活动、高附加值的产业来。

现在的经济增速为什么下降？因为我们正处在两种增长模式转化的过渡时期，属于"摩擦性"的经济增幅下滑。怎么理解呢，好像"摩擦性"失业一样——一个国家总体上劳动力比较稀缺，工作机会大于劳动力，但还有人失业，因为一些人的受教育水平与需要的工种不匹配，这就是"摩擦性"失业。在两种经济增长模式转化的过渡期，以往低附加值的产业即将被淘汰，但产业升级的速度还跟不上经济要素的变化，那么就产生了"摩擦性"经济增速下滑。

问：你一直属于中国经济乐观派，就中国经济的走势，你与悲观派、主要的观点差别在哪里？

张军：悲观派、乐观派的不同之处，集中到一点，悲观派认为产业升级不会成功，乐观派认为会成功。

这 10 年来，汇率上升、劳动力成本上升等短期的利空消息很多，企业面临升级的难题，短期来讲，对企业而言很痛苦，但长期看这些利空的因素就是催化剂。

如果当年没有欧洲"火烧温州鞋"事件，温州人就不会提高鞋子质量。现在很多浙江企业，觉得生意不好做，成本太高，就转到越南或者内地寻找空间。不想离开沿海城市的，就开发新产品更新换代。这就是催化剂的作用。5年以后，该淘汰的都淘汰了，能升级的也初具规模了，这种抱怨就很少了。

企业家清楚地知道自己该怎么做，政策应该因势利导，帮助企业实现转型。事实上看看广东、江浙、大连等沿海地区，从2005年以来，人民币升值、提高最低工资、金融危机接踵而至，它们遭遇的打击跟内地是没法比的，政府都在很积极地帮企业实现转型升级。

如果研究一下浙江省政府这些年来出台的政策，你会发现基本上都在帮助企业减轻负担，帮助企业转型升级，给予税收优惠鼓励企业研发；再看上海，发展总部经济、设立高新技术园区，学习新加坡搞园区模式，培养新兴产业，这些年经济增长虽然全国排名倒数，但仍能保持在7%的增幅。

看看底特律都破产了，政府干什么去了？这种夕阳产业不行了，只能等死。从中国沿海等地的情况来看，地方政府早年就已经在实施转型升级的战略，我觉得还有什么可悲观的呢？

（本文发表于《社会观察》杂志2013年第8期，记者：高艳萍）

我们对科斯是各取所需，
科斯真正的贡献在法学

2013 年 9 月 3 日，诺贝尔经济学得主科斯去世，国内经济学界一片哀悼，人们在痛惋这位经济学家的离世之时，也对他和中国的失之交臂感慨不已。观察者网特别对话复旦大学经济学教授张军，谈谈他眼中的科斯，以及科斯理论在中国遭遇了哪些误读，今天的我们又该如何面对科斯的理论遗产。

问：国内经济学家，比如张五常、周其仁等都和科斯有过密切交往，不过科斯也认为中国经济学家对自己的理论存在误解。在您看来，国内经济学家对科斯理论有哪些误解？

张军：科斯的有些概念，比如交易成本、产权等，其实是 20 世纪 90 年代被拿过来用的。国内也有一些科斯的追随者，我也不需要点名，反正我知道有那么几位对科斯是顶礼膜拜的，认为他的每一句话都是伟大的，有人已经把他比到了爱因斯坦的高度，所以可能会有一些僵化、教条的理解。

但不可否认，科斯是一个以思想见长的经济学家。这也是古典经济学的传统。按照今天的标准，他虽然没有什么抽象的理论框架，但他的思想还是古典价格理论的延续。只是他对经济现象的解释是建立在研究现实世界的基础上，主要是做实际调查，写一个案例，把这个问题搞清楚，也就是后来张五常在国内一再强调的要了解真实世界，张五常自己也是走这条路的。科斯早期出版的《企业的性质》《社会成本问题》，以及他研究 BBC 的垄断、英国的灯塔制度，就是遵循了这个路子。所以你看他的论文基本都有很多案例和材料，比如从档案馆调出来的历史资料等。通过讲述和分析这些材料，他给出了经济学的解释。

我认为科斯的经济思想今天看来还是有冲击力的。但是按照今天的经济学范式，他并没有发展出一个形式化的理论来，所以科斯的思想可以影响很多人，但他的理论很难通过一个简单的模式写给大家，因为它没有一个抽象的逻辑框架。理论是一个抽象的结构和语言，太具体的东西就不是理论，因为每个国家、每个时代的情况不一样，所以必须抽象掉很多细节、很多历史的东西，才能形成一个理论框架，在这个基础上才能被后人发展。因为这个，科斯得诺奖才引起那么大争议。包括后来斯提格勒教授把科斯 1960 年论文中包含的思想总结为科斯定理，也引起很大质疑和争论。

到底什么是科斯定理？科斯定理并不是科斯自己说的，也没有个模型化的东西，只是后人把它总结成科斯定理，也不是很严谨，后来张五常对此也做过很多批判。所以我觉得，回头想想 20世纪 90 年代科斯思想流入中国以后产生的效应，很大程度上不是科斯的原因，跟我们那时候经济体制改革的背景有关。我们似乎是在各取所需的基础上去理解科斯和他的思想的，也存在一定

的误读，其实他研究的东西跟我们那时候要改革的东西并没多大
关系。

问：科斯去世之后，国内舆论反响比较大，有人写文章继续
宣扬科斯理论，有人认为科斯理论在中国实践中还存在着一定问
题。可见对于科斯，国内经济学家的意见还很不统一。在您看
来，作为经济学家，科斯真正的贡献是什么呢？

张军：我个人看法，科斯最重要的贡献是在经济思想史上，
他用经济学家的眼光来考察法律。从 20 世纪五六十年代一直到
过世，其实科斯主要的工作和法律有关系，所以他在芝加哥大
学不是商学院也不是经济系的教授，而是法学院的教授，他自
己也编过一本杂志叫《法和经济学杂志》(*Journal of Law and E-
conomics*)，所以我个人认为，其实他的创造性贡献与其说在经济
学方面，不如说在将经济学运用于法学上面。

1991 年我翻译了罗伯特·考特和托马斯·尤伦的《法和经济
学》，第一个把这本书介绍到中国内地。事实上，是科斯开创了
这样一个视角，用经济学去分析法律。美国有个很有名的法学家
理查德·波斯纳，也是芝加哥大学的教授，他发展了科斯的思
想，推动了法和经济学的联姻，或者叫经济学分析法学这样一个
流派，波斯纳本人也是一个大法官。

科斯的这一思想来源于他 1960 年发表的一篇论文，叫《社
会成本问题》，作为法律概念的产权也是从这里面出来的。科斯
就是用经济学的思维逻辑强调资源最优配置，将这个思想运用到
法律上，特别是运用到法权上面，就是权力怎么分配和界定会让
结果更有效率，他的这一想法后来被称为科斯定理。

科斯定理的逻辑是假如我们这个社会经济里没有交易成本，

法律上的权力界定在哪一方跟结果其实是没有关系的，换句话说，权力如何界定不影响结果。这是在理想世界里，但实际的情况是这个世界有摩擦力，也有成本，所以产权开始怎么界定对结果有很大影响。

这种思想在美国或者在盎格鲁-撒克逊系统里会比较有影响，因为英美法系是普通法，怎么判没有事先的规定，取决于以前的案例以及法官对这个事件的评估，所以叫法官造法、法官判法。科斯的东西对这些会有直接的影响，因为它会影响法官对案例的看法，那么科斯就提醒大家说你得从效率的角度看问题，判案子得考虑到长远的影响。而中国本身是一个大陆法系的国家，按照成文法来判案，所有的东西都要写到法律条文里面，法官的作用没有那么重要，所以科斯的这个思想在中国也没有那么大的影响。当然法学界也比较主张应该引用这个思想到我们的判案里面，但总体上我们是两套系统。

问：那么，科斯的理论在中国有没有一个适应性的问题？

张军：其实我刚才讲的，科斯在法和经济学的影响力主要集中在英美这样的国家，大家觉得这是一个很重要的思潮，所以他在芝加哥大学法学院里就会有这类课程，现在也编了教材，希望能够对学法律的学生灌输这样的思想。我们国内的学校也开了这门课，还用了我翻译的教材。但总体上，从1991年我翻译这本书到现在已经20多年了，也没有成气候。科斯的理论跟我们国家的情况还是比较脱节的，所以他可能在学术上会有一点点影响，但实际上对我们法学界的影响并不大。

问：科斯的研究中一直很关注中国，有人甚至认为他影响了中国一个世纪的经济学思想和社会制度变迁。那么，您认为科斯的理论对中国的真正贡献是什么？

张军：首先我觉得他并不研究中国，他很关注中国也是张五常的原因，20 世纪 80 年代后期他推荐张五常去香港工作，这样可以近距离观察中国的变化。张五常到香港后写了本书叫《卖橘者言》，这本书在内地影响很大，第一次把科斯的产权这些概念介绍给了读者，大家才知道有科斯，这是在他获得诺奖之前的事情。后来张五常写了很多关于中国经济的评论，这多多少少会影响科斯对中国的看法，他周围的人也会不断给他讲中国的事情，知道了中国这 30 年来发生的变化。所以科斯本身是通过阅读开始慢慢了解中国，是一个远距离的观察者。最重要的还是中国是一个大国，体量比较大，经济上有这么大的成就，任何一个西方经济学家都会被打动，我想他也不例外。

但你说他有没有什么重要的理论可以拿来为中国所用？总体上我觉得没有。但是新制度经济学流行于中国 10 多年，应该与科斯的思想被引入中国有关。20 世纪 80 年代后期和 90 年代，新制度经济学流入中国，迅速成为主流，2000 年以前差不多有 10 来年的时间，在中国任何一个场合任何一个学术活动上，谈中国问题，谈改革，必谈新制度经济学，好像经济学只有一个门类，就是新制度经济学。但我觉得这个现象并不代表科斯的理论在中国很管用，而是因为新制度经济学中的产权、交易费用等概念有助于我们来理解改革的变化，所以我们对科斯有一种独特的情结。

但现在回想起来，那段时间新制度经济学在内地盛行，或者说几乎统揽整个学术思潮，其实我觉得可能跟另外一个人更有关系，而不是科斯。这个人叫道格拉斯·诺思，也是诺奖得主，现在还健在，是张五常的同事和朋友。诺思研究制度变化和制度变迁，任何改革，从计划经济到市场经济的改革，大家当然理解为是一个制度变迁的过程，所以很多经济学家后来发现我们国内在那个时间段的改革过程可以用诺思的理论来描述，而不是用科斯的。

问：那么，科斯理论的盛行是因为迎合了当时中国改革的哪些需要？

张军：我觉得可能就是在计划经济向市场经济的改革过程中，大家发现"交易成本"这个概念很有用，因为过去经济学只有生产成本，没有交易领域的成本。这个概念也不是科斯开创的，在他之前的文献里可以找到，包括马克思讲过的流通费用，也是这个意思。但是科斯第一次明确用了"交易成本"这个概念，大家可能觉得这个概念很新鲜，讲的不是生产领域而是交换领域，交换领域则可能和制度很有关系。20 世纪 90 年代一个经济学家可能会说，计划体制可能交易成本更高，当然不一定很准确，但是大家就习惯这样去用。

第二，我觉得"产权"的概念对中国影响很大，这个可能跟我也有关系，因为我在 1991 年出版了一本书叫《现代产权经济学》，也大量介绍了科斯的东西。产权经济学在当时非常流行，因为我们向市场经济转型的时候，最核心的问题就是所有权的变化，可是我们长期以来只有所有权和使用权这两个概念，好像大家搞不清楚到底这两个是什么关系，后来出现产权，我们就不讲所有权，也不讲使用权，我们讲它是产权，其实也不准确，但当时大家可能觉得产权是一种模糊的清晰。原来我们太清晰了，发现所有权和使用权这两个概念反而变得模糊了，改用产权，好像它没说清楚到底是指所有权还是使用权，但是大家感觉它特清楚，所以产权的概念那时候非常流行。20世纪90年代我去很多高校，很多学生拿着我的书找我签名，甚至有些教授跟我讲当时买不到这本书，就拿去复印，所以当时大家对产权这个概念特别欣赏。其实现在想想，科斯的产权是一个法权，他不是我们所说的那个概念，但大家觉得他似乎很能描述我们当时的那种状况。所以大家就觉得好像整个西方经济学界只有科斯讲的事情跟我们有关系，当然后来诺思的理论大家也比较欣赏。

问：目前国内学界对新制度经济学还是这么推崇吗？

张军：新制度经济学经历了20世纪90年代的高峰期，过去10年间其实已经衰落了，现在走到高校里跟学生聊，很少有人再谈起新制度经济学，也很少有人再谈产权、交易成本，科斯定理也没有人谈，所以慢慢恢复到一个正常的状况。现在可能我们更关心的不是科斯也不是诺思，而是经济学主流的东西。经济学本身有一套技术和一套价值观，科斯的东西说到底也没有超越这套价值观，没有超越经济学关于最优化、分配效率的范畴，只是他的方法是更古典的，是马歇尔经济学传统的承传，而且他把重点放到了法律方面。

当然，过去10年间，中国的经济学家研究中国经济和中国的转型改革，完全可以不用这些概念，也不用诺思制度变迁理论，我们现在用的是最标准的经济学语言，可以讲得更清楚。这也是新制度经济学在中国衰败的原因，在经过了一段介绍、阅读和崇拜之后，大家慢慢就冷静了，发现科斯、诺思的东西只是经济学主流这个长河里的几朵浪花而已，并不代表主流，经济学本身经过了两三百年的发展，有一套严密的体系，无论你是谁，你还得回到那套体系，否则就会被抛弃，就像如果我们的经济学家去参加国际会议，还大讲科斯和诺思，人家会觉得你或许来自另一个世界。当然我并不认为新制度经济学不重要，也始终认为科斯和诺思是我们值得敬仰的大师。

问：科斯作为经济学家，对于经济学家这个群体本身也有很深的反思，比如他提到的"黑板经济学"，甚至认为"某些科学家沦落到跟骗子和江湖'气功大师'一个档次了"。国内一些清醒的人士对经济学家也有这样的反思，那么您如何看待科斯对经济学家的批评呢？

张军：这个批评一直存在，所谓"黑板经济学"无非就是说脱离实际，很多事情都是从文献到文献，书本到书本，其实我觉得科斯的批评还算比较温和的，还有比他更激烈的，比如有人批评这种现象叫"安乐椅上的经济学"，就是你只是躺在那儿，从来不去身体力行。科斯这样批评也是因为他觉得这个事情要去做调查，把过程细节了解清楚，比如历史上经济学家一直讨论灯塔是公共品，私人不会去建造，科斯觉得讨论了上百年也没有结论，所以他就去研究英国的历史，看看这个灯塔到底是怎么回事，结果发现英国的灯塔在相当长时间里是私人建造的，他就反驳了这些教条的经济学家。

我觉得这是对的，经济学是要调研，但今天可以不需要像科斯那样调研，随着统计学和计量经济学的发展，现在处理和分析数据的能力比科斯的时代要高端很多。在 20 世纪五六十年代，美国最好的经济学杂志也很少出现计量经济学这样的研究论文，但今天想找到一篇不是用计量方法研究经济学的论文是非常难的，所以我觉得方法在变化，在进步，我们处理数据的能力大幅度提高，经济学在量化方面有了很大的进步，那么我可以观察你的结果，然后反推导致这个结果的逻辑是什么，这些问题当年是要通过身体力行来调查了解的，现在就可以通过一些假说来进行验证，大大提高了分析的能力，这和科斯的方法也不冲突，但或许比他更高级了。科斯研究问题和案例，比如研究 BBC 的垄断，研究灯塔，就到此为止了，不能变成一个抽象的理论架构，因为理论要脱离具体的案例，舍弃掉一些非常具体的细节，然后形成一个逻辑结构，所以我说科斯的工作其实不是构建理论，而是赋予案例以思想，经济学的思想。

与科斯一样，张五常这些年也一直强调经济学家要做调查，要研究真实世界的问题，经济学从事的是"经济解释"。张五常身体力行，要把经济解释的传统回归到经济学中。但不可否认，这是经济学的古典传统，今天有些失传了。今天的经济学家在经济研究中，经验观察虽是第一位的，因为要发现问题，就要去观察，但重点的工作是去构造抽象的和形式化的理论，然后再用统计数据来检验理论，这成了目前的一个标准方式。是否过了头？这是没有答案的。

> 下文为《东方早报》和搜狐财经对张军教授关于科斯的采访，谈到了科斯对经济学的贡献，对中国改革的影响，以及他完美幸福的婚姻生活。

1. 科斯开创了新的经济学研究领域

张军：我个人认为，改革开放以来有两个人对中国经济学界的影响最大：一个是罗纳德·科斯，另一个是匈牙利经济学家科尔奈。20 世纪 80 年代，科尔奈对中国经济学家，特别是年轻一代的经济学家有特别大的影响。80 年代末，科斯的思想开始被介绍到中国，我自己也有幸成为介绍科斯思想的中国年轻经济学者之一。1991 年科斯获得诺贝尔经济学奖，事实上我们了解他的经济思想是在他获奖之前，获得诺奖之后，他的影响力就更大了。他的几篇论文，比如《厂商的性质》，这是 1936 年写的论文，再比如《社会成本问题》，是 1960 年写的论文，几乎每个从事经济学的中国人都读过这两篇论文，可见他在中国的影响之大。

科斯他本人并没有出版过很多书，他的思想主要体现在他为数不多的论文里面，在他得了诺奖之后，才在美国出版了一本论文集，这个也很快被翻译成中文。他最早的一本书是写英国广播公司 BBC 的案例，花了大量时间调查英国整个广播系统的结构以及它是如何垄断的，1948 年科斯出版了《英国的广播：一个垄断的研究》，这是我见到的科斯最早的著作，从此之后我没有看到过他有其他的书出版。

但是他在不同的年代有过一些重要的论文，比如他有一篇文章讲英国的灯塔制度，另外他还专门研究过英国的广播频率分配问题，还有其他的一些讨论经济学最基础问题的论文。不过我想他最重要的思想还是体现在他 20 世纪 30~60 年代所发表的几篇重要的论文当中。其中，我们最熟悉的两个研究成果已经载入了经济学思想史：第一个成果被后来的经济学家概括为"交易成本"，换句话说，科斯可能是第一个比较明确地提出了交易成本概念的人，过去经济学只有生产成本的概念，我相信很多人从来没有意识到交易是有成本的。科斯比较早地从交易成本这个角度入手，试图理解现实经济一些不同寻常的现象，比如说他在 1936

年发表的《厂商的性质》，他第一次回答了一个问题：如果市场可以很好地进行资源分配，为什么还有大量企业存在？企业和市场到底是什么关系？过去的经济学没有解决这个问题，甚至把企业的存在理解为自然而然的，所以不会去探讨为什么会有企业。科斯之所以认为企业存在是一个很有趣的现象，重要的是他不从生产成本的角度入手，而是认为在交易领域里面也存在着成本，而这个成本是被经济学和经济学家忽略的，所以他抓住交易成本这个概念以后，能够回答企业和市场的关系，所以才有 1936 年的《厂商的性质》。这个文章是划时代的，有了这个文章才有了后面关于厂商经济学的发展，才有了交易成本经济学的发展。

所以今天回过头看，因为 1936 年他才 26 岁，科斯可能在做学生的时候，其实已经不同寻常地走了一条跟绝大多数经济学家所走的完全不同的路，所以他的思想才会那么猛烈，那么打动后来的经济学家，开创了一个新的经济学研究领域，后来在交易成本和厂商理论这个领域里面也有多个经济学家获得诺贝尔经济学奖。

第二个贡献是 1960 年科斯发表的《社会成本的问题》，这篇论文讨论的问题并不是一个新的问题，而是一个老问题，其实就是讨论经济学家所说的外部性问题。外部性是一个很普遍的问题，经济学家很早就开始研究外部性了。之所以称科斯 1960 年的文章是划时代的，不是因为他在技术上有很大的改进，或者有很多创新，而是思想上有很大创新，他可能是第一个想到外部性的产生，以及在如何解决外部性这个问题上想到了法律。实际上，1960 年的这篇论文是经济学家第一次把法律的问题和经济学的问题放在一起讨论，所以我认为科斯在这篇论文里提出的思想影响更加深远，他不仅提出了后来被经济学家总结为科斯定理的命题，更重要的是他开创了新的经济学研究领域，或者说开创了经济学与法学联姻的一个新天地，这就是后来形成的法和经济学这门学科。

事实上这门学科的影响相当深远，在1960年的这篇论文里面，他讲外部性问题的时候，可以说他是从法学家的角度看这个问题的，也可以说他是从经济学家的角度看这个问题，但是他最后落脚到经济学的层面上，以法律的问题开头，用经济学回答法律的问题，所以这是一篇非常精彩的论文，考察了大量的案例和法官判罚的文本资料，最后引出了一个非常重要的命题。这个命题就是产权是法律界定的，法律界定的产权无论有效还是无效，从某种意义来讲都不重要，只要这些权利是可以交易、交换的，最后这个权利的分配会按照市场原则分配到使用权利最有效的这一方的手上，而不管初始的法律对这个权利的界定是怎么样的。这句话被解读成"科斯定理"。

但科斯定理是有争议的，因为它可以从两个角度理解，强调的到底是产权重要还是不重要，这一点经济学家有不同的解读。当我们说产权的初始分配，也就是说法律界定的最初的权利，对最后结果的影响是没有关系的，从这个意义讲产权不重要；说它重要，由于市场是有缺陷的，产权的交换不是那么有效和一帆风顺，所以产权交换最后不像我们想象的总是能够把权利分配到能够最有效使用这个权利的一方手中，既然这样，权利最初怎么界定就变得很重要。

从前一个方面来讲，产权不重要，因为不管怎么分配产权，最后这个权利给谁是市场说了算，是由交换结果说了算；另外一方面，产权特别重要，因为这个权利不是总能交换到最有效的使用权利的这一方，所以权利最初怎么界定就非常重要了。我现在想，不管产权重要还是不重要，但科斯定理是重要的，因为在经济学家的队伍当中，这是第一次用经济学眼光去看待法律，也可能是在法学家的队伍当中，第一次用法律的眼光看待经济学，所以它的影响力在经济学界和法学界是同等重要，这也是为什么法和经济学这门学科可以得到经济学家和法学家两方面的欣赏和发展。

科斯一生当中对经济学的贡献，不在于他发表了什么分析技术，不在于他对很多问题做了实证研究，甚至不在于他发表了数不清的论文，重要的是他一生至少在看待这些经济学最基本的问题上面，有了非同寻常的原创性的想法，所以我觉得科斯是一个伟大的创新家。可能他每篇文章都在创新，都在超越已有的经济学家的研究范式、研究结论，以及研究逻辑，但科斯并没有推翻经济学，也没有推翻法学，在经济学和法学两个领域里面又都获得了重要的成果，产生了巨大的影响。这种影响不是来自他推翻这两个学科，重要的是来自他能够发现被这两个学科忽略的一些领域，而这些领域恰好是金矿，所以他才有了交易成本和科斯定理这两个概念的发现，交易成本和科斯定理在经济学的思想史上会永放光芒。

2. 科斯的一生是非常普通的一生

张军：我认为科斯的一生是非常普通、毫不传奇的一生，但他一生实践着一样东西，用他的学生辈的经济学家，也是诺贝尔经济学奖获得者威廉姆森的话说："科斯一辈子在研究制度，而不仅仅如此，他自己也是制度的最佳实践者。"我理解这句话有三层含义：第一，他研究制度跟很多其他研究制度的人是不一样的，因为他自己研究制度的时候是去了解真实的制度，比如说他研究英国的灯塔。灯塔到底是不是免费的，是不是政府提供的？经济学家纠缠了几百年，但是科斯去调查英国历史上的灯塔到底是谁经营的，所以说他是一个身体力行的经济学家，一个实践者。所以我觉得威廉姆森说科斯是一个制度的伟大实践者，首先包含了这个含义。

第二层含义，我觉得是科斯在芝加哥大学立足以后，其实他的后半生在默默无闻地编辑着一本杂志，这本杂志的名字叫作《法和经济学杂志》。我们都知道办好一本杂志是很不容易的，因为这本身就是一个制度，所以科斯后半生大部分时间致力于这个杂志，不仅参与创办，而且还参与杂志的编辑，这是非常了不起的一件事，我想这可能是威廉姆森的话的第二层含义。

第三层含义，科斯有一个非常完美的婚姻和家庭。婚姻和家庭是世界最伟大的制度之一，科斯的家庭、婚姻非常幸福美满。他去世之前的几年，他夫人一直住在医院里面，将近百岁高龄的他还到医院照料夫人，可见他在家庭、婚姻上是多么忠诚。所以在这个意义上，他也是最佳实践者，我想威廉姆森对科斯的评价应该包含这三层含义。

（本文发表于 2013 年 9 月 10 日，观察者网）

改革能否推进取决于中央决心

> 2013 年 11 月 9 日至 12 日，十八届三中全会在北京召开。此次三中全会传递出的强劲"改革信号"使其备受外界关注。复旦大学经济学教授张军接受新浪财经记者徐雯采访，就土地财政、反腐败等问题表述了自己的观点。

一、改革依然有很多期待

问：十八届三中全会已经召开，您对此有何期待，此次三中全会在中国的改革进程中将发挥什么样的作用？

张军：一直以来，外界对此次十八届三中全会期望极高，因为已有 10 年时间未改革，社会希望此次三中全会可给出明确的改革方向及具体措施。三中全会仅是提供框架性方向，比如上一届三中全会也出台过一个完善市场经济的决议，但大家关心的是改革如何落地。

我个人觉得，此次三中全会仍然值得期待，这并不仅仅针对经济改革而言。此次三中全会决议名称是《中共中央关于全面深化改革若干重大问题的决定》，包括社会改革、政府改革和经济改革三大类，这三类改革在过去十几年间积累了众多矛盾，并且在网民群体中体现得尤其严重。

此次三中全会是一个综合性改革的方案，从亮点程度、从社会对改革的期望程度上看，我觉得排列顺序应该是社会改革、政府改革和经济改革，更多的亮点将体现在社会改革和政府改革上，例如社会改革内容有农民工、流动人口、户籍问题、二胎政策、社会保障问题、医疗问题等公众迫切关心的问题，我相信在这次改革的方案中应该会有很好的设计。

另外，在政府改革上也有不少需要着手的问题，例如政府规模，政府职能转变、反复的问题，可能设立香港廉政公署垂直性机构问题，司法相对独立问题，如司法独立于地方政府等。而这些改革的力度想必也是 30 年来空前的。

问：那么经济改革在其中将扮演什么样的角色？

张军：为什么我说经济改革亮点少，因为过去 30 年，经济改革一直在推行，因此此次三中全会不见得会出现较新的提议和说法，改革力度不见得很大。而与之不同的是社会和政府改革，因为过去做得比较少，这次便是水到渠成。

例如历次三中全会都提到国企改革，但国企改革的思路仍然停留在建立现代公司制度和治理、分红、国有资本如何运作等问题上，其实从始至终都有相应的政策法规，只不过执行力不佳。例如金融改革仍然是我们过去讲的那些，比如支持非公经济，中小企业融资，建立多层次资本市场，支持民间资本主办银行，等等。

因此，在经济领域的改革可能会让大家失望，但失望不代表改革没有向前推进，只是说这些改革的内容在过去都被不断提到过，这次不会有太多新的提法。

二、土地流转是亟待解决的矛盾

问：那您觉得，目前中国的经济改革中，哪些是亟待解决的矛盾与问题？

张军：土地流转问题，涉及宅基地和农村集体用地的流转。在过去的五六年中，中国沿海各省份以及内陆一些省份的地方政府已经对土地流转做了一些尝试。未来，政府将找到每一个省份的"最大公约数"，将其写至文件中，政府从一级市场退出，由农民自己决定流转的价格。

三、改革能否继续取决于中央的决心

问：您提到改革条款的执行力问题，此次改革遇到既得利益者的阻力？

张军：社会对此次三中全会期待不高的原因就在于执行力问题。例如"非公经济三十六条"没有很好执行，那一届政府第二任期内国家级综合改革试验区也没有很好执行，所以顶层方案设计虽好，但执行力有限。希望这次可以不一样，本届政府是比较有执行力的一个人，我个人看来，在改革推进问题上，领导人有强硬的执行力非常关键。

最高领导人是否有改革的决心这一点很重要。地方大员虽有谈判能力，但与中央领导人的领导力有关，地方官员的任命是由中央政府任命、派遣的，地方政府虽然可能消极对待，也有个人地方利益所在，但总体来看，执行力的主要力量来自上面的推动，只有上面有改革的决心，自上而下推动，决定了即使地方有阻力，也是可以克服的。当年朱镕基推行分税制，尽管来自广东的阻力很大，但朱镕基带了60多个官员到广州谈判，广东最终签字。这表明改革能否继续下去不取决于地方利益有多大，而是中央最高领导人的决心有多大。

四、不应妖魔化土地财政

问：您一直推崇朱镕基的税改，特别是分税制，依您所见当前财政税制还需要哪些配套改革呢？

张军：财税改革包括资源税的改革、要素价格的改革。但其中的核心，很多人认为是调整中央和地方的财政关系，而这又涉及土地财政的问题。

很多人希望，未来土地财政应该有大的改动，中国应该完全抛弃土地财政，但依我个人看法，不会有太大的改变。

土地财政在过去几十年对中国的贡献很大，对基础设施建设的贡献也很大，没有土地财政，中国今天的发展状况完全是另一回事，应该不尽如人意。大家总说，政府靠卖地收入推高了房价等问题，但对于土地财政，我们需要公平地去评价它，它在恰当的时候发挥了恰当的作用。同一个制度的效果不可能永远维持下去，制度运作的成本将会随着时间推移有所改变，但在恰当的时候发挥恰当的作用那就是不可或缺的。

今天土地财政需要改革了，是因为我们看到卖地买地的过程中出现了很多问题，比如征地，政府与农民的冲突越来越大，政府在一级市场的角色需要做些改变，同时也应该去寻找适合地方政府融资的其他的手段。

五、应允许有条件的地方政府自主发债

问：当前有什么合理的办法可以让地方政府摆脱对卖地收入的依赖，解决稳定财源的问题？

张军：目前，土地被地方政府手握，融资的渠道自然与土地相关。当然，如果是在土地非私有化的体制下，这个渠道是不存在的。现有框架下，土地融资是相对优势，不过目前融资成本越来越高，征地越来越难，社会问题频发。但这个门不可能关掉，中国依然会保留以土地为基础的地方融资，土地是一种可以自然升值的天然融资渠道，中国绝对不可能关掉这个渠道。关掉是没有道理的。

但是，随着成本的上升，地方政府需要寻找多样的融资渠道，我认为此次三中全会一定会提到更多允许地方政府自主发债的问题。现在全国共有四个中心城市在进行试点，地方政府有自主发债的资质，起码在未来 5 年，全国会继续扩大地方自主发债的范围，特别是沿海发达地区，应该允许发债，而且也有利于中国的资本市场发展和投资机会的扩大。

也有人提到，将来地方政府的财政来源能否以房产税、消费税为主，这个恐怕此次三中全会并不会给出时间表，但改革方向的确应该如此。20 世纪 80 年代是中央向地方放权让利的时期，每年中央与地方的谈判都不稳定，但 1994 年年底朱镕基提出分税制，以规则代替谈判，税收分开，设立地税和国税，使得税制走向稳定。这个框架已经运行 20 年了，未来仍然会持续。

当前分税制体制下，地方政府并没有设立税种的权力，所有的税种都由中央决定，可以说，分税制只是分税种，并不是分享征税的权力，税制改革可能会微调，未来等到中国把征税的权力也分开，那就真的成为联邦制了，但这只是个遥远的方向。

例如以所得税、消费税、房产税等直接税为主的改革，与其说是很大力度的改革，不如说是税制的转型。中国目前的财政来源主要是以间接税为主导，而由间接税到直接税的转型不是那么容易的。直接税是与老百姓最切实相关的税种，百姓极为敏感，所以这个改革方向比较艰难，还涉及宪法，这是一个漫长的课题，我看 10 年内是不会完成这个转型的。

问：那目前坊间热议的房产税在全国铺开的可能性应该很小了，也不会得到深化？

张军：我认为三中全会最多会给出一些鼓励积极探索的句子，适当时机试点，但试点的成本很高，程序也很复杂。直接税种类增加，间接税种类减少。10 年内是不可能实现的。

问：近期国研中心公布的"383 方案"提出，以事权合理划分重新确定财力配置。一级政府管理职责即事权过度，怎么解决财权事权不匹配的问题？

张军：匹配有两个方向，是与财权还是事权匹配。如果和事权匹配，需要增加地方政府的收入。大幅增加地方收入短期内难以实现，现在很可能会实行第二种方案，即中央政府承担更大的事权。因为中央政府拿税收的比例大，100 块中央政府要拿 70块，那中央就应承担 70 块的支出权力。

增加事权是支出公用品的权力，原本基础教育、基础养老等都是地方事权范围，现在将其上升到中央。也就是说，将来基础教育、养老、医疗等费用不再由地方支出，而是中央政府承担，这个思路是支出权的再集中思路，现在的说法叫中央托底。

基础养老、医疗等由地方政府来做，会出现地方的分割。例如你的社保在一个地区是这样，到另一个地方是另一种做法，这不利于人口流动，也于新型城镇化不利。将来倘若由中央政府承担，你的医保、社保在全国各地都可以使用，更有利于城市化。

六、提高官员的真实收入很重要

问：目前，中国东西部地区贫富差距日渐拉大，您曾建议中央政府要因势利导促进沿海地区的产业资本朝向内地进行再分配，这种再分配主要是什么方式？

张军：每一个地方在资本形成过程中，最好的方法是鼓励地方竞争，才能避免和减少地方在投资上的浪费。过去 30 年，地方资本竞争发挥了很重要的作用。在地区竞争压力的推动下，地方政府才会招商引资、提高政府效率、改善投资环境、在税收上做出让步。

对西部来说，这是最好的办法，要求地方去贯彻中央的投资项目不如来自横向的地区之间的压力对投资的选择有效果。有些人对中央对地方官员考核的方法不以为然，但所有自上而下的方面解决问题很难。横向地区竞争，也需要中央对地方政府进行考核，否则地方竞争没有动力，所以考核也是很重要的。考核不应该一无是处，考核才可以形成横向的地区竞争。

中国存在官员腐败问题。从全球看，腐败与发展有几个组合。有只腐败不发展的国家，也有发展而不腐败的国家，还有既腐败又发展的国家。中国是在发展中不断出现腐败的一个案例。另外，与俄罗斯不同，中国的腐败现象更多发生在下面，俄罗斯的腐败更多发生在上面。说明中国的官员腐败多与商业贿赂有关，而且多是灰色收入的问题。我是说，这些官员不是因为要阻碍发展项目而攫取，而是因为他们支持发展项目。而且这里也有文化的东西，很复杂。

我认为，要减少腐败，就要增加官员收入和财产的透明度。而要提高透明度，提高官员的真实收入就很重要，要使得他们有足够的白色收入。官员的收入长期以来受到管制，官员收入应反映出他们投入的回报，但这又涉及中国整个官员制度的"内部劳动力市场"和"定价"问题了，需要很好地进行研究。起码我们看到那些拥有廉洁的政府和官员的国家与地区，基本都与透明的官员的高薪制度有关系。

（本文首发于 2013 年 11 月 6 日，新浪专栏·意见领袖）

改革试验总被赋予过多期望

上海再一次站在聚光灯下，这一次是因为中国（上海）自由贸易试验区的设立。

事实上，从 2005 年浦东综合配套改革、2007 年洋山港建成、2009 年"两个中心"建设，到 2010 年世博会，每一次经济上的重大决策，上海的辉煌历史、改革排头兵的标签都被一并翻出，并对其赋予重任，寄予厚望。

这一次无出其右，方圆仅 28 平方公里，已注册 5 万多家企业，80% 已经饱和的区域，被划作上海自由贸易试验区，在区内对外资实行负面清单管理，负面清单以外的行业取消审批，施行备案制，此外还承担政府职能转变、金融创新等多项改革试验任务。

上海如何担此重任，媒体热炒了几个月的自贸区究竟能做啥？

一、政府职能转变不需要封闭试验

问：中国（上海）自由贸易试验区现在很热，热到逢人就问自贸区的地步。不过，我看到你在微博上说，"自贸区显然被赋予了过多的实验功能和期望"，为什么这么说？

张军：自贸区原本就是促进上海及周边地区扩大贸易，提升上海产业能级，促进上海航运中心、贸易中心建设的一个重要战略。但现在我们的自贸区搭载了很多职能，好像很难去定位。全球数百个自由贸易区，大多是转口贸易区，中国香港、新加坡、迪拜及法兰克福都是如此。我们叫自由贸易试验区，因为要试验很多制度，包括金融改革、金融创新、服务贸易开放和监管、政府审批制度，还包括法制层面的改革实验。

全球40%的自由贸易区在亚洲，因为亚洲有很多小型开放性经济休，比如中国香港、新加坡。它们依靠机场和港口，每年的转口贸易额都是其GDP的好几倍。中国这么大，沿海即使搞10个贸易区，转口贸易也不可能占整个经济很大份额。中国是发展中国家，还是要靠工业化的推进来实现城市化和经济发展，靠大部分非港口地区经济提升产业能级来发展经济。但是对沿海而言，自贸区不失为一个好的发展战略。

但是把更多的制度创新、金融改革的试验，让自贸区来完成，通过自贸区向其他地方复制、辐射，让人觉得有些匪夷所思。

问：具体怎么讲？

张军：制度创新对经济的效果，取决于这个制度是不是能在一个更大、更开放的区域里施行，太小的区域，很多制度没法发育，也不一定有什么推广的价值。

最好的例子就是金融。这几年的温州金融改革试验，很多人认为没有取得理想的效果，因为很多金融创新，要在全国范围内搞才有效果。政府职能转变和审批制度改革，本来就可以在全国范围内逐步推进，也不需要试验。随着十八届三中全会改革方案的出台，我相信未来5年，肯定要在政府职能转变、政府过多干预经济和审批制度上做比较大的改革。不搞自贸区，也要这么做，因为这些改革没有风险，不需要在封闭的试验区内进行。

目前金融改革最重要的就是三大项：人民币跨境自由兑换、利率市场化和资本账户开放。对于资本账户开放国内反对的声音不少，而且反对者似乎都是一流的学者。他们的意见需要关注，所以金融改革时间表不可能很快出台，肯定是要逐步地进行。

这些金融领域的开放最终目的是什么？与国家利益有什么关系？为什么要搞自贸区？这些问题也还是需要认真回答。能回答清楚了，我们就知道该做什么。当然，资本账户开放了，境外资本会在中国有更大的利益分享机会，但也有巨大风险。我们在最需要外资的时候，都没有这么做，现在还需不需要这样做，我们要谨慎地决策。

二、不是金融改革试验区

问：所以上海市政府参事室主任王新奎说，千万不能把自贸区理解成为金融改革试验区。

张军：对。到目前为止，自贸区方案中金融部分也只有两条：一是金融制度创新，二是金融服务。服务没问题，但金融创新，比如区内资金自由进出，人民币可兑换，必须在28平方公里封闭的系统内进行，否则会对整体经济产生冲击。

据我所知，人民银行支持在自贸区搞金融制度的创新和金融自由化，但像银监会这样的监管部门，它们对金融创新持保留意见，它们到现在都不知道该怎么办，压力很大。我感觉把金融制度创新放进自贸区改革方案，给监管部门、给上海、给自贸区的管委会都出了一道难题。

问：金融说白了就是资金流动，一旦开口子，很难封闭运行。

张军：在自贸区里实行"一线放开，二线管住"，二线就是设一道铁丝网，跟腹地的经济隔离，但是对广阔的海外市场，是畅通无阻的，像当年深圳特区的隔离一样。但是金融很多内容，要在内地产生效果，必须拿掉这个铁丝网，但现在不能拿掉，所以某种意义上这种金融创新的意义就不存在了，因为对内地经济不会产生效果。

但是大家把金融改革的期望寄托在自贸区身上，现在学者都在谈金融。好像几年前，温州搞金融改革试验区，当时讨论得很热烈，后来发现不行，因为金融改革放在一个小的地方有设计上的局限。

问：是，温州金融改革有失败的先例，我们有同事去采访过。当时 2003 年温州也就是在农信社试点利率市场化，存贷款利率均可以上浮。结果这些农信社存款大增，其他银行很不满，另外农信社的存贷比大幅上涨，导致贷款压力很大，后来不巧又碰到宏观调控，银根紧缩，民间信贷又活跃起来。两年后最终试点被叫停。

张军：是，所以说大家讨论的重心都偏离了。大家都把自贸区当成了金融创新实验区，所以大家都在发挥想象力，越是这样，越把自贸区问题搞复杂了。

有一点是清楚的，自贸区的敞口应该是向外的，这是自贸区的初衷。自贸区之所以敞口向外，是因为它的做法不能在自贸区外实行，否则会与国家利益或国内的经济活动有冲突。而我们现在想在自贸区试验的东西总体上都应该是敞口向内的，因为我们要进行的金融创新和改革，政府审批职能的改革以及投资便利化的那些措施都应该是服务于我们国内经济的，不存在与国内经济活动和国家利益的冲突。所以，现在的上海自贸区模式要把那些应该敞口向内的制度改革放在一个敞口应该向外的自贸区内，人为限制了这些制度改革的效果，当然就难以发挥什么大的作用。

三、监管难题

问：还有人设想要在区内搞诸如商品期货、人民币债券投资等。不过方案要求，金融创新要为实体经济服务。

张军：中国内地还是实体经济主导，做转口贸易只符合上海、广州、天津等沿海港口城市，想扩大转口贸易，要发展服务业。这些城市可以学习中国香港地区、新加坡的经验，这样的自贸区对经济发展有利好。事实上，它们做转口贸易，不仅是服务，还是以货物贸易为主，有港口、集装箱货物在。但我们的自贸区设计要搞成以服务贸易为主，跟国际上 FTZ（对外贸易区）的设计又不一样。

新加坡转口贸易很发达，港口发挥了更大的作用。现在我们希望企业的货物到上海来中转，那么上海就要提供比我国香港地区、新加坡更好的服务。包括资金进出、注册的便利、低税负等，总体上还是应该发展转口贸易、实物贸易。

问：当年洋山港建成的时候，我记得有一个数据，上海港国际集装箱的中转比例连2%都不到，跟新加坡、中国香港，乃至韩国的釜山不可同日而语。

张军：是，很多北方、南方的港口都升级了，跟上海直接竞争，所以上海要扩大转口贸易。不过扩大转口贸易还是以货物贸易为主，像新加坡、中国香港，可以在港口附近开辟自由贸易区，里面可以做简单的加工，又能提供配套的金融服务，也还是以货物贸易为主，发挥优良港口的作用。

现在我们的自贸区方案要求以服务贸易为主，我们的海关对监管货物贸易很熟悉，但现在服务贸易的核心还是金融，是资本的流动，一个单子出去了，我们不知道怎么监管，这又是一个难题。

四、自贸区定位模糊

问：那么对企业而言，自贸区究竟有什么机会呢？

张军：民营企业很踊跃，它们纷纷在自贸区注册公司，但是接下来要干什么，不知道；别说它们了，就是几大外资银行，汇丰、花旗等已经在自贸区设立了更高一级的分行，但是你问它们开展什么业务，它们也不知道。

这跟目前的方案对自贸区的定位，以及宣传内容的模糊不清有关。回到最初，全世界自贸区就一个功能：扩大转口贸易。现在我们搭载了过多职能，反而削弱了自贸区本来有的职能。

企业最直接的想法就是，希望利用自贸区机会，享受其制度上的便利，比如设立一个公司，可以自由调动海外资金，但是拿这些钱能不能到自贸区以外投项目？事实上是不能。自贸区方案规定只能在区内做生意，事实上这些企业希望在自贸区以外做生意，因为关内腹地更广。这就跟我们设立自贸区的目的冲突了。

如果真以金融改革来讨论自贸区未来的发展，自贸区就变成一个综合改革试验区，就像当年浦东申请综合改革试验区一样。不过，在过去的 10 年，政府批准了数十个国家级的实验区，但除了一块牌子，没有什么可以实验的东西。

问：对，我当年也参与过报道。大家对上海、浦东的期望非常高，当年正好是浦东开发开放 15 周年，那一次报道的热潮，感觉上海又一次站在开放前沿了。不过 8 年过去了，现在好像很少人去关心和了解浦东究竟做了哪些改革。

张军：这个你要去调查一下后来怎么样。其实审批制度的改革，政府职能改变，这些改革都可以在任何地方推广试验，没有什么风险，不需要嫁接在自贸区上。

事实上，我们改革上的很多事情比自贸区更重要，自贸区可能对上海更重要些。而且从全国的情况来说，我们应该设立多个自贸区，这样有助于推进我们经济的产业升级。

五、丢掉本职功能会得不偿失

问：那么你认为，自贸区设立之后，与香港是不是会有竞争关系？

张军：如果自贸区能扩大转口贸易，香港会面临直接竞争。

因为上海与东部沿海港口形成联动，会吸引更多货物贸易在此中转。过去十几年，香港地区已经在这方面受到内地港口的冲击，港口地位在下降，再搞一个自贸区，香港地区转口贸易还会下降。

但是在金融上，上海目前没法替代香港，自贸区也想在28平方公里内搞离岸金融，香港已经是人民币离岸中心了，香港的环境在很多方面明显高出自贸区的方案设计。在税收上，自贸区明确说没有税收优惠，香港在税收方面就很有优势。

另外，香港与上海不同，上海自贸区内负面清单管理肯定要比香港严格得多，公布的方案中190项外资不能做，将来还要不断调整，香港不能做的就很少，所以对香港的冲击不会很大。

问：既然你认为自贸区只能回归到原本的功能，扩大转口贸易，那跟以往的保税区又有什么区别？

张军：香港作为自由港，货物能自由进出，而且又有各种保险结算的服务配套。但是我们的保税区，没有太多的功能，结算要到香港去。因为我们资金不能自由进出，不能结算。

另外，尽管我们回应中美战略经济对话中承诺，让外资享受国民待遇，使得投资便利化；降低准入门槛，以前限制的行业，比如演艺娱乐机构、游戏游艺设备生产向外资放开，还允许外商设立独资医院等，不过，问题在于，这些企业进来，产品只能出口，不能卖到内地。包括医院也这样，外国人可以在自贸区开医院，进口医疗设备不要审批就可以买进。但是外资医院开张了，老百姓能进来看病吗？怎么跟医保衔接？再说，那么小的地方，能开几家医院，还面临一系列问题。但是，也许要问一下自己：这些好事为什么不在更大的范围内迅速推开做呢？好像我们没有什么理由必须将其限制在封闭的区域。

我个人看法，自贸区还是应以转口贸易为主，也就是在原来保税区的基础上升级换代，要提供像我国香港地区、新加坡一样的配套服务。投资便利化受 28 平方公里限制，功能很有限，加上负面清单管理，很多行业外资仍然不能进来。3 年后自贸区要验收，什么叫成功，什么叫失败，上海压力很大。

我认为，3 年里上海如果丢掉自贸区本来职能去搞其他的实验，会得不偿失。

（本文发表于《社会观察》2013 年第 11 期，记者：高艳平）

我对自贸区认识的三个阶段

上海"自贸区"走过的这一年，各方关注。在这一年里，复旦大学中国经济研究中心主任张军曾就此发表过多次演讲。应记者要求，他告诉了《上海观察》一个经济学家对上海"自贸区"认识的"进化"。

虽然我的住所离上海"自贸区"并不算远，但"自贸区"成立一年来其实对我的生活并没有直接的影响。最直观的感受也许是，这一年来周围小区房价涨了不少，当然是有"自贸区"概念的影响。我时不时会接到房产中介的电话，问我要不要卖外高桥的房子。

和房产中介一样热情高涨的，是各地的党政领导和企业负责人，经我这里推荐并安排到上海"自贸区"参观学习的有十多例。最近我刚去过湖北宜昌，当地政协和工商联的领导也表示最近会来"自贸区"参观。

此外，国外的媒体和经济学者也对上海"自贸区"保持着很高的关注度。2014年年初以来，我分别在美国、欧洲、日本、越南、韩国等地出席了多个国际性的会议或论坛，与会的经济学家和所有采访我的当地媒体都在问我同一个问题——上海"自贸区"怎么搞？影响会有多大？总体上，国外舆论都认为上海"自贸区"的成立是好事，至少代表了中国对外开放，特别是推进金融改革的一个承诺。

过去的一年我没有研究"自贸区"应该怎么做的问题，而是更关注"自贸区"的制度设计与政策调整如何与上海金融中心的建设目标相衔接。我可以谈谈我对"自贸区"成立一年来的一些观感和看法的变化。

第一阶段："自贸区"是保税区升级

刚听说上海要建"自贸区"的时候，我以为这个"自贸区"就是把我们做了 20 年的保税区升级换代了。这个"自贸区"还是以转口贸易和服务贸易为主，发展航运、物流、仓储和租赁等业务，提供像中国香港、新加坡一样的配套服务。

如果按照这个思路发展，会有立竿见影的效果，能促进上海及周边地区扩大贸易，提升上海产业能级，促进上海航运中心、贸易中心的建设，同时也对长三角地区相关城市产生联动作用。

事实上，全球的数百个自由贸易区，比如中国香港、新加坡、迪拜、法兰克福等大都是以转口贸易为主要功能。全球 40%的自由贸易区在亚洲，因为亚洲有很多小型开放性经济体，比如中国香港、新加坡依靠机场和港口，每年的转口贸易额就是其GDP 的好几倍。

对沿海城市而言，这样的"自贸区"不失为一个好的发展战略。

第二阶段：一种新的"自贸区"模式

不过，上海"自贸区"挂牌不久我就发现，"自贸区"强调了金融改革的概念，并在 2014 年上半年出台了很多框架性的金融政策，把金融改革创新提到了很高地位。

2013 年 11 月，在北京的网易经济学家年会上，与我同台对话的一些在京的经济学家，甚至包括在座的龙永图先生提出了疑问："自贸区"为什么要搞成金融改革的实验区？我在出席一些国际会议和论坛时，很多现场的听众在提问环节也问我：上海"自贸区"到底要做什么？

我当时只能解释说，好像是要推进中国资本项目的对外开放，做人民币国际化的助推器，帮助中国企业走出去和引入外资企业到中国的金融市场上来。但是我总要补充一句，这么大的使命，压缩在一个方圆 28 公里的"自贸区"里，有很大挑战性。

金融改革，即使是在制度上有创新的改革，要对经济产生积极正面的影响，取决于这个制度的变革是不是在一个更大、更开放的区域里施行。太小的区域，很多制度没法发育出来，也不一定有真正的推广价值。

这几年的温州金融改革实验，很多人认为没有取得理想的效果，因为很多金融政策的调整和制度创新，要在全国更大范围内实施才有效果，不然就制造了制度和政策的扭曲，引发套利和金融资本的投机，制造金融风险。为此，我在微博上说，"'自贸区'显然被赋予了过多的试验功能和期望"。

2014 年 5 月，我应邀主持了上海论坛的"'自贸区'特别专场"，在和包括世界"自贸区"协会主席格兰姆·马瑟在内的多位来自不同国家"自贸区"的负责人的对话与交流中得知，上海

"自贸区"将金融改革创新作为重中之重，的确是非常规性的做法，不妨叫作一种新的"自贸区"模式，世界上不常见。

第三阶段：制度和文本的创新

经过一年的反复思考，我现在对上海"自贸区"又有了新的认识。我慢慢接受了上海"自贸区"是中国金融改革的先导试验区，只是我依然认为这样的使命或许让自贸区难以担当。

这一年来，政府的主要工作放在了自上而下推动上海"自贸区"金融改革的政策设计与监管架构上，针对"自贸区"内的资本项目开放、利率决定机制、外汇管理制度、资本的双向流动的改革，成为这一年来的重中之重。换句话说，"自贸区"的试验的的确确是金融改革和金融开放的试验。

到目前为止，我认为一年来的成绩单可概括为五个字：文本的创新。

这当然是非常重要的。与我们30多年前搞深圳特区不一样，那里是搞实业投资，而且是单向的实业资本的流入，与金融市场的开放完全不同，因此深圳特区的政策显得就更简单，尽管要突破那时候的条条框框非常不容易。

而上海"自贸区"的政策针对的是金融市场，金融资本的双向流动，要事先设计好周密的制度和监管方式，要修改和出台一个个法律条文，要出台一个个政策法规……更重要的是，所有这些要做的制度的东西都要清清楚楚地写在文本上。

这就部分解释了为什么"自贸区"里的外贸公司感觉无所适从。原因很简单，如果是一般意义上的"自贸区"，涉及航运、物流、仓储的相关企业都可以干起来，但是涉及金融，就需要法律和制度的设计先行。这就是上海"自贸区"和深圳特区、浦东新区在模式上的区别。

金融创新是"自贸区"制度创新中最受关注、期望值最高的领域之一，要有非常具体的东西出来。既要让"自贸区"成为金融自由化的试验田，要有突破，又要监管跟上，不出乱子，这个课题非常复杂，我很难想象短期内我们能做到这些。

按照目标，上海"自贸区"要实现资本的双向流动。为了实现这种流动，政府要改变相当多的管制，又要防止套利，这需要在制度上有所创新。在这一点上我们要好好学习新加坡。

新加坡"自贸区"做转口贸易，以物流为主，不过为了配合这些业务，它在外汇上也要做一些便利化和风险控制方面的改革，比如设立分类账户，这些制度设计特别细，尤其是它的执行特别严。

这一年来，上海"自贸区"围绕制度设计做了很多事情，比如借鉴了新加坡的经验设立了分账管理。但我认为难题还不止这些，接下来还有更难的事情要做，比如如何跟上海金融中心的建设以及全国金融改革的时间表去匹配、衔接。毕竟，上海"自贸区"的试验是有使命的。

目前上海"自贸区"的制度建设才刚刚起步，我想在制度设计上要花两三年的时间，"自贸区"内如果未来能实现资本双向流动，并最终能够服务中国金融改革的发展，那真是了不起的。

对上海来说，大家口头上都说上海"自贸区"进行金融改革的试验无疑是个很好的机会，可以为上海建设金融中心提供一个抓手和机会。不过，在制度设计上，怎么做到"自贸区"与上海的衔接？这并不是显而易见的，需要研究。这应该成为上海转型中最重要的课题。

最终，从国际层面看，"自贸区"要与国际投资贸易规则充分衔接；从全国层面看，要为中国全面深化改革和扩大开放探索新途径、积累新经验；从上海层面看，"自贸区"、要同"四个中心"建设相衔接，促进"四个中心"建设。而留给我们的时间，是很紧迫的。

（本文发表于 2014 年 10 月 11 日,《上海观察》）

改革顶层设计方案不能忽略纠错机制

中共十八届三中全会审议通过的《中共中央关于全面深化改革若干重大问题的决定》，勾勒出一张怎样的改革路线图？诸多新机构、新提法、新举措，释放出哪些改革信号？

上海市决策咨询委员会委员、复旦大学中国经济研究中心主任张军教授告诉早报记者，"在现阶段的改革过程中，改革方案同样需要经验主义的自然试验，这也是本次会议提出'加强顶层设计和摸着石头过河相结合'的原因"，"顶层设计方案在自上而下的推进过程中，不能忽略纠错机制。"

谈及中共中央决定成立全面深化改革领导小组，以负责改革总体设计、统筹协调、整体推进、督促落实，张军表示，这一机构由中共中央直接领导，显示了中央对改革的决心，它的角色，不仅是组织者、决策者，可能更多还是监督者，这对自上而下进行改革、保持中央与地方在改革上的激励一致性来说，非常关键。

一、"改革将没有讨价还价的余地"

问：从中共十八届三中全会披露的内容看，如果用一个或几个词来形容概括中共十八届三中全会，你会如何评价？

张军：中共十八届三中全会可以用四个字"有惊有喜"来概括。

所谓"惊"，指的是，中央在改革方面显示的决心让我惊讶。在中共十八届三中全会开幕前海内外有些微词，认为中国十几年没有改革，积累了太多的问题，利益集团的形成且力量比较强大，中央政府会不会在改革上出现雷声大、雨点小的情况。而现在决定成立全面深化改革领导小组显示了中央对改革的决心。

2012年，经济学界一直在呼吁，能不能成立一个国家级的机构，来协调和推进改革，但是没想到这次全会不仅成立了这么一个机构，而且它没有放在国务院，而是由中共中央直接领导，这将全面深化改革领导小组放在了非常高的位置，也意味着党中央和国务院在改革上形成了一定的分工：国务院作为改革的执行者，而改革方案的协调、总结等会放在党中央的层面上，从力度上讲，可能更大。

从推进改革的角度来讲，顶层设计方案在往下推进的过程中，难度会非常大。在地方政府层面，改革不可避免会触及利益集团，通过国务院来协调，力度会受限，而现在通过成立全面深化改革领导小组，通过党的系统来进行协调，意味着改革将没有讨价还价的余地。

过去，"顶层"的改革机构就曾在20世纪80年代出现：国家有体制改革委员会（体改委），而体改委的前身是1980年成立的体改办，这一机构在存在了23年后并入国家发改委。不同的是，体改委是一个政府机构，在级别上与部委相当，无力协调，靠的是主任个人的级别和权威。有意思的是，在政府机构的改革过程中，它逐步由大变小，最后合并至国家发改委。

从某种意义上说，全面深化改革领导小组在改革中的角色，不仅是一个组织者、决策者，可能更多还是监督者的角色，这对自上而下进行改革、保持中央与地方在改革上的一致性来说，非常关键。

改革不是五年、十年的事情，而是一个长期的事业来做。

问：就中共十八届三中全会，你所谓的"喜"是指什么？

张军：经济改革是中共十八届三中全会制定的全面改革的重点，而在经济体制改革中，政府与市场的关系是一个关键而核心的问题。这个表述很到位。

为什么这个是此次公报中的"喜"呢？原因在于，这与过去10年尤其是过去5年内经济学界不断讨论的"国进民退"有关。这次在党的层面上统一了思想，尽管大家有不同的议论，但还是要坚持市场导向的改革，即改革要继续扩大市场的作用和范围，而政府要不断地往外退。

回顾从1993年十四届三中全会到2003年十六届三中全会期间，总体的方向是市场在扩大，国有部门在缩小，非国有部门在扩大，这也被理解为是典型的市场化改革。但从2003年以来，这点出现了一些反复。特别是过去5年，在金融风暴的环境下，政府加强了对经济的干预，总体上采用了凯恩斯主义的政策，扩大内需，特别是通过四万亿刺激政策、地方政府融资平台的扩张等，强化了地方政府和国有企业的角色，出现了所谓"国进民退"的过程。这也引发了全社会，尤其是思想界、理论界和经济学界对中国在市场和政府关系上出现"倒退"进行了反思。

从十八届三中全会看，中央层面统一了思想，用了一个有意思的表述，"发挥市场的决定性作用"，而在之前2003年的《中共中央关于完善社会主义市场经济体制若干问题的决定》中还是"基础性的作用"的表述。

"基础性的作用"这一表述，将政府与市场的关系看作是：市场是基础，政府起到调控作用。这次"决定"这两个字一改，传递出一个信号，代表着党中央统一了思想：市场是不能取代的，必须为市场发挥更重要的作用提供制度保障。这么多年理论界和学界对市场与政府关系的讨论，总算从领导层得到了一个令人满意的结果。

二、"顶层设计仍需要经验主义的自然实验"

问：近年来，在谈及改革时，"顶层设计"这一概念被越来越频繁地提及，而十八届三中全会提出要"加强顶层设计和摸着石头过河相结合"，如何理解这种结合？

张军："顶层设计"本身是一个工程学的概念，但从中国改革的实际情况看，"顶层设计"这个词并不能很准确地描述整个过程。

在中国，许多改革方案的形成并不完全是自上而下的过程，如财税体制改革、土地流转等改革方案的形成，首先是一个自下而上的过程，方案的研究小组要去全国各地跑，了解各地的"自然实验"，即没有经过设计而地方已经在做的改革。从不同的经验中去寻找共同点。

比如，在土地流转中，很多地区在实践中已经出现了很多有趣的做法：在浙江有所谓的公司制，即村民自己成立公司，把集体土地成为公司的资本，再与开发商进行交易，而不经过政府征地的环节，直接进入二级市场；同时还有重庆采用的"地票制"，以及有些地方通过地方政府成立产权交易市场，然后再进行土地的"招拍挂"，这些都不是通过顶层设计设计出来的。

但是不同的做法中肯定有共通点。方案的制定者肯定会受到不同地方"自然实验"的影响，从中总结寻找最大公约数。此外，方案的制定者还会受到理论界的影响，而绝不是拍脑袋决定的。

可是，这些年来，大家开始习惯使用"顶层设计"这个词来形容改革，它是相对于 20 世纪 80 年代以来 20 多年的改革流行的做法，即自下而上、摸着石头过河的、经验主义的、局部的改革而言的。

问：现在为什么逐步接受"顶层设计"这一概念呢？

张军：现在到了整体改革的阶段，强调需要整体设计和通盘考虑，很多方面的改革已经在纠缠在一起，如户籍制度的改革、土地流转、财政体制改革与社会保障制度改革等，单一的推进不可能成功，需要同步推进。实际上，能分开进行的改革在 20 世纪 80 年代和 90 年代基本搞完了。

另一方面，现在很多需要改革的问题已经摸索得很清楚了，问题就摆在桌面上，不再需要摸索就可以直接制定方案执行，因此形成了对"顶层设计"概念的接纳。

在过去的改革中，改革常常可以称之为局部改革（partial reform），可以零敲碎打的进行。当时鼓励地方自主进行局部的改革，不需要整体方案，进行所谓试错的改革，有弹性、可以伸缩的改革。倘若试验成功，国家体改委就会总结经验并在全国进行推广。

而用"顶层设计"这个词，就会容易让人"遗忘"改革中依然存在和不可回避的自下而上的过程，以及对地方政府智慧的尊重，同时，可能会忽略在改革过程中方案在自上而下的过程的纠错机制，必须与差异化地方条件相结合。

但矫枉不能过正。以"营改增"为例，方案本身是设计好的，但在自上而下推广的过程中也需要利用纠错机制不断调整。事实上，"营改增"的改革也并不是立刻在全国范围内铺开，而是采用试点的方式，试点过程实际上就是在寻找一个纠错机制，如果中央拿的太多，则影响到地方的积极性，在试点中可以逐步调整比例。

这也是之前领导人在各地调研，以及十八届三中全会将"顶层设计"与"摸着石头过河"结合的重要原因。在现阶段的改革过程中，同样需要经验主义的自然试验，十八届三中全会提出将"加强顶层设计和摸着石头过河相结合"，就是想平衡一下，不能把改革简单地视作北京决定的、自上而下推进的过程。

问：从过去历届三中全会看，更多是聚焦在深化经济改革方面，而这次从《中共中央关于全面深化改革若干重大问题的决定》的名称上看，突出了"全面"两字，如何看待这一变化？

张军：虽然这次表述上强调经济体制改革是重点，但从三中全会对社会和老百姓的而言，更直接的影响是来自社会改革与政府改革。

如果从出挑（spectacular）的角度排序，个人觉得，十八届三中全会应该是社会改革、政府改革和经济改革。

经济体制改革需要设计复杂的方案，然后接下去会分门别类进行，而时间会比较长。以国有企业改革为例，比方说现在铁道部已经进行了拆分，未来可能国家电力、国家电网等也将进行拆分，但这是一个漫长的过程，对老百姓并没有直接影响，短期内也不会产生剧烈的震动效应。而社会改革不同，比如户籍制度改革、单独二胎放开、养老、社保、医疗等方面的改革，都是立竿见影的。

政府改革的方面，同样有亮点，成立国家安全委员会，提出加强反腐败体制机制创新，在司法改革方面提出要独立公正行使审判检察权、"加强人大预算决算审查监督、国有资产监督职能"。

其中，如果能够加强地方人大对地方政府的监管，对于推进缓慢的政府改革而言，无疑是一个巨大的进步。

金融改革方面，从目前看，主要是寄托在上海自贸试验区在未来2~3年时间的先行先试，然后可能会有一个提速。

三、"财政联邦主义是方向"

问：在经济改革的逐步推进过程中，哪些领域是更迫切需要进行改革的？

张军：从十八届三中全会表述的看，是把财税体制的改革放在了更为重要的地位。但需要注意的是，虽然国有企业改革难度最大，但在未来5年政府的改革路线图中，肯定是重要一环。

问：具体来说，国企改革主要难在哪？

张军：最难的就是央企转型的问题。

央企转型第一是涉及国有股份是否可以更多地向社会开放，通过由民企、民资来持有，或由企事业单位持有来稀释央企的股权集中程度，政府依旧可以控股，但持股比例可以适当降低。

第二就是国有企业的分类问题。比如分为公益性的、经营性的、需要自然垄断的、需要竞争的、需要维持现有的组织架构还是需要拆分成更小的公司，这些都需要在未来的 5 年中进一步设计。虽然是个巨大改革工程，而在有了全面深化改革领导小组这一独立的新机构，国企改革也会提速。

问：那本次着墨较多的财税体制改革，可能在哪些方面取得突破？

张军：目前比较成熟的方案，一是资源税的改革。

在中国的经济版图上，中西部许多省份都是资源大省，可是资源税都不在这些省份手中，而是属于中央税，因此，在未来资源税改革中，可能会把资源税留在地方，地方在发展经济方面也有了与它禀赋有关的稳定收入来源，这样也有利于地方产生一个"造血"的功能。

从现在看，很多资源大省在财政上更多地依靠中央的转移支付来弥补自身的财政开支，而在实施资源税改革后，一方面可以解决这些省份发展动力的问题，同时也有利于它们的工业化。

二是财政部或者中央与地方财权、事权划分方面的改革。这其中，又有两个思路。

一种是财政部主导的方案：把地方政府很多的支出责任收归中央政府来"埋单"。减少地方财政在支出上的压力，这样地方政府就不会像现在过多的依靠土地财政。

另一种思路则是，既然地方政府的支出责任比较大，80%以上的支出都压在地方政府身上，那就把它收入占国家财政收入的比例由现在的五成提高至七八成相称的比例上。

这种思路不是上收支出权，而是下放收入权，这意味着地方政府是不是可以自主的设立税种，包括消资源税、消费税、房产税等，地方有了稳定的税收，就不会过度举债，这种思路的代表就是中国国际经济交流中心。

因为1994年分税制改革后，中央和地方在税制上进行了国税和地税的划分，但税种是由中央来划分。如果按照第二种思路来改革，就要重新修补分税制，中央与地方不仅在税种上要分开，还将在分税权上分开，地方有权可以直接设立直接税等税种，因此在改革难度上也较为敏感。

问：上述两种方案，对中国而言，哪种更合适，你有倾向性吗？

张军：在我看来，如果能够使地方在某些方面有设立税种的权力，中央与地方的财税关系也会向前跨进一步，即财政联邦主义的方向，中国是一个大国，财政联邦主义一定是方向，但不可能一步到位。

因此分税制是一个走了一半的路（half way done），中央与地方通过国税与地税分开，彼此不需要每年谈判扯皮，中央与地方在财政关系上相对稳定的。但是税种是中央决定，地方政府没有发言权，因此它不是一个完全的财政联邦制，但是如果慢慢可以给地方一些征税的权力，地方政府一方面可以分享在经济发展过程中的果实，另一方面也可以形成一种激励。如地方政府开征房产税，作为一种直接税，这是由老百姓直接缴纳的，因此地方政府也会更加关注百姓的疾苦，只有改善教育、治安、环境等，才能吸引更多的人来当地买房居住。而如果是企业税，作为间接税，地方政府就会自然更加关注企业，关注招商引资。

虽然未来5年中国无法达到这一步，但财政联邦主义，这是一个方向。

上面两种思路是完全不同的两个系统，中国是一个以间接税为主的国家，财政收入的主要来源是增值税、营业税。如果未来我们搞消费税、房产税，整个是一个财税系统的调整。

现在很多人都主张在财税体系上转向以直接税为主，但随着民主的推进，依旧依靠间接税可能是蛮难的。老百姓也希望自己是一个直接的纳税人，而现在老百姓更多的是通过企业来缴税。

四、"同地同权"可对地价形成一定的抑制作用

问：土地改革无疑是十八届三中全会的焦点之一，此次"建立城乡统一的建设用地市场"的提法与上届三中全会相比，减少了"逐步"二字，同时提出"赋予农民更多财产权利"，如何看待这一变化？

张军：这回应了这么些年来学者对城乡土地二元结构的批评。因为二元结构的存在，造成了城乡收入差距拉大，农民不太可能更多地分享经济发展过程中的成果和土地增值的收益。

这次强调要公平合理的流动，强调同地同权，农村土地与城市土地享受同样的收益权。

当然，"同地同权"在学界也有一些顾虑，就是在城市扩大的过程中，城市周边的土地升值很快，而距离城市很远的地区，土地升值的空间非常小，这也会带来事实上同村土地在价值上的差异。即在城市化的过程中，城市周边的农民获益更多。同时，

在农民进城后，闲置下来的土地怎么办？也有学者认为，上述土地并不属于农民而是集体所有，只是有权在上面盖房子，一旦进入流转，又会造成新的不公平。上述问题都需要在未来慢慢理顺。

这次一个原则性的方向，就是逐步使城乡土地"同地同权"。但这个更多的是涉及农村的经营性建设用地，个人认为，并不会过快地涉及宅基地。宅基地和小产权房问题比较复杂。

但起码农村经营性土地进入流转市场，可以通过新的思路来解决：不再过多地通过政府征用使土地入市，现在考虑是不是可以使农民自己处理土地，收益归农民，这在基本的方向，但具体操作方案仍须国土资源部出台。

问：这一变化会不会加速地价房价上涨？

张军："同地同权"意味着更多的土地可以流转，从而扩大建设用地量，因此，从中长期来说，可以增加土地的供给，反而可以对地价形成一定的抑制作用，起码可以使地价不会上涨得那么快。

关于房价，我认为，需求持续旺盛是中国一线大城市的房价上涨的主要原因，而需求强劲源于经济增长。内地和中小城市的房地产问题主要表现为需求增长慢于供给，这是因为那里的城市化落后于工业化进程，而加快城市化有助于那里的市场出清。与一线城市完全不同，内地和中小城市的房地产开发是要与那里的工业化进程联系起来看才能理解。在经济落后地区，以工业园区为抓手的工业化需要房地产开发的配合来实现地方政府的财务平衡（所谓土地财政）。而与此同时，城市化进程缓慢。这是导致那里的存量房过多，需求增长慢于供给的主要原因。中国处于城市化过程中，这一过程至少还需要 20 年，在这过程中，大量的人口会涌入城市，二线、三线城市未来会吸纳更多的人口，从而带动对住房的需求的增加。

五、产业升级"由市场决定"

问：在《决定》落地后，接下来的执行同样重要，你如何看待本届政府的执行力？

张军：改革方案很重要，但对改革的执行更重要。全面深化改革领导小组就是改革执行力可能强化的信号。

不同于 20 世纪 80 年代所谓的皆大欢喜的改革（reform without loser），即不是通过牺牲一部分利益而改善另一部分人的利益，现在改革进入了"卡尔多改善"（Kaldor improvement）的阶段，即一部分人利益的改进必须要伤害另一部分人的利益，但如果改进的利益超过被伤害的利益，那改革就应该进行。事实上，在朱镕基任期内，国有企业改革时已经进入了"卡尔多改善"的阶段。

但不可否认的是，现在改革不可避免地会触及既得利益的调整。因此，在"卡尔多改善"阶段，就需要在改革过程中注意一定的技巧，不过，中国在这方面并不缺乏：在中国 30 多年的改革中，即使是皆大欢喜的改革，里面也积攒了改革的智慧，特别是在民间，一个行业或是一个企业，都会出现很多"改革家"。

问：对于备受关注的中国经济增速，李克强总理今年提出了"上限"、"下限"的概念，而你也撰文称"未来 10 年 GDP 潜在增长率约为 7%~8%"，形成反差的是，国外机构不断有唱空的声音出现，如何保证实现这一中高速的经济增长？

张军：这一轮的改革如果有一个很好的开局，可以很好地改善中国的投资机会。

中国经济现在面临的一个问题，是投资机会的缺乏。看上去这似乎是个悖论，从收入上看，中国目前仍然只是一个中等偏上的国家，而非高收入国家，按照购买力换算，中国的人均收入也只有美国的五分之一，理论上应该还有很多的投资机会才对，人均钢的消费量也仅有韩国的四分之一，但是从另一方面看，钢铁又存在产能过剩的问题。很显然这就是短期与长期的关系，是短期的总需求波动造成的问题。一般来说，总需求的波动可以用凯恩斯主义的短期手段来解决，但李克强总理的思路是希望用长期的手段来逐步解决短期的问题。简单地说，他希望用改革和结构政策促进中国经济结构的升级，结构升级了，自然就解决投资机会不足的问题了。

从升级观的角度看，就很容易理解为什么未来中国可能在未来保持7%~8%的增长率是可能实现的、正常的增长率。

问：那哪些产业或领域需要优先进行产业升级？

张军：这是由市场来决定的，而不能由政府来设计。投资者和企业家才最清楚，哪些产品在市场上卖不掉，然后做出选择。

可能选择的出路无非两种：一个产能转移，将国内市场需求很小的产品转移至非洲、印度等经济体；二是寻找新的投资机会，做高附加值的产品。

问：作为上海决策咨询委员会的委员，对于接下来一段时间上海的经济发展，你有怎样的建议？

张军：上海经济发展的实际水平比 GDP 反映出来的要高很多，从经济实际、人均 GDP 的角度看，上海的经济实力实际上已经进入少数发达国家的行列中，经济实力可谓非常雄厚。现在的问题就是，上海如何来更好地服务全国的经济发展。

而这一问题很大程度上与上海要加快转型有关。上海要服务服务全国经济，就不能再以制造业为主，而是更多的以金融贸易、软体的经济为主，逐步变成金融中心，让要素在这里集聚、配置和交易。

而这十几年来，上海在转型上步履艰难，受到了各种牵制，而中国（上海）自由贸易试验区的建立，就提供了这样一个机遇。上海面临的一个很艰难的工作就是，如何协调自贸试验区和自贸试验区以外的经济之间的关系，具体而言主要是三个方面，一是自贸试验区本身要做的东西，二是如何利用自贸试验区帮助上海经济转型，三是利用自贸试验区辐射全国经济，即自贸试验区的复制。

接下来上海需要研究的文章是，如何巧妙地利用自贸试验区的机制，帮助上海加快经济的转型。自贸试验区的敞口是向外的，理论上说与上海并没有关系，因此，这一机制非常重要。

（本文发表于《东方早报》2013 年 12 月 18 日，记者：陈月石）

谈再改革的逻辑

当"开放"一词逐渐被遗忘之时，张军却认为，中国经济的长期增长"不光要依靠改革，还要依靠开放"，中国正处于产业升级的关键阶段，依靠政府制定产业政策，关起门来搞自主创新不是一个明智的选择，必须继续大力向外资开放。张军特别提醒，这有赖于一个友善的周边环境。

在张军看来，结构改革或体制改革应该是永恒的命题，没有一劳永逸的改革，必须不断抑制强大的利益集团的出现，中国如此，美国也如此。

问：十八届三中全会的决定出台之后，国内舆论对于中国经济的改革前景又乐观了起来，有意思的是，国际舆论又唱起了反调。

张军：的确，最近国际上对中国经济非常非常地看空。最近我参与的几次大的国际活动，包括一些主流的媒体和思想平台上，可以看到一些非常主流的、在西方有影响力的经济学家的短评。比如那个世界报业辛迪加（Project Syndicate）上，最近连续发了诸如鲁比尼（Nouriel Roubini）以及美国其他一些经济学家的评论文章，大多对中国当前经济不断恶化的状况表示担忧，甚至认为要崩盘。当然他们同时也不看好现在的"金砖五国"，甚至再扩大一些说，整个新兴市场经济目前的状况。当然他们的担忧是有一定道理的。但是，我们必须知道，与以往一样，经济学家对短期问题的看法总是难免反应过度。

过去几个月以来，形势在变，美国决定退出 QE（量化宽松），资本流动可能逆转，所以经济学家对新兴市场经济前景的看法也在变化，更何况已经有一些国家出现问题了。现在的金砖国家情况都不好，其中三个国家，印度、巴西和南非已被纳入"脆弱五国"（Fragile Five）。这些经济体前几年的增长都非常好，但自从美联储说要退出 QE，情况就变糟了。过去 5 年，大量的短期资本流入这些经济体，制造了短期繁荣现象。但是，上涨的水位掩盖了它们的缺陷。现在资本流出，水位落下了，它们的问题还在那儿，没有改善和解决。所以，这些新兴经济体的前景值得忧虑。当然也不是上游的新兴市场经济都一个样，有一半是好的，宏观基本面基本稳健。但不管怎么说，一个新兴的市场经济，乃至整个发展中的经济，经济的增长不能完全依赖短期的力量，靠需求刺激只能制造短期繁荣，不能产生长期增长的动力。我们国内流行的说法"三驾马车"也是过于强调了短期的需求对经济繁荣的作用，这种想法可以说到现在还支配着我们的政策，也支配着我们公众对经济的看法。我们 5 年前的 4 万亿刺激政策也是这个思潮的产物。我觉得这其实是一个非常危险的想法。其实从我们这 3 年来出现的楼市繁荣和产能过剩问题，以及这次新兴市场经济在过去半年内遭遇的问题看来，需求拉动的短期繁荣制造了假象，耽误了结构改革的时机，到头来还要为短期繁荣的退去埋单。现在越来越多的经济学家开始担心，拖累2014年全球经济的不是美国，不是欧洲，是"金砖五国"和"脆弱五国"，这有一定的道理。至于过去被看好的新兴市场经济是否马上引发新一轮的全球危机，要看这些国家的政府政策的调整力度和魄力了。

中国当然跟这些金砖国家和新兴市场经济还有很大的不同。最重要的一个不同，就是中国经济宏观的基本面比它们稳健得多。财政的状况好于大多数新兴市场经济国家。中国政府的总体债务，尽管这几年在4万亿政策下增加很快，它也不过占GDP的50%，甚至还低一点。与印度和巴西等不同，我们长期以来在贸易和资本项目上面都是顺差，也没有赤字，所以宏观基本面总体上还是不错的。再加上中国在资本项目下现在还没开放，所以还有一道防火墙。美国的QE退市其实对中国的影响当然要比其他金砖国家、比其他的新兴市场经济的影响要小得多。

所以，我一再说，如果说我们对新兴市场经济是短期乐观而长期悲观的话，那么我们对中国经济的看法就应该是短期悲观而长期乐观。中国经济被看空的很多问题在长期都是有解的。因为中国在结构改革问题上不仅有过去的优良记录，而且中国领导人对推动结构改革的决心给人留下最深刻的印象，而这正是金砖国家和大多数新兴市场经济国家缺少的、最重要的东西。这次新兴市场经济的不稳定其实再次警示我们，靠需求维持的短期繁荣，其实不是我们所说的真正意义上的经济增长。我们讲的经济增长其实是长期现象。那么长期的增长靠什么呢？靠劳动生产率的持续提升。如果可以靠"三驾马车"，如果可以靠外部资本的需求力量来推动长期的经济繁荣，那不就违反了经济规律吗？

问：那就和永动机一样了。

张军：对啊。生产率驱动的经济增长快，我的收入才能提高而不至于引起货币的购买力下降，因为这个收入不是印钞机凭空印出来的。我举一个例子，就像我们的大学，比如说教育部拿到了很多钱，这个钱层层地分到各个学校和教师的口袋里就变成我们的购买力了，我们的购买力就增长了。那我可以到市场去买很多东西，学校要投资扩大规模，教师要购买其他需要的东西。你可能会问，如果我们所有的部门总是可以从上面拿到一大笔钱，然后形成购买力去购买东西，那最后一定会导致严重的通货膨胀。可是正常情况下为什么没有通货膨胀发生呢？因为我拿到的这个钱，它背后是我也提供了可以交易的别的东西。这些别的东西就增加了这个社会的总的供给。教育和科研也是一样，只是不如制造品那么显而易见。所以我购买力的提高虽然拉动了需求，但是同时我对总供给的贡献也上去了，物价总水平就不一定会涨。但是如果只有钱的增加，看上去名义收入增加了，掉馅饼给了我们，然后分到每个人头上形成购买力，大家去买东西，这个物价一定涨。因为我一只手虽然可以去购买了，可我拿到钱的那只手没有创造任何生产力，不增加社会的供给。因此，不要一说到经济增长，总强调需求的决定作用，其实，长期而言，是生产率的增长创造了需求的增长。我们过去20年，消费需求保持年均8.7%的增长率，主要就是得益于经济的增长而不是相反。

问：如果靠消费或者加工资就可以实现经济增长，那就谁都可以创造经济奇迹了。

张军：对。所以完全靠需求来拉动的话，那是短暂的繁荣，不会有长远的经济增长。新兴市场经济的金砖四国，现在面临的局面就是这样的。而我们的宏观基本面之所以比较稳健，我认为很大程度上来自 20 世纪 90 年代的结构改革，就是朱镕基时代做的那些改革，比如国有企业的改革、分税制的改革、财政停止向银行的透支、国有银行的治理结构的改革。在金融自由化方面，朱镕基其实是非常小心、非常谨慎的。资本项目不放开，但其他的项目慢慢地开放了，人民币可以兑换了，但是资本项目迟迟不开，今天看起来这是对的。第二是我们对预算赤字也保持非常谨慎的态度。朱镕基不允许地方政府举债，通过了预算法，地方政府不可以向银行借钱融资，这就在很大程度上堵住了地方政府债务形成的口子。还对商业银行实行存贷差的管理，为的是控制银行的系统性风险。当时这些东西可能被认为太保守，甚至还带有计划经济的色彩，但今天看起来，其实帮了中国经济的一个忙，让我们今天的宏观基本面相对比较稳健。现在经济在短期里是出了点问题，其实就是消化前几年靠需求拉动的经济繁荣的后遗症，但是总体上还不至于像其他的金砖国家，像过山车一样一下子就下来了。即使 2008 年以后，地方间接有债务的扩大，通过融资平台产生的债务增加得太快，但是总体上这个比例还是很小。再加上对外资本项目没有开放，即使有短期的热钱，但没有出现大进大出。这就是我们的"防火墙"。今天在资本账户开放问题上，我也不主张走大多数新兴市场经济国家那样的道路，金融的超前自由化弊大于利。

问：很多人在讨论中国经济的时候，喜欢甩大词，比如说中国缺乏创新，美国有"苹果"，中国没有"苹果"，但往往没有说明这个创新究竟对我们的经济增长率有什么影响。

张军：我非常不认可这种方式，但也很无奈。所以这就引出一个问题：既然宏观的基本面总体上还是不错的，那为什么那么多人对中国经济反而比较悲观呢？我前面说了，多数人注重短期分析是一个可能的原因。这在国际舆论的层面上比较典型。国际上的经济学家或评论家总是说，中国经济现在的债务规模上来了，房地产泡沫面临破裂，过去的投资又那么多，你要把泡沫压住，就得大规模减少投资，经济硬着陆的风险和概率当然很大。而国内的经济学家往往注重长期的分析，更多的是从体制上解读经济，认为中国经济今天遇到的困难，很大程度上是（政治）体制导致的增长方式有问题，太粗放，靠要素驱动，效率不高等等，所以要从（政治）体制上入手改变增长方式。这一套逻辑我觉得也有问题。什么是体制问题？我后来发现，在西方经济学家的话语里面没有这个概念。但是他们会经常用一个词叫"结构问题"。"结构问题"，我的理解，就是中国经济学家所说的"体制问题"。

在我看来，任何的经济都有"体制问题"，或者说都有"结构问题"。因为建立一套体制，比如选择一种模式建立起医疗保障体系，运转了一段时间以后，就形成了既得利益者，然后他们就会维护这个体制。但是另外一些人就发现慢慢地受到这个体制的伤害了，要改变。当这个体制让更多的人利益受到伤害的时候，就要进行结构改革，就像美国的医改。中国的很多体制改革也是因为这个。但这种改革没那么容易，因为它涉及两类人，有一类人支持，有一类人反对，所以政府在里面要权衡。更重要的是，政府要有超越利益集团的更高的和中立的利益，改革才有决心。这可以帮助我们理解为什么中国的改革承诺可能比大多数新兴市场经济国家的改革承诺更可信。结构问题不可能一劳永逸地解决，老问题解决了，还会产生新的结构问题。所以，结构或体制改革应该是永恒的命题，也是重大的政治问题，看看奥巴马在美国医疗保险体制改革问题上面临的政治分裂尴尬就知道了。

问：朱镕基时代的国企改革好像就是如此，当年大面积亏损的问题现在基本解决了，但又出现了垄断或者说赚钱太多的问题。

张军：朱镕基改革的时候，国企是政府的财政包袱，改革以后，新的体制要比原来的体制有效率。但经过10年以后慢慢地发现，央企盈利了，不仅盈利了，而且可能在有些行业出现了暴利。由于它处在上游，带有垄断色彩，变成了一个庞大的既得利益集团。而且有了暴利以后，它的控制力就越来越强。它的手伸到各个领域，甚至可以在政策上"绑架"政府，可以影响发改委的政策。2013年曾报道印度大面积断电，然后我们的央企就出来说，中国要避免类似的灾难，需要大规模更新我们的输变电网络。这就很容易获得政府的投资和有利于自己部门的产业政策。至于这些投资是否合理，我不去评论。

这就是典型的国有大企业的问题。国企太大了，挣钱太多了，已经开始影响市场公平，影响中小企业的生存环境，甚至影响我们的产业政策。这又是一个结构问题，新的结构问题，新的体制问题。

有意思的是，我们的有些问题虽然被挂在大多数经济学家的嘴上，其实并不是真正的结构问题。比如国内大多数的经济学家把消费占比（占GDP的比重）低于发达经济体理解为我们的结构问题，也把我们的产业结构里面的高能耗的占比高、技术创新的比重低理解为结构问题，把我们的制造品中的附加值率低，技术创新不够，我们没有出现像微软、Facebook、苹果这样的公司也理解为结构问题。但其实这些都不是结构问题,更像是我们的潜在的结构红利(Structural Bonus)。这是发展阶段的问题,因为你还不到那个阶段。发展的水平决定经济的结构。如果这些问题不存在了,那你就是发达国家了。为什么我反而把这些问题叫作潜在的结构红利?因为这表明我们的经济结构还有变化的空间,而结构变化是生产率持续增长的重要源泉。我们的产业结构里,第三产业比重还不高,制造业里,高技术含量这部分不高,创新能力不如发达经济体。这些现象不应该受到谴责,应该受到正视。哈佛大学的诺贝尔经济学奖获得者库兹涅茨(Simon Kuznets)教授20世纪60年代就发现了经济增长与结构变化之间的关系,这个关系对我们理解中国未来的经济结构的变化趋势非常重要。

我前不久去新加坡南洋理工大学经济系做了一个报告,讲了中国的消费占比与经济增长阶段的关系问题,受到很多与会者的积极评价。一方面,我发现官方的消费和投资统计有系统性的偏误,低估了消费,高估了投资;另一方面,消费占比偏低和下降趋势与经济工业化的阶段有关系。其实,日本和包括新加坡在内的四小龙在快速发展的阶段上都经历过消费占比下降和偏低的阶段。中国作为高速增长和结构变化迅速的经济体,如果遵循类似的模式和逻辑,不足为怪。

我们的经济结构继续演进是不可阻挡的大趋势。从大的方面说,第一产业的劳动力比重还要继续下降,制造业和服务业的比重要继续上升,这个过程还要15~20年才能基本结束,而这个时间也是中国经济潜在增长率较高的时间。但是,与之前20年相比,未来的潜在增长率会更低。这不仅仅因为要素的投入增长,特别是劳动力的增长率越来越小,也因为我们的生产率增长的速度必然会慢下来,毕竟我们模仿国外技术的余地在变小。根据我这样对增长方式的解释，很容易推算出中国未来的潜在增长率。很多年以前，哈佛大学的帕金斯教授和匹兹堡大学的罗斯基教授曾经用增长核算的方法匡算出一个简单的结论。在进行增长核算时，他们假定了不同的情形。如果未来 20 年（他们指的是 2005~2025 年）中国要保持 9% 的 GDP 增长率，并且如果投资率保持在 25%~35%，那么，生产率的年平均增长率就要求维持在 4.8%~4.3%。而如果仅保持 6% 的 GDP 的增长率，并且投资率也保持在 25%~35%，那么生产率只要实现平均每年 2.2%~2.7% 的增长就可以达到。过去我们的生产率每年增长了 4% 左右，很显然，未来 10 年生产率要实现 3% 以下的增长当然并不难。这就意味着，如果我们根据生产率增长的可能区间来推算，未来 10 年中国的潜在增长率在 7%~8% 是有保障的。

问：这和林毅夫的观点一样。

张军：7%~8% 是潜在增长率，要实现这个增长率是需要很多条件支持的。在这些条件中，需求当然很重要，但我希望这个需求是生产率的增长创造出来的，而不是反过来，再靠刺激出来的。经济增长不能靠兴奋剂维持，因为它不提高我们的生产率。

那长期增长的能力靠什么维持呢？我个人的看法，有三个方面特别重要。第一要不断地防止结构问题的出现，也就是说不断地进行结构改革，不断抑制强大的利益集团的出现。现在我们遇到的那种新的结构问题，正在对我们的长期增长能力带来影响。现在我们经济里面经常讲到的一些竞争不公的现象，垄断、寻租和大范围的腐败都是结构问题的表现。第二个就是确保实体经济的活力。如何确保资源的分配持续地流向实体经济，2005 年以来成了一个我们不再笃定的问题，以房地产和金融为代表的资产部门的出现，大大刺激了短期的投资和消费需求，制造了经济的短期繁荣，也改变了资源分配的结构。跟新兴市场经济体类似，这些资产部门吸引了越来越大比例的资本，包括国际资本。但是，你仔细研究会发现，投资和消费增长得很快，可实体经济的生产率没有改善，就业没有扩大，而财富更多地流入了资本的手里。房价和物价上去了，但大多数人的收入没有增长那么快。这个问题在美国更严重，最终引发了美国的次贷危机。第三个是宏观上要做到稳健。这是大多数新兴市场经济目前没有做到的。但就这一条，它们的经济增长就不能持续。最近普林斯顿大学的 Dani Rodrik 教授写了一篇评论，题目叫 *Death by Finance*，就是《死于金融》。他分析了很多新兴市场经济在金融和其他宏观政策上过于不审慎的政策造成的后果，也是一个很好的提醒。

从现在到未来 10 年，这三样东西我们都要有，都要解决好。第三条我们历来做得还算不错，也得益于朱镕基 20 世纪 90 年代的改革。尽管 2008 年以来，我们在审慎的宏观政策上走得远了一些，房地产和金融玩得有点过火，宏观的稳定受到了债务增长过快的冲击，特别是 2008 年的地方融资平台受到鼓励导致了地方债的过度增长。不过，好的消息是，地方债务的增长已经受到抑制，而且由于财政上还相对比较牢靠，还有外部的防火墙建在那里，所以还不至于产生其他新兴市场经济国家那样的严重后果。

刚才讲的第一条，结构改革，任务艰巨，但希望不小。第二条需要做很多政策的调整。第一条做好了，也有利于第二条的调整。我们的制造业的投资回报率这 10 年一直低于房地产和银行。最典型的案例应该是温州，温州已经没有人想搞制造业了。如果制造业和实体经济不能吸引更多的物质资本和人力资本，生产率的提高是不可能的。这是需要改变的，这个改变不仅仅要从政策上抑制资产投资和投机需求，更重要的是要借机鼓励产业的升级。

本来，朱镕基结构改革以后，中国有了 10 年黄金增长期，没有通货膨胀，也没有泡沫，大量的资源，包括金融资源都流入了实体经济。中小企业发展得很好，出口行业发展得很好，出口行业变成了我所说的领先部门，生产率增长得最快，然后就吸纳内地的劳动力到沿海来，这些人就分享到了增长成果，挣了钱，扩大了消费。这就是典型的生产率增长创造需求的逻辑。但是到了 2005 年以后，房地产起来了，特别是到了 2008 年，为了应对金融危机，启动了 4 万亿刺激计划，其实是更加支持了房地产，再次把房地产作为支柱产业来支持。而自从有了房地产的过度繁荣，经济就面临短期繁荣与长期增长之间的冲突了。

但房地产的兴衰也是一个课堂，让我们学到了不少东西。经过这些年的发展，我们应该看清楚了很多问题。土地供给制度的缺陷也暴露了，金融政策上该如何引导房地产的需求和抑制投机需求也比较清晰了。从这个意义上说，房地产超常扩张的时代基本上结束。接下来的房地产也就是慢慢地往前走，绝对不可能像 10 年前那样快速扩张，这不太可能了。这当然有利于实体经济的发展。

不利的方面是，由于资产部门和部分家庭财富的过快增长，我们现在的物价和工资成本等被抬上去了。而这些成本的上升不是生产率增长的结果，反而不利于生产率的增长。在这里我要提及经济学里的一个重要的逻辑。一般来说，应该是可贸易部门的生产率增长最快，当然收入增长也最快，然后因为生活在同一屋檐下，少数领先部门收入的增长终将带动非贸易部门的工资上升和其他成本的上升。

　　我顺便说一下，20 年前我第一次访问日本时，我发现一个宾馆服务员的工资比我的高好几倍。难道她的生产率比我高这么多倍吗？当然不是，主要的原因是日本制造业的劳动生产率特别高，产生了高工资，并传递到非制造业部门，从而使得像普通服务业的工资也要提高以维持大多数人的生活水平。就是这个逻辑。这个逻辑是萨缪尔森 20 世纪 50 年代用来解释经济发展如何导致实际汇率升值这个现象的。但其实也告诉我们，如果我们的非贸易部门，不是受可贸易部门生产率扩张的推动，而是房地产、金融和其他虚拟部门的过度繁荣抬高了物价和成本的话，那么潜在生产率增长快的部门反而受到了伤害。我们知道，实体经济的生产率增长总是大大快于虚拟部门的。这样的话，总体的生产率就要下降，而成本和汇率反而上升。中国现在的经济就差不多遇到这样的问题。如果认为我们的制造业，特别是出口行业的制造业是生产率增长最高的行业，过去是它的扩张吸纳更多的劳动力到制造业，然后这些劳动力的收入开始增长。这个时候，成本的上涨是缓慢的。但如果房地产和金融等虚拟部门扩张太快，就会抬高整个非贸易部门的价格和成本，那制造业成本也就跟着要涨，因为工资要均等化，否则制造业的就业者就不能保持原来的生活水平。按照巴拉萨-萨缪尔森的假说，我们的实际汇率就被大幅升值了。可是这个升值不是因为生产率，而是因为国内的成本高了。无奈的是，这时候你再也回不去了。我们的制造业面临的就是这样的困境，它的生产率很可能陷于不增长的境地。一旦如此，面对工资上涨的压力，企业的盈利就持续恶化。在这种情况下，我们就不仅要在政策上平衡实体经济与虚拟经济，防止资产部门的短期过度繁荣，更重要的是借机推动产业的升级，这样才能够把实体经济进一步推进到生产率增长的轨道上去。

问：这个是知易行难。

张军：对。过去做服装可以出口，现在不能做了，成本太高了，只能把这些转移出去，但不可能什么都转移出去，从长远着想，也面临这个产业怎么升级的问题。我认为李克强总理到目前为止的政策在方向和战略上是对的，"克强经济学"稳住了这个局面，把重点放到了长期，希望找到有助于产业升级的机制和政策组合。怎么升级？这是一个重大的课题，但也没有那么玄乎。日本和"四小龙"都有这样过来的经验教训。我的看法是，产业升级不能过分依靠产业政策，还得交给市场和企业。政府要在政策上营造自由和公平的市场环境。我最近发表了一篇短文，专门讲了产业升级。我们有很多的成功案例告诉政府应该做什么，产业升级的机制从哪里来。在深圳，由于多年产业集群发展的结果，移动终端产业在价值链上的升级相当成功。今天深圳提供的移动终端产品已占据全球将近60%的份额，形成了完整的产业链。在这当中，供应链管理的专业提供商的出现和外包机制功不可没。而所有这一切的发生主要靠的是市场和企业家自己的力量，不是依赖资源整合和产业链的高度一体化。政府的推动往往是干这样的事。当地的企业家告诉我，他们靠的是不断的生产链分解和外包（outsourcing）所聚集的分工与专业化的巨大推动力。

说简单一些，他们是尽量不断地把自己可以做的变成自己可以购买的。这就用到市场了，由第三方来做，其实是一个分工专业化的逻辑。在我们很多领域里，升级的潜力巨大。过去的做法过于受到政府的干预，往往走了一体化的道路。政府的做法就是推动企业的一体化，什么东西我都给你，由你统起来，组建更大的公司，而最后成功的案例凤毛麟角，成本巨大，教训惨痛。

我觉得政府在这个问题上一定要小心，不能一味用过于直接的产业政策来推动产业升级。上一届政府搞了很多产业的目录，还批准了战略性行业的支持计划，定下来九个，然后分解到各个省市去，总体上都是自上而下推进。这里面市场和企业的色彩太淡。最后定下来的产业能否成功升级，我看政府说了不算，还得由市场来筛选。在这方面，继续向外资和跨国公司开放起到十分重要的作用。

比如说汽车产业，提供了一个很好的例子。政府去做汽车产业政策，一定是我们自己搞研发，到现在也未必搞得出来有竞争力的发动机，而且价格弄得很贵。你一开放了外商投资，升级就变得很快。汽车产业升级了，我们才能享受更高品质和更低价格的汽车消费。中国经济长期增长的前景，说到这儿，不光要依靠改革，还是要依靠开放。由市场选择来确定你的领先部门，然后政府把结构改革做好，房地产跟实体经济平衡好，宏观稳健做好就功不可没了。产业政策上尽量做到中立和中性，要尽量减少直接干预，不要带有太强的扭曲色彩，就会有助于产业的升级。

一旦未来升级快的部门在生产率上变成领先部门，它们就会通过前向和后向的联系带动更多产业部门的生产率增长，这是经济可持续的增长模式。

可是这样的话，就提出另外一个问题，那就是中国现在和未来数年在对外关系上到底应该坚持什么原则。

问：从舆情上来说，大家都说中国不差钱，因此对外资的兴趣也没以前那么浓。而您的意思是，外资对我们的重要性，还不光是钱本身，而更是一个产业升级的问题。

张军：我们经常讲这个微笑曲线，我们现在是在曲线最下面了。产业升级要往两边走，让那个曲线笑起来。这就涉及外资要把这些区段放在这里。我们不可能自己关起门来去研发，这个做不到，而且风险特别大。将来研发出来了，如果完全没有竞争力，也没有用。所以我觉得，进一步的开放是非常重要的。我现在不是很清楚我们三中全会的决定里面，在论述到这一部分时的一个指导思想到底是什么。我个人觉得邓小平当年提出的韬光养晦，其实是跟当时我们需要外资、需要开放的政策相吻合的。新加坡李光耀公共政策学院的院长叫马凯硕，一个印度人，他最近发表了一篇文章说，中国最近在外交上的一系列"强硬表现"可能是要付出等价的代价的。这句话如果放到我这个语境里面来，我觉得还是值得我们注意的。

中国正处于产业升级的关键阶段，这将决定中国未来生产率的长期增长。那么中国就需要一个更加合作的周边关系，包括日本，需要能够跟他们在经济上正常往来，互信和对投资的保护能够坚持，目前两国这种紧张关系如果发展下去的话，我觉得非常不利于我们的产业升级。

三中全会的决定说，全面改革的核心是经济改革。这也意味着，其他的东西都要服务于经济改革。那么，我们的外交政策要不要服务呢？当年邓小平的韬光养晦政策其实就是一种，客观上服务了我们经济的转型和发展，我觉得未来这个关系依然还是没有改变。

问：舆论都爱谈创新，但创新跟当下中国经济的增长和产业升级之间的关系究竟是怎样的，却几乎没有人说。

张军：与其说创新，还不如说产业升级，产业升级当然非常必要，但未必一定要依靠传统意义上的自主创新。

我最近还写了一篇英文的评论，是关于中国的增长模式的。我觉得现在国内对这个的批评也没有到点子上。比如说，很多人讲我们是要素驱动的，所以要批评，说这个模式不好，要转变要素驱动的模式到生产率驱动模式。这话听上去好像是对的，什么外延式增长，什么内涵式增长，但仔细分析，也有问题。问题在于他们把两个模式，外延和内涵、要素驱动和效率驱动对立起来了。

好像是说，要么你要素驱动，但缺乏效率；要么你效率驱动，你就可以少用要素。我猜测，大家之所以认为投资驱动的增长不健康，应该是受了早期经济学家否定苏联的那种所谓粗放增长方式的影响。苏联解体之后不久的 1994 年，保罗·克鲁格曼（Paul Krugman）又捡起粗放增长和集约增长这个陈旧概念来批评东亚经济，特别是新加坡的增长方式。后来实在看不下去了，杰弗里·萨克斯（Jeffery Sachs）站出来公开批评了克鲁格曼，认为苏联与东亚的增长模式不能相提并论。一个基本常识是，东亚基于市场机制的投资分配要比苏联基于计划体制的投资分配有效率得多了。

因为我自己做生产率研究，我觉得 20 年来，全球经济学家研究中国生产率的时候，都发现中国的生产率在所有的经济里面增长率是最高的，每年大约 4%。你想想看，将来中国的经济生产率的增长，能不能超越 4%。我相信不可能超过了。因为你穷的时候，你容易学别人，而且效果立竿见影，所以你的增长快，简单说来，就是模仿的空间很大。

到现在 30 年过来了，很多能学的都已经学得差不多了，你后面学得越来越慢了。所以 4% 的生产率增长纪录将来是保不住的，将来可能也只有 2%~3%，反正到不了 4% 了。如果要转变我们现在的增长方式，改由生产率驱动，且不说能否就改得了，将来生产率的增长连现在的 4% 都达不到了，还能不能叫转向了效率驱动型的增长呢？所以这个逻辑上其实是不通的。

第二个，有些人讲，你看美国的 GDP 增长里面，效率提高贡献了多少呢？贡献了80%。的确，在相当长的时间里，美国的生产率增长对 GDP 增长的贡献虽然可以高达80%甚至更高，但由于其 GDP 增长率很低，平均仅有 2%～3%，所以生产率的增长也不超过2%。现在美国的生产率增长基本在1%左右，即使其贡献份额可以高达90%，也只推动 GDP 增长1%多一点。如果我们所谓的转变增长方式是指要把生产率对 GDP 增长的贡献份额从现在的40%提高到美国的80%，中国经济的增长率岂不是要跌到5%以下？那就远远低于我们的潜在增长率水平了。如果我们增长得更慢，当然也就拉长了我们缩小与发达经济体收入差距的时间。

问：比如生产率每年增长 2%，还要贡献到 GDP 增长的80%，中国经济增速恐怕是连3%都到不了，那才是真正意义上的经济崩溃吧？

张军：我刚才说某些经济学家对我们很多问题的批评都过于简单化，把很多东西都尖锐地对立起来。其实，要素驱动的增长也伴随生产率的增长。日本和东亚经济的经验是，两者可以并存。要素增长对于人均收入低的国家特别重要，而且要素增长往往是生产率增长得快导致的，这是东亚经济与我们曾经实现超常增长的原因。可是长期以来经济学家的一个教条看法却是，如果经济的增长主要由投资扩张来驱动，就应该像苏联那样，生产率不会改善，只会恶化，这种增长方式就是粗放的，就会走向崩溃。但日本也好，东亚经济也罢，情况常常相反，资本扩张快的时期，也是生产率的改善最好的时候。中国的案例也不例外。这种情形之所以出现，那倒可能是因为生产率的改进事实上在改善着投资的回报率，反而诱导了资本更快地扩张。所以，中国、日本与东亚超常增长经济体各自的增长历史，看起来并不支持要素扩张与生产率两者必然此消彼长的推论。

关于创新对经济增长的重要性当然不能否认，而且今天的美国当然靠的是创新，美国的经济在过去的 10 年，就是研发创新维持着增长。可是，美国每年生产率的增长也就是 1% 吧，也就是说投入不增加，产出每年平均就增长 1%，这当然是创新的功劳。但你不要以为，只有创新才能带来技术进步，中国在过去 20 年模仿发达经济体的技术实现了更快的生产率提升，每年 4% 啊。

美国为什么特别需要创新，因为美国已经没有机会模仿别人了，美国在最前沿，去模仿谁啊？所以每年只能花大量的钱去做研发，然后生产率每年也就增长 1%，这个 1% 的生产率增长拉动了 1% 的 GDP 的增长，因为生产率增长贡献了 GDP 增长的 80% 以上。

反过来就是我刚刚说的这个逻辑。如果我要这样转变增长方式，我就转到研发驱动生产率增长，我放弃 4% 的技术进步，我只要 1% 的进步，我 GDP 能增长多少？更大的悖论在于，市场在这种情况下一定会选择依靠模仿的 4% 技术增长，你如果一定要选择自主创新，你反而需要更多的政府干预，逆市场而行。

（本文发表于 2014 年 3 月 9 日，《东方早报·上海书评》，

记者：张明扬，沈奕）

第三次探底即将来临？

——稳增长比复苏更重要

2014 年一季度和 4 月的经济数据显示，中国经济仍存在短期下行的压力。地方政府及企业界对中央政府出台"强刺激"政策有了更多期待。而经济学界看空言论再次在国内外媒体上盛行。

5 月 13 日，经济学家许小年在某个企业界俱乐部发言，被整理成文《2014 年的持续性衰退刚刚开始》。文章认为：中国经济是一种结构性失衡带来的持续性衰退，靠宏观政策是无法解决的。还批判了 2013 年中下旬的政策调控，是"4 万亿 2.0"，只能短期拉升需求。许小年认为的结构失衡是指，需求方投资需求和消费的失衡，以及产能过剩与国内购买力缺乏之间的失衡。跟许小年一样持看空观点的经济学者，不在少数。

另外一派学者，比如国家发改委宏观经济研究院副院长陈东琪，近日就表示，政府"微刺激"政策，符合发展要求。他还指出，中国经济仍运行在合理区间，没有出轨。

　　如何理解当下的经济走势，以及中央政府的调控思路？复旦大学中国经济研究中心教授张军，属于中国经济的谨慎乐观派，他对克强经济学一直有细致入微的观察，并多次发文对中国经济"投资过大，消费过少"的结构失衡论提出过质疑。

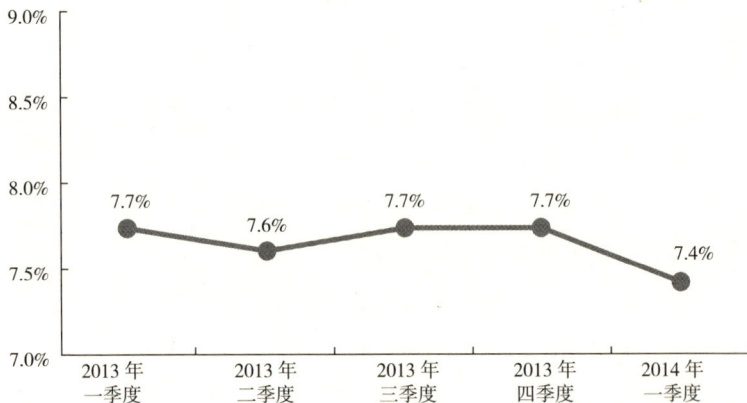

图1　2013~2014年度中国季度累积 GDP 增速

　　问：对中国经济的形势判断，以及"刺激政策"出台与否，目前舆论界争议很大。你是怎么判断的？

　　张军：我认为，现在的情况稳增长比复苏更重要，复苏就是反弹。中国经济增幅近几年一直放缓，从 2008 年前的两位数增幅，到现在逼近 7%，甚至还有滑出 7% 的风险。那么到底要不要实施常规的拉动总需求的手段，或者说经济刺激？这个大家是有争议的。

主要存在两种看法：有些人认为，经济放缓已经接近容忍的底线，政府应该出手了；有些人觉得现在经济结构矛盾突出，出台刺激政策，只能让事情更糟。

这两个看法都基于一个假设，中国经济能够反弹，或者是认为政府有能力把经济拉起来，实现 V 字形反弹，让经济止跌回升。

我能体会到政府的用意，现阶段的中国经济，稳增长是主要任务，政府不希望出台大规模的刺激政策，实现 V 字形反弹。这是目前我们能够观察到的中央政府的基本思路。如果是这样，这种争议意义就不大了。

要不要实施大规模的刺激呢？本来这就不是李克强政府现任要做的事情，他在多种场合承诺，以及多位财经高官都统一表态：除非经济增幅滑出底线，否则不太会出台常规的拉动需求的经济刺激政策。这种情况下，政府有一些微调的政策，被称为"微刺激"，比如小微企业减税、棚户区改造、铁路建设、降低县域银行存款准备金率等。

现阶段，只要不滑出底线，经济增幅能保持在 7%~7.5% 以内，就降低了出台大规模刺激政策的概率。这是目前政府的一个基本思路，我最近在金融时报中文网（FT）发表的文章里把这个思路叫作"李克强的平衡术"。意思就是说，在短期的经济增长和金融风险之间，通过微调实现一个平衡。不能搞大规模刺激，大规模刺激金融风险太大；也不能完全袖手旁观，不然总需求下降得太厉害，也会出现风险，比如房地产存量、地方政府债务，都无法消解。

国务院发展研究中心副主任刘世锦前不久接受《人民日报》采访时，表述了目前中央政府面临的两难：不能靠刺激把经济拉上去，也不能让经济下去得太快，要体会到"稳增长"三个字的难度。只要能稳住，就是胜利。

稳增长的目的是赢得时间，用2~3年时间，把"4万亿"留下的后遗症化解掉：债务问题逐步消解，房地产过多的存量得到消化。现在一些地方的房地产价格已经开始下调，地方政府也已经有了松动政策的冲动。让市场慢慢消化，这样不至于崩盘，这对政府来说就是个好消息。既能稳增长，又能将这些问题用2~3年时间化解掉。

剩下的问题就是如何推进改革和结构调整了。因为在克强总理看来，新的投资机会还主要靠结构调整和改革来释放。

问：许小年等人认为的结构调整指的是，投资占GDP比例过大，而消费不足，你一直在质疑这样的观点。那么你讲的结构调整是指什么？

张军：我讲的结构调整有所不同，比如，从产业来讲，上游产业产能过剩，我们用2~3年的时间该重组的重组，该关的关，淘汰过剩产能，使之与市场需求吻合。政府重点要做的是，从政策上、金融上支持和推动新兴产业的成长，包括新能源、环保、生产型的服务业，以及制造业领域的那些附加值高的产业，政府需要有战略性眼光，支持这些产业的扩张。

我们的产业升级提了很多年。产业升级包括两个方面的含义：其中之一就是产业内升级。比如钢铁产能过剩很厉害，我们都是以粗钢产能为主，精细钢产能是不足的。这本身就是结构问题，政策上要激励，促进产业本身从低附加值向高附加值产品转移。

问：许小年认为，政府支持新兴行业有失败案例，比如光伏。产业升级一定要靠政府吗？还是不要干预，让企业自己去完成？

张军：政府激励产业发展的经验教训很简单，政府对政策的制定越细，越容易失败，政策应尽量保持中性，不要干预市场的选择。产业升级，任何一个国家，不可能没有政府引导，比如在税收方面，金融上当然会有些优惠政策。因此，产业政策我指的是激励性政策，不是干预性政策，这两个要分开。干预性政策有替代市场的动机，风险比较大，激励性的政策是尊重市场，但有因势利导的激励。总体来说，在新兴的市场经济里，产业自动升级的现象较少发生。

产业升级，第二方面的含义是指产业间的升级，很多产业本身有生命周期，目前的很多产业本身处于向下走的阶段，更多产业资本要出来，寻找新的投资机会。那么有没有可能让更多的产业资本，进入新兴的领域。现在很多做实体经济的企业家都面临这个寻求新的进入领域的问题。

问题是，现在这些产业资本进入新领域投资的渠道不畅通。这跟市场结构有关系，比如该产业国有企业的市场势力和影响大，非国有的资本进入比较困难。

这也是稳增长赢得时间之后需要改革的一个方面，帮助和促进产业间的升级，让资本寻找新投资机会的通道更加畅通。简单讲，实体经济里民营资本比较多，要让它们能够比较容易地进入一些新的领域，这是经济体制改革的一个很好的方向，也是国企改革的一个很好的方向。混合所有制也就是在沿着这样的思路走，以前国有控股、国有主导的行业，要邀请非国有资本合伙。

产业内和产业间的升级，是稳增长过程中面临的重要任务，这是未来经济增长新投资机会的来源。

因为现在面临着产业过剩，一旦投资机会出现困局，没有新一轮的投资机会，潜在增长率就会下来。所以先要稳住，争取时间重点推动结构调整，体制改革，最终目的是产生新的投资机会。

问：20 世纪末亚洲金融危机之后，也是通过一系列改革，中国经济才走上快速发展轨道的。

张军：这跟 1998~2003 年的经济萧条情况不太一样。那时候经济出现了一段时期的萧条，2003 年之后恢复到快速增长的轨道，当时不是靠改革，是靠运气。而现在要靠改革寻找新的投资机会。

运气好，是因为当时出现了两个新的投资机会：一是房地产。为什么房地产能成为摆脱萧条的根源？原因是当时我们的人均住房面积很小，很多人从福利分房转移到市场化的阶段，房地产市场有很大的扩张空间。现在市场化程度很高，人均住房面积很高了，房地产相关的领域已经没有什么投资机会了。

另外一个是加入世贸组织，中国成为世贸组织成员的红利，中国制造品出口，开始全面进入欧美发达国家市场。这不是靠改革，是机遇。当时欧美发达国家正处在经济形势比较好的时期，加上出口降低了关税，中国迅速成为世界工厂。

所以，目前的情况，新一轮的投资机会的出现，要靠结构调整和经济体制改革。我理解，这才是目前李克强政府的基本思路。现在一些领域的供求失衡，需要时间来化解，不能大规模刺激增长，要稳增长，赢得两三年时间，加快调整改革，三五年之后，更多投资机会就会出现。而且，新一轮投资机会也将带动城市化，而城市化也将带来持续的投资机会的出现。

城市化在未来会越来越重要，因为城市化首先跟产业升级有关，跟改革有关。现在的城市化，不考虑其他，光造房子肯定不现实；放开户口让更多的人进入大城市，也不行，因为这需要投资机会，需要就业机会。如果产业升级能够顺利推进，改革解决体制上的一系列障碍就相对比较容易。城镇化我相信也是未来中国经济发展的总需求，也是投资和消费的重要来源。

（本文发表于 2014 年 5 月 20 日，观察者网，记者：高艳萍）

再谈李克强"微刺激"

"刺激"一词似乎已经成了中国经济一个不折不扣的贬义词。定向降准真的来了，一边是高盛高华等机构或经济学者继续喊，"中国需进一步采取降准或降息措施"，另一边是一些人谈"刺激"色变。

一、舆论对"刺激"存在偏误

问："微刺激"会否升级为"强刺激"这是目前舆论关注的热点话题。新华社最近连发几篇文章批判一些人将刺激和改革对立起来。不过，文章中说，"中国是否将重回靠刺激政策拉动经济增长的老路？答案显然是否定的"。"刺激"听起来仍然像一个贬义词。舆论似乎认为刺激就等同于大规模刺激，等同于4万亿。"刺激"这个词到底该如何理解？

张军：2013年6月，针对当时经济放缓局面没有明显改观，李克强等中国高层领导人一直没有就改变宏观经济政策发表任何言论，我撰写过一篇《为什么李克强按兵不动》的文章，解释背后的原因，不久，巴克莱银行将 "去杠杆、不刺激、结构性改革" 总结为 "克强经济学"。

当时背景下所说的 "不刺激"，是指不重复 2008 年 4 万亿的大规模刺激。现在的 "微刺激"，事实上就是，不同于大规模刺激，是相对 4 万亿这种超常的大规模刺激来说的。

一个经济体要正常平稳运行，维持内需的政策不可能不要。在经济下行的时候，不考虑外部条件变化，内需、贸易，往往不会下降太多，唯一一个敏感的指标就是投资。正常经济增长的情况下，我们的固定资产投资名义值的增长率，每年都维持在 20%～25% 的增幅。这个从来不叫刺激。当我们说刺激的时候，其实是说需要额外的支出来维持正常的投资需求。

现在一些正常的满足投资需求的政策，都被舆论当成刺激了。这两年中国经济增长仍能够达到 7%～8%，人口流动、物流都在不断增长，基础设施不足，需要扩建或新建的空间还不小。正常情况下这都是必需的，现在给它戴个帽子叫 "刺激"，好像政府什么都不要做了。政府的投资计划一出台，无论棚户区改造、轨道交通、铁路投资，一出台跟投资有关的政策，大家就说是在加码刺激了。

目前舆论对刺激这个词，产生了严重的偏误。2010 年以来，我们的固定资产投资都是在下滑。4 万亿刺激政策之后的 2009 年，固定资产投资增长率的的名义值超过 30%，那时候是真正的强刺激，现在已经降到 15% 左右了。如果增加 5 个点，都还仅仅是合理的投资活动，不是超常的投资，这不叫刺激。

评判政府的宏观政策是不是大规模刺激，要看这个政策是不是全面的刺激政策，中国到目前为止，都在主动回避全面刺激政策，比如降准就是定向降准，而不是全面降准，棚户区改造、轨道交通建设，都是选择性的、定向结构性政策。

（％）

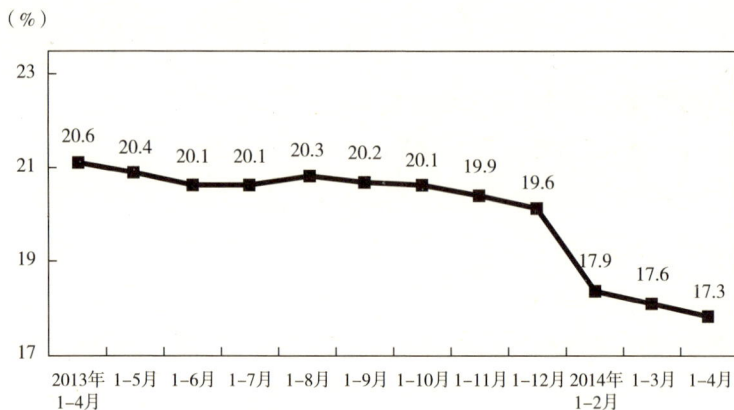

数据来源：国家统计局

图2　2013~2014年中国固定资产投资（不含农户）
季度累积值同比增速

问：日本"安倍经济学"政策之一是货币大幅贬值，美国推出多轮 QE 政策，欧盟调到负利率，发达国家都在搞大规模的刺激计划。

张军：对，这些政策都是大规模的刺激政策。我们在讨论适度刺激，还是微刺激、强刺激的时候，不要忘记，一个正常运转的经济，需要有合理的支出来维护正当的需求。当经济出现萧条，短期不太可能自主复苏，政府需要扩大财政赤字，打强心针，让经济反弹。4万亿就是这个思路，这叫"强刺激"。

现在，李克强政府在这个问题上比较谨慎，无论叫"不刺激"还是"微刺激"，都没关系。总体上是说，在经济下滑的时候，确保经济增长比较稳定，而且政府还下调了增长的目标值。

事实上如果愿意，中国经济完全可以维持更快的增长。但李克强政府愿意容忍较低的增长速度，比如7%~7.5%，就是尽力避免出台大的"刺激"政策。

政府一直在提"稳增长，调结构"，原本就不希望将经济大规模拉升，而是维持住现有的增长率，来推进结构改革。因为整个经济绷得太紧需求太旺，不利于实行结构改革。

当然，不出台大规模的"刺激"政策，不等于我们正常的投资活动都要停掉。基础设施改造、城市轨道交通、棚户区改造以及新能源新兴产业投资，这些领域仍然需要继续投资。如果中国政府怕背黑锅，连这个都不做了，那中国经济就要萧条，就要陷入通货紧缩了。

二、改革核心在于释放非公经济活力

问：上次采访的时候，你提到当前中国经济的增长比复苏更重要，先要让经济稳住，这样可以为改革赢得时间。那么，"稳增长"的一些"微刺激"政策和改革，是同时进行，还是通过"微刺激"，稳住经济之后，再改革，有先后顺序？

张军：改革和宏观调控政策同步进行，在推出"微刺激"的同时，适时推动改革。事实上就是这样，信贷上对三农、小微企业定向宽松，投资也鼓励向棚户区改造、轨道交通、新能源等行业倾斜；同时改革的措施，比如各项行政审批环节的简化，比如国企混合所有制改革，同步在进行。

问：很多将"刺激"与改革对立的说辞，最终的观点就两条，不能"刺激"，要赶紧改革。但经济领域的改革，也有不同看法，主流舆论认为，要改变以投资拉动的经济增长模式等等，你一直在批评这个主流观念。在你看来，李克强总理这一轮经济改革的核心是什么？

张军： 我认为李克强总理的改革的主要目的，是想让实体经济中非国有的部分释放活力。目前99%的经济活动都是非国有经济来完成的，当前，特别是4万亿之后，信贷大部分投放给了大型国有企业，这些钱最终有很大一部分流到了房地产，带来很多债务问题，连带上游产业的产能出现过剩，也积累了很大的金融风险。李克强所推动的经济领域的改革就是要矫正这样的结构，让我们的信贷更多流向非国有经济、民间的中小企业，这些企业发展起来，就可以提供大量的税收和就业。

除了信贷方面的支持，财政上也要给予支持，比如税收减负、减少审批环节等等。另外，还包括扫除壁垒，让更多民间资本进入国有企业主导的领域，包括金融保险、铁路、能源等行业。

不能把中国经济固化成政府主办的经济，这是此次结构改革的主要目的。核心是创造公平竞争的市场环境和规则，真正减少政府对经济的干预和过多的行政管制，打破行政的垄断和对低效率企业的保护，使得企业的进入和退出更容易发生。

三、中高速增长目标可期

问： 你在《李克强的平衡术》一文中提到，李克强总理多次表示，维持GDP短期的增长率不要滑出"下限"，就是"稳增长"。有诸多迹象和证据表明，这个下限可能是7%或者更低一点。经济学界和机构的分析师们也早就预判，中国经济未来几年会维持中速甚至中低速的增长（低于6%），但李克强前天在两院院士大会上提出，"中国完全有条件、有能力继续保持较长时期的中高速增长"，这个中高速增长的提法跟舆论的预期差距还不小。

张军：中国经济增长从高速转型至中高速，虽然大家觉得有难度，但不是不可能。现在我们处在经济从高速增长到低速增长过渡的时期，我认为，转到中低速增长是10年以后的事。我曾经专门写过一篇文章《中国经济未来的潜在增长率》，我说，未来10年中国经济还有7%~8%的潜在增长率，通常7%~8%被认为是一个中高速的增长。

如果这个阶段我们错失机会，我们与西方的差距就会拉大。所以接下来的10年是很关键的10年。

问：2014年5月加州大学圣地亚哥分校的巴里·诺顿在复旦上海论坛上提到，中国经济与日本20世纪70年代很像，当年日本迅速从高速增长掉到了低速增长。你之前曾经说，按照收敛假说，中国的人均GDP与美国的差距按照购买力估算，也就接近日本和亚洲"四小龙"在20世纪50~60年代与美国的差距。这相当于，我们的经济增长了30年之后，人均GDP其实才达到日本及亚洲"四小龙"经济腾飞的起点。你们的观点很不同？

张军：对。诺顿认为日本的经济增长出现跳水式的下滑，除了外部因素之外，就是因为宏观经济管理方式的不当，带来经济急剧降速。所以他提出，中国要吸取教训。中国的宏观管理政策要调整，如果管理层没有意识到，还用以往经济高速增长时期的老办法调控经济，就会导致经济急剧降速。这一点我们的观点是一致的。

问：也就是说，像李克强在两院院士大会上所说的，要不断创新宏观思路方式和方法，丰富政策工具，优化政策组合，在坚持区间调控中更加注重定向调控，做好预调微调等。

张军：对，政府的宏观经济政策一直都在调整，尽量适应现在的情况。包括货币政策上，定向降准的概念已经出来了，这是一个改变，不是全面降准的做法。

我猜测，下一步利率上也可能会出现这种结构性的调整，来适应新的形势。投资上，也是要尽量投资在对经济可持续发展有利的薄弱环节，譬如铁路、公路、港口等交通基础设施，新一代信息基础设施，重大水电、风电、光伏发电等清洁能源工程等领域。

（本文发表于 2014 年 6 月 13 日，观察者网，记者：高艳萍）

对于"鬼城"不必过于悲观

张军说："我的团队最近的研究发现，如果把中国经济想像成高成长的东亚经济，那么根据当年的参数来测算，2015~2020 年中国经济的潜在增长率在 8.4% 左右，2021~2030 年在 7% 左右。"

　　复旦大学经济学教授、中国经济研究中心主任张军 2014 年 10 月 25 日在汇丰晋信"全球大变革下的投资机遇"高峰论坛上表示，2015~2020 年中国潜在经济增长率在 8.4% 左右。

　　当前中国经济有下行的趋势，究竟是会演变成经济崩溃，还是只是短期的需求抑制造成的，受到市场广泛争议。

　　改革开放后 35 年，中国 GDP 年均增长接近 10%，差不多 7 年翻一番。2001 年的时候 10 万亿（人民币），2010 年就达到 40 万亿，超过了日本。而最新 IMF 经济展望报告认为，如果按购买力平价（PPP）换算，中国 2014 年的 GDP 估计要比美国高出 2000 亿美元左右，占全球的份额也将超过美国。

　　中国在过去 35 年为何能有如此强劲的增长表现？张军指出，

如果把经济增长的贡献因子做一个拆分，把计划经济和改革开放时代的增长做一个对照，我们就会发现，技术进步（TFP）对GDP的贡献大幅增加才是经济快速增长的主要原因。特别是改革开放后的增长，尽管资本的增长很显著，但是更多体现在技术进步上。

在张军看来，中国增长这么快，就是因为中国的技术进步速度远远快于欧美成熟国家。通过落后模仿先进，缩小科技差距，中国的投资回报率大幅提高，这样才能吸引更多的投资提升中国的劳动生产率水平。张军自己对中国过去将近30年的经济增长所做的核算结果显示，劳动力的增长对GDP增长的贡献还只是次要的，平均大概只有10%，收入增长主要来自于资本积累和技术进步。所以，在讨论人口红利的下降时，人们往往可能夸大了人口红利减少对中国经济未来增长的影响程度。换句话说，劳动力增长速度的减慢对中国经济的影响其实没有想象的这么大。要知道，劳动力数量的增长速度下降的同时，劳动力的素质水平是持续提升的，而后者对提升中国经济未来的生产率依然至关重要。

那么，为什么现在那么多人对中国经济增长的前景不是太乐观呢？张军认为，这主要是因为在一个超常增长的经济体，增长的同时总会伴有大量没有效率的经济活动。张军说，超常增长的经济，包括第二次世界大战以后的"亚洲四小龙"和日本，必定会产生很多无效和低效的经济成分。例如很多超前的基础设施投资、国有企业的膨胀、房地产的泡沫、"鬼城"的出现、产能的过剩以及经济大起大落等典型的增长后遗症。这些问题不是今天首次出现，中国过去35年其实曾反复遭遇类似问题。

不过，张军在演讲中认为，那些成功转型和发展的经济体往往不是因为能避免以上这些问题的出现，而是因为能在出现这些

问题时从政策与体制上做出及时的调整和改革。例如中国在 1997
年前后，制造业产能过剩达到历史高位，国有企业的亏损让财政
不堪重负，倒逼中央政府开启了国企和整个国有经济的大规模重
组。更早一些时间，由于财政承包制导致政府的财力持续下降以
致不能执行宏观管理的职能，才最终在 1993 年倒逼中央决定从
1994 年开始实施分税制改革。

　　而分税制改革之后，地方政府面临着严峻的金融和财务约
束，使得政府的资本开支不能正常完成，严重阻碍了经济的增长
前途，最后不得不让中央政府对国有土地批租权管制进一步放
松，使得土地可以作为抵押品，从而缓解了地方政府的融资约
束，这才有了之后 10 年的经济高速增长。

　　事实上，回顾过去 35 年，每一次的挑战和问题的爆发最后
都可能带来政策和制度的巨大变革，并成为驱动经济增长的新动
力。中国迄今为止经济发展的成功，很大程度上是因为我们总能
在需要的时候成功地推进政策与制度的改革。

　　张军使用经济学家熊彼特的概念，认为经济发展本质上是价
值上的创造性毁坏（Creative Destruction）；创造性毁坏就鼓励用
更新的、更有效率的经济活动去冲销上一轮增长扩张的代价；能
不断做到这些的经济体就是有韧性的经济。很显然，那些成功转
型和发展的经济体都是因为做到了这样的创造性毁坏，不断鼓励
新的和更有效率的经济活动在价值上去冲销那些扩张的代价。

　　中国在整个改革开放过程中几乎每一阶段的发展都是这样的
过程。我们没能阻止在增长中出现的问题和挑战，但是因为政策
和体制的改革到头来总是鼓励更有效率的活动和投资，总是鼓励
更有效率的企业取代原来的没有效率的企业，所以，技术进步才
没有停止，发展的主流才没有中断和枯竭。

所以，今天看到了"鬼城"、房地产的泡沫，对这些不必过于悲观，我们需要看到这里中国经济里的主流，我们是否在这些挑战中做出符合市场经济主流的回应。20 世纪 90 年代末，我们遭遇了历史性的债务冲击，产能过剩非常严重，经济甚至一度陷入通货紧缩。但是只要能把政策的重心放在鼓励创造性毁坏的发展战略上，通过更有效率的经济增长去冲销之前增长的代价，这些问题就会得到消解。

张军相信，"亚洲四小龙"的发展过程正是如此，中国当前遇到的问题也类似，只能靠经济发展来解决。

在改革方面，张军认为我们现在看待经济制度的方式并不健康。土地财政这些年广受诟病，说当前的分税制弊病良多，要改革中央与地方的财政关系。张军认为，固然需要对中央—地方财政关系进行改革，但这并不能建立在对之前制度安排彻底否认的基础上。实际上分税制对中国的经济增长曾经做出了重要的贡献，而且分税制的引入与那时中国经济面临的问题和挑战有关。

20 世纪 80 年代，因为没有解决好中央与地方的财政关系，向地方过度财政分权导致了反反复复的通货膨胀，中国经济一直没有摆脱遭遇大起大落的困扰。如果分税制改革不实行，中央政府无法保证财政收入的稳定，没有能力、资源和手段去稳定宏观经济，经济大起大落的局面就很难得到改变。1993 年年底实施分税制改革，重新调整了中央与地方的财政关系，确保了中央政府财政收入的稳定以及中国宏观经济的稳定，消除了通货膨胀的体制根源。

张军发现，分税制有助于将中央与地方在经济发展上的激励兼容起来，促进了增长和宏观稳定的实现。这是因为分税制之后，地方的收入主要来自增值税和营业税。这就激励了地方政府去加快公共资本的支出，改善基础设施，吸引生产性资本的投资。换句话说，这个体制下，地方政府更多扮演了地方经济发展的推动者和市场经济的维护者角色。

在国有土地被允许作为抵押品之后，地方政府还获得了来自土地支持的融资渠道，也就是地方融资平台。当前对这个地方融资平台的批评较多，但是张军主张要客观地看问题。2000 年以前中国基础设施十分落后，相当于今天的印度，如果没有后来土地财政的出现，缓解地方政府的融资约束，中国的基础设施就不可能获得持续改善。应该说，在分税制之后，土地财政所扮演的融资功能对中国经济后来的持续发展功不可没。

不能忘记任何一个制度的安排都有它的时代性和局限性，一项改革不可能解决所有的问题。土地财政解决了地方政府在公共资本支出上面的融资困难，是当时十分成功的制度创新。但当前来看，土地财政对房地产泡沫的推动，挤出企业融资等问题都成为其被诟病的问题。但实际上，从 2004~2014 年来看，土地财政发展最快的时候，也是实体经济发展最快的时候，原因也不难理解，土地作为抵押品有助于改善整个经济的流动性，降低融资成本，当然也就可能有利于而不是阻碍实体经济的发展了。

目前中国经济出现了持续减速的问题。很多人认为这是中国的潜在增长率显著回落导致的。对此张军持有不完全相同看法。

张军认为，2013~2014 年经济增长持续低于 8%，主要是国家对信贷执行了过于谨慎的政策所致。银行不敢投放信贷，固定资产投资增速下滑严重，正常年份可以是 25% 左右，2014 年至今只有 16%~17%。GDP 增长低于之前 10 年平均值的主要原因在于信贷政策过于谨慎，大大放慢了当年名义 GDP 的增长速度。

"央行为何不敢向经济'放水'？因为 2008 年以后社融规模

和经济增长的相关性越来越小。"而且随着融资规模的增长，融资成本也在提高（理应随着融资规模上升，成本下降），说明融资市场有错配，没有得到及时纠正。"而且实施4万亿计划的时期，那几年信贷增量占GDP的1/3以上，甚至有一年超过1/2。年利息已经高于每年的GDP增量，这同样说明了融资的错配。"张军说。

张军认为，当前中国经济虽然遭遇挑战，但"新常态"未必会成为常态。这取决于我们的经济政策如何对待未来的发展空间。"我的团队最近发现，如果把中国经济想象成高成长的东亚经济，那么根据当年的参数来测算，未来5年我国经济增长的潜在增长率在8.4%左右，未来10年在7%左右。"

张军指出，全球金融危机对中国是个巨大的冲击，2014年前几年形成了巨大的债务，给我国货币政策带来巨大挑战，但也是一个改革的机遇。从长远来说，中国要改变金融的结构和配置方式，解决金融错配的问题。而解决金融和财政的体制性问题后，2014年以后10~15年里，这些改革红利会逐步释放。改革不是潜在增长率的源泉，而是潜在增长力向现实释放的源泉。

"所有的改革在中国都是解决问题的导向，解决融资约束，中国的经济增速就可能恢复到潜在增长率水平。长期说，中国的潜在增长率会不断回落，20年里会从现在的8%以上下降到百分之五点几，但即使这样，中国人均GDP仍有望在20年后达到美国的一半。"张军说。

（本文发表于2014年10月29日，《上海观察》，记者：陈抒怡）

通缩来了，调结构应让位于稳增长

> 2015 年 2 月 10 日上午，国家统计局公布 2015 年 1 月 CPI 及 PPI（生产价格指数）数据。不出所料，CPI 数据与 2014 年同期相比仅增长 0.8%，与 2014 年 12 月相比继续回落 0.7 个百分点。
>
> 此外，象征生产领域价格变动的数值 PPI 同比下降 4.3%，这是 PPI 连续第 35 个月为负值。不容回避的事实是，中国经济通缩已经渐行渐近。如何理解中国经济短期压力，下一步宏观经济政策该如何走。

一、输入性通缩

问：最新公布的 CPI 和 PPI（生产价格指数）数据你怎么看？记得 2011 年采访你的时候，当时中国经济正在抗通胀，你提到通缩比通胀更值得忧虑。

张军：现在很明显，通缩已经来了。整个大环境也在加剧通缩，比如原油价格下跌、铁矿石等大宗商品价格下跌。因为中国

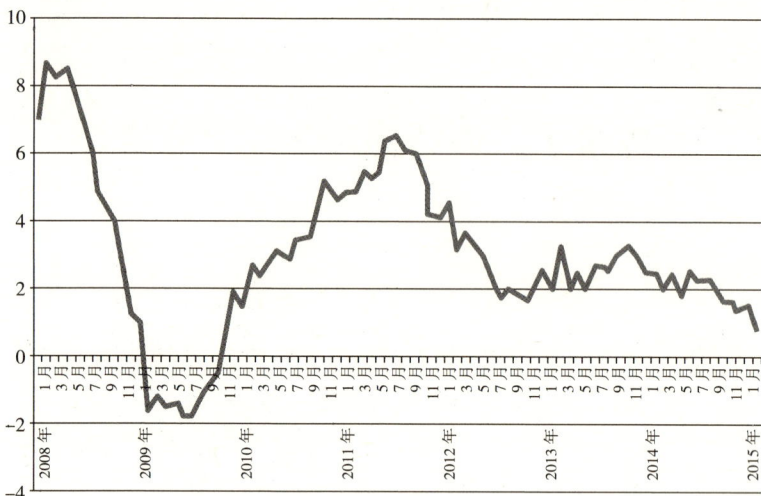

数据来源：观察者网整理自国家统计局

图3　2008 年 1 月~2015 年 1 月中国 CPI 同比变动幅度

是原油、铁矿石等大宗商品的主要进口国，这样就有大量输入性的通缩。原来我们的经济就有通缩压力，两个因素的叠加就加深了人们对通缩的担忧。

问：从近几年的 CPI 增长趋势看，2009 年，好几个月的 CPI 都是负增长，当时是金融危机引起的。到如今，似乎也没有什么大碍？

张军：现在与 2009 年相比，程度还不一样。因为 CPI 统计的是同比增幅，假设原来是 100，现在是 99，也是同比负增长。但是现在的通缩是，原来增幅是 100，一直往下，现在已经变成 80 了。虽然同比仍然在涨，但是累积的涨幅回落是很大的。所以当前的通缩形势跟 2009 年还不一样。

二、结构性政策会让通缩雪上加霜

问：大家都知道，你一直看好中国经济增长长期发展前景，那么，短期来看我们的经济形势还是很严峻的？

张军：宏观经济已经这样了，我认为政策上面要有大的调整，一旦形成通缩，是很难治理的。通缩会让消费没有信心，投资者没有信心，外资没有信心，这种情况下，有效需求没有办法产生。通缩会抑制有效需求，需求减弱又会加剧通缩，这个螺旋要是往下走，经济将来会比较糟糕。这个局面的形成蛮可惜的。

问：为什么可惜？是前面的政策有失误吗？

张军：是，我们的政策需要及时调整。现在的形势下，总量政策恐怕要优先，结构政策要让位。结构政策就是指"有保有压"，其实是紧缩性的。保的不谈，压制了某些行业领域就会导致经济往下走。在经济本身出现通缩的趋势下，过多使用结构性政策，就会雪上加霜。

如果出现通缩，就需要从总量上刺激有效需求，无论投资还是消费，特别是投资。

问：是指稳增长的重要性要大于调结构了？

张军：对，稳增长要再度成为宏观经济政策压倒一切的目标。因为经济增长起来了之后，经济回到正常轨道，再出台调结构的政策，是可以的。现在如果是继续只调结构，很可能通缩的趋势会越来越严重。

当年朱镕基时代，1998 年左右，形成了经济通缩的局面，到 2002 年才恢复过来。当时正是因为政策做了大的调整，刺激了国内投资，房地产市场起来了，慢慢地才让经济回暖。那个寒冬也很长，差不多用了 4 年时间。

三、放松银根化解债务是当务之急

问：那么，现在还有什么牌可以出吗？类似当时的房地产、加入 WTO 那样的比较大的政策红利似乎很难了？

张军：现在新的投资领域，有是有，但是靠打开新投资领域来挽救目前的经济局面，这不现实。

现在要看的是，实体经济需要什么，现在不是缺项目，缺的是融资，是钱。现在流动性越来越被抽干，资金面偏紧，需要放水。

问：你认为，2014 年以来的降息、降准、逆回购、中期借贷便利（MLF）等那么多次的放水，还不够？

张军：还不够，现在最大的问题，要先解决债务问题，现在放的水都被还债的需求吸纳掉了。根据美国加州大学圣地亚哥分校（UCSD）一位华裔经济学教授的测算，中国目前的债务总量（包括政府、企业、家庭等三部门债务）仅利息就有 11 万亿人民币，这个利息还在以每年 10% ~ 15% 的幅度在增长，假设 3 ~ 4 年还完，每年需要还的利息额度接近我们每年 GDP 的增量（2014年中国 GDP 增量为 4.8 万亿元人民币——观察者网注）。

目前的货币供应量从官方的数据来看还是比较大的，比如2014 年 12 月广义货币 M2 增长约 12.2%，社会融资增长更大，2014 年 12 月增加 1.69 万亿，但是放的水大部分还利息去了。

由于 2008 年之后几年，在地方政府和开发商那里形成了巨额的债务，现在利息就把它们压得够呛。这也是它们不惜支付更高的利率从影子银行借贷的原因，这样一来就把融资成本推上去了。

这么高的借贷成本，实体经济实际上是没办法获得更多的信贷的。所以货币政策上要放松，不仅要大幅度降息，要更好地满足实体经济的投资需求；还需要从财政政策上入手，加快减轻债务的拖累，而且这应该在前两年就开始行动。

问： 那么债务如何化解？

张军： 化解债务我认为有三个办法：第一，要加大债务重组的力度。目前债务负担太重，放水都被还本付息的需求冲销掉了。

第二，要核销相当一部分债务。核销的办法就是地方政府债务向中央政府转移，中央政府再通过发债补充银行资本金来对冲这些债务，让银行将这些债给核销掉。

第三，就是降息，否则债务利息会越滚越大。目前的状况与日本 20 世纪 80 年代末的泡沫破裂时期的状况有相同的地方，日本的企业和开发商当时也是出现了巨额的债务负担，整个经济被债务困扰，日本央行当时不得不采用零利率冻结利息的增长，这是不得已而为之。

当然日本的经济与我们有很大不同，它那个时候已经很发达了，收入很高，投资机会几乎为零，所以尽管保持了长期的低利率政策，但日本经济并没有太大的起色。中国如果能摆脱债务困扰，经济增长依然可以期待。

（本文发表于 2015 年 2 月 11 日，观察者网，记者：苏堤）

2~3 年后 GDP 应可提速

长期对中国经济持谨慎乐观看法的张军教授最近发表言论，提出"通缩"就在眼前，并认为现在"稳增长"的重要性要大于调结构。这些言论引发很大争议。

一、"通缩"来了不需要争议

问：您最近提出"'通缩'已经来了"，引起很大关注，您的判断理由是什么？

张军："通缩"已经来了，这是很明显的，我也不知道为什么会有争议。你看看 PPI 3 年多都是负增长，CPI 一路走低，而且绝对水平不断创新低，这已经不是一个需要争议的问题。2009 年时也曾短暂出现几个月的 CPI 都是负增长，但是性质和程度都不大一样，那时是扩张性货币政策突然转向紧缩政策造成的，现在和当时的情况大不一样，要知道，现在经济一直在降速，增长率一直在潜在增长率之下。你到下面去看看，经济的萧条和企业的困难到了什么样的程度。

问：这就是您最近提出"稳增长"的重要性要大于调结构的理由？

张军：是啊。有了通货紧缩的苗头，我们的政策必须做调整。短期的政策与中长期的政策要灵活调整。打个不太恰当的比方，一个人化疗的时候，如果遇到感冒导致肺部感染怎么办？这时虽然我们知道化疗是治病的，但还是应该先处理感染，然后再来考虑化疗。如果无视感冒和感染，坚持化疗，很可能会要了病人的命。

我们的经济还在下行，投资者的信心被动摇，进一步下行的预期已经形成，大家不再看好中国经济。现在的首要任务是要稳住增长，起码要保住像 2014 年的增长率水平。如果能稳住增长，调结构的余地才会大一些。反过来，如果经济持续下行，调结构不但难以促增长，反而加剧下行的风险。

我认为，现在应该先实行总量政策，先"稳增长"，如果能摆脱紧缩，PPI 能够转正了，这时候再推进结构性的政策。在经济走出了紧缩的阴影之后，政府就需要用货币政策、财政政策来防止通胀和资产泡沫的抬头。现在的问题是，房地产这么萧条，大量的需求被抑制了。如果短期内不把需求拉起来，整个经济下行的压力就难以缓解，房地产市场难以出清，在这种情况下，执意让大量的房地产企业倒闭能解决什么问题呢？我们要从长远来解决房地产市场的问题，需要进行结构性的改革，需要在信贷、税收和土地供给的一级市场层面推进改革，但仅仅在目前情况下让更多的房地产企业倒闭，不解决什么问题，反而会加剧整个经济的下行压力。

我从不怀疑结构调整的必要性。但调结构的问题在于，是政府调结构还是市场调结构。政府调结构就是靠行政力量实现有保有压，市场调结构就是用相对价格来促进结构调整。我主张用市场力量来实现结构调整，用结构性的改革来促进结构调整。所以，从这个意义上来说，调结构就是深度推进要素和资源价格的改革，而不是简单的有保有压。

但我认为，经济下行和通货紧缩时期，哪些企业或部门应该被压缩和调整掉，是难以看清楚的，也看不清楚。现在因为宏观经济越来越糟糕，企业的日子当然很难熬，很多企业难以活下来，但是这不等于说这些企业应该被淘汰。所以，调结构的任务最好交给市场，政府要做的是推进结构改革，使要素和资源的价格扭曲得到矫正，市场就会引导企业和投资的合理方向。

问：如果照您说的，房地产市场又起来，很多人还会担心房价上涨，您觉得现在的房价合理吗？

张军：我觉得，作为国际大都市，上海的房价总体上是合理的，而且在上海这样的国际大城市，房产价格肯定还会往上走。就全国而言，考虑到中国城市化的进程会越来越快，未来2亿多人要市民化，加上城市居民的改善性需求巨大，房地产未来还是支柱产业。虽然这些年政策的问题导致短期内房地产供给太多，但如果2~3年内房地产库存能得到出清，房地产的稳健发展还是可以期待的。

二、降准降息只是开始

问：央行已经在2014年11月底和2015年2月初分别降息降准各一次，您觉得这个力度够了吗？

张军：对于目前的经济下行趋势而言，这些定向的或结构性的货币政策还不够。我注意到央行已经采取了各种方式，除了近期的降准降息外，2015 年 2 月 11 日中国人民银行还宣布在全国推广分支机构常备借贷便利（SLF）。我很欣慰，最起码说明中央政府也看到了目前的经济困难局面和"通缩"的趋势是不能掉以轻心的。

基于这样的判断，我猜测，类似的货币宽松政策将在年后陆续推出。2015 年上半年，以我的理解，央行很可能在降准降息上加大力度。目前的降准降息只是个周期的开始。

问：除了货币宽松政策外，您觉得还应该采取哪些措施？

张军：最近我多次强调，现在困扰央行货币政策的最大问题是我们的财政政策不够积极。中国经济现在最大的困扰是债务负担，地方政府和企业的投资需求被之前几年过度借债的行为抑制住了。现在很清楚，只有在债务方面加大重组和核销力度之后，货币宽松政策才能对实体经济产生效果，否则即使放松信贷，这些钱还是更多地流到地方政府、开发商手里去还银行的债。

如果 2015 年对债务的重组、核销力度能够加强，那么我估计两三年后，GDP 增长速度慢慢恢复到 8% 的概率还是很大的。到时候投资需求应该会先恢复起来。现在不能把"稳增长"的任务看成货币政策的事情，货币政策和财政政策应该相互配合，尤其是，财政政策应该更加积极。这些想法我之前有文章，有演讲，多次呼吁过，需要引起重视。

问：怎样处理债务问题？

张军：现在问题最严重的是债务的规模太大，而且越来越大。光利息每年都要几万亿，而且利滚利，增长速度非常快。有人测算了，现在全部债务的利息相当于我们 GDP 增量的两倍多。

照这样发展下去，两年后，一年要偿还的利息可能比当年 GDP 的增量还多，经济还怎么运行啊。所以，当务之急是处理债务负担问题。企业债务的重组，地方政府的债务核销等都需要加快。不然的话，地方政府和企业会不惜成本去影子银行融资来还债。所以，才出现了经济下行的同时企业融资成本反而不断上升的悖论。为了阻止利息的雪球效应，利率也要降下来。我认为，地方政府的债务应该想办法转到中央政府去，然后通过中央政府发行债券，补充中央银行资本金，最终使得银行把地方政府的债务核销掉。不说全部核销掉，核销一半还是有可能的。

问：在这个时候，上海应该做些什么？

张军：上海和全国情况还不一样。上海的生产率水平高，人均地区生产总值高，增长的动力和全国有区别。在经济下行时，上海应该抓住自贸区这个机遇，扎扎实实推进"四个中心"建设，而不是把自贸区变成另一个中心，自贸区应该是上海建设"四个中心"的手段。

问：那您看好今年的股市吗？

张军：我一直说股市是不可预测的，我也不会去预测股市。但我关注资本市场，猜测一下也无妨。2015 年上半年股市还会有行情啊，流动性放松，总需求起来，对股市肯定是个利好。我还没入过市，也有入市的打算，但好像入市的路对于我总是那么漫长。哈哈。

（本文发表于 2015 年 2 月 17 日，《上海观察》，记者：陈抒怡）

救市国家队怎样才能平稳退出

> 　　准备采访复旦大学经济学院院长张军是在 6 月底，当时股市还在高歌猛进中。后来他先是在中南海座谈会上讲如何通过债务核销解决地方政府债务问题，之后又去了美国……等"空中飞人"重回上海，股市已经经历了冰火两重天。
>
> 　　在一个炎热的下午，看起来有些疲惫的他喝了一口热拿铁，将自己对中国股市的最新理解娓娓道来。虽然语调一如既往的平缓，但用词却很激烈。

一、谈股灾：管理层应该反省

　　问：到底是什么原因造成了从 2015 年 6 月底开始的股市狂泻？

　　张军：最初，媒体上有一种非常流行的看法认为这次的股灾很大程度上是某些境外的资本恶意做空导致的。后来恶意做空的资本又被认为不仅仅是外资，也包括了中国本土的资本。但是现在这个看法又悄悄发生转变。高杠杆配资被认为是这次股市出现剧烈动荡的一个重要的原因，而且有一个看法是互联网金融的发展被当作这次股灾的源头。

但是，以上这些原因都不足以让我信服。最近市场主要讨论的是场外配资的问题，但事实上，场外配资也不是股市逆转的原因。两融、杠杆这个事情2013年就出现了，而且在其他股市也有两融。只是两融、场外配资有放大效应，所以跌的时候跌得更厉害，当然涨的时候也会涨得更厉害。所以，你不能说跌是因为杠杆太高。

那到底谁是这股灾的始作俑者呢？先来回顾一下，这个市场是怎么牛起来的。多年熊市后，大概从2014年年底开始，从管理层到股民都希望股市能好起来，所以，管理层释放了很多股市要好起来的信号。在股市被媒体的言论唤起高涨热情的时候，几乎所有人都认为中国已经开始了长达10年的大牛市。

但是，在A股一路高歌直逼5000点的时候，监管当局又有些担心了，毕竟现在的经济基本面还没改善，所以又开始改变态度和言论的方向，反复提醒股市已有泡沫，提醒进入股市的最大风险，并声称要严查场外配资。于是市场情绪发生逆转，这就是市场开始转变的开始。

但是我想，管理层也没有想到，这次会转变得这么厉害，狂飙和狂跌都出乎意料。市场就是这样，你永远不知道市场的情绪什么时候刹那间发生逆转。

但有一点是清楚的，你也可以看出这是一个新兴的资本市场，而且这是一个投资者90%都是散户股民的市场。它有两个特点：第一是比较脆弱，难以预料；第二是对很多消息过度解读，整体理性不足。所以这个市场的动荡来得比较剧烈。

问：一直以来中国股市似乎难以走出"政策市"的影响？

张军：根据我的观察，证监会似乎一直把股市保持牛市看成自己的职责，也是工作的主要目标。如果是熊市，证监会就觉得工作没做好；如果是牛市，证监会就功不可没。因此，在维持牛市的努力当中，证监会的注意力仅仅放在了如何刺激股市以及如何提振投资者信心的各种政策和言论之上，对股市中可能存在的各种监管的漏洞未给予充分的关注。比如在开放两融和场外配资的渠道之后，到底有多少资金会流入股市？是哪些人参与场外配资以及用什么方式？在之后的救市过程中，监管部门对于这些问题似乎都没有明确的答案。

其实证监会的主要职责是要监管、要做制度的建设，比如出现了两融和场外配资，监管要跟上，要掌握数据，制定有关政策。我没有看到证监会很好地做了这些工作。相反，它关注的是如何用政策刺激市场的兴奋和维持投资者的信心，而没有特别把目标放在如何有效保护投资者利益上。长期来看，这样做对中国资本市场发展是有害的。

二、谈救市："一行三会"制度不利于信息共享

问：您对股灾后的"一行三会"的救市行为怎么评价？

张军：我们看到，一开始的时候，证监会出台了一系列措施，但未能使股市企稳，直到动员国家队来救市，央行出来表态，会动用无限流动性来稳定市场，市场情绪才慢慢稳定下来。可见单有证监会的行动不足以在股市出现逆转的形势下稳定军心。

所以，这次股灾也让我们反思，"一行三会"这种分割的系统

是否能适应互联网金融时代的发展。就拿场外配资来说，证监会和央行、银监会信息不共享，所以根本不知道外面有多少钱进来，现有的报道中，有说场外配资规模几千亿元，有说几万亿元，最近一个说法是可能有 7.5 万亿元。到底是多少呢？我不知道他们是否真的掌握数据，我怀疑他们没有数据。如果有数据，证监会起码应该与央行、银监会共享这方面的信息，但事实上应该是没有的。

由于互联网金融和影子银行的发展，现在资金已经全部打通了，但是监管还是纵向分割的。也许我们应该像韩国在亚洲金融危机之后，组建一个超越"一行三会"之上的机构，所谓的金融监督委员会。这样做的目的就是提高监管能力，加强制度建设，解决目前信息不共享、行动不协调的一个局面。如果能这样，那么这次股灾也对资本市场发展有价值。

问：您谈到"一行三会"的信息不共享，让我想起了最近发布的《关于促进互联网金融健康发展的指导意见》，互联网金融的不同业务监管分属"一行三会"四个部门管理。

张军：我也注意到了，在最近关于互联网金融的监管设计中"一行三会"的分工体系依然被保留了。也就是说，未来将出台的互联网金融的监管法规依然把互联网金融分割成隶属于央行、银监会、证监会、保监会四个部门，这个监管思路还是没有一个主导者，就难以信息共享和协调行动。很难想象这样的监管体系能有效率地管理互联网金融的快速扩张。

很多人问为什么互联网金融的指导意见现在才出来。你想象一下，因为互联网金融涉及"一行三会"，所以这个意见是四方博弈的结果，这需要很长时间。但是，事实上互联网金融的发展已经使得资金全面打通，所以最后谁来管？很可能最后出了事情谁都不会管，谁也管不了。

三、谈"国家队"：退出要和市场达成默契

问：上周股市波动的一大原因就是股民对于国家队立场的担忧，国家队进场容易，退场难，您觉得国家队应该怎么退出呢？

张军：当初救市就很仓促，现在怎么退出就两难了。一有退出的消息，市场就会敏感地做出反应，这就退不出了。这是在救市忙乱中的一个不周全的地方，但当时可能也很难想清楚。

怎么退出可以借鉴国际上的经验。2015 年 5 月，美联储前主席伯南克在复旦和我对话的时候，曾谈到美国 QE 的退出。一开始，美国也出现同样的情况，每次说 QE 要退出，市场就有反应，所以只能沢沢不退，持续了一两年时间。伯南克说，退出这件事需要监管层和市场有非常密切的沟通，不能单边行动。在美国就是美联储和市场之间互动。互动可以有多种方式，目的是要逐步让投资者明白退出的必要性，不要对退出做出过度反应。在对话中，伯南克反复强调，要和市场有互动，如今看来这话意味深长。

在中国也是一样，救市有共识，退市就未必了，怎么和市场保持沟通，这也是监管部门要学习的新鲜事。以往相关部门总是喜欢单边行动，出其不意来个消息，导致市场老是过度反应，就算是好事也容易变成坏事，所以学习如何保持有效沟通，也是这次股灾的价值之一。

关于沟通，我还想说一下。在这次股灾中，股灾一发生，证监会完全乱了阵脚，已经不知道该从什么地方入手。传闻某资深

市场人士曾经上书给出建议，最好的办法是将救市的重心从股票转向股指期货，有传言说后来证监会听进去了，也这样做了，所以股市就稳了。智慧在民间啊，监管当局也应该反思一下如何保持从民间获取智慧的渠道，不仅仅在危机的时候，即使在正常年份，完善监管制度的建设也需要与民间智慧保持密切的沟通。

2008 年金融危机后，美国财政部和美联储是怎么救市的？他们找了很多华尔街的人来商量。这次，证监会也动用了 21 家券商的力量，除了让他们出钱，我觉得证监会应该和券商有很好的沟通，不仅仅听听他们的救市意见，也需要在资本市场发展的政策与制度建设方面让市场主体有对话的机会。

四、谈后市：牛市的概率比较大

问：您对后市怎么看？

张军：接下去股市的走向还是和经济基本面相关，如果基本面好了，股市就能彻底反转，真正走上牛市的轨道。我感觉牛市的概率还是比较大的。

其实 2015 年上半年，股市突然好起来之后，大家就在问为什么这么好。说是政策牛，但是经济数字并不乐观，国际经济也没什么好消息。大家就会觉得股市悬在那里，看不到底，找不到一个抓手。如果经济企稳回升，这就是牛市最大的理由。至少使投资者认为牛市有了基础。

五、谈对国际影响：境外资金进入渠道多

问：中国的股市下跌，对全球市场都构成了冲击，也对包括

铜、石油在内的国际大宗商品价格造成了一定的冲击。中国的资本市场还没有完全开放，为什么对国际的影响如此巨大？

张军：这要谈到中国的外部金融实力了。一般来讲，一个国家的金融实力和经济总量、贸易总量有一定关系。中国是全球第二大经济体，第一大贸易国，有这两个指标摆在这里，中国金融对全球有一定的影响力是很容易理解的。

在国际货币基金组织划分的 43 个资本交易项目中，目前中国有一半的资本项目交易已经基本不受限制或较少限制，人民币资本项目下已经实现了部分可兑换。尽管中国的资本市场还没完全开放，但不等于说，中国在国际金融市场没有影响，实际上影响一直在扩大。

中国已经是全球最大的资本输出国之一，每年资本输出的金额已经接近中国每年从海外吸收的直接投资，每年通过国家开发银行、进出口银行对外的援助、贷款额已经超过了世界银行。这方面影响力巨大。

中国又是全球最具吸引力的投资市场，这个投资不仅是实业的投资，也包括金融市场的投资，比如通过 QFII 外资正大量进入中国市场，而且额度越来越高。

而且，自贸区账户已经启用，截至 2015 年 5 月底，自贸区内协议跨境资本流动总额已达到 3740 亿元人民币。而且中国有香港这样的离岸金融中心，境外资本可以通过香港间接投资内地市场。

还有中国在人民币国际化方面推进比较快，已经和近 30 个国家的央行签署了货币互换协议。另外，全球还有十多个人民币离岸中心和结算中心，这一数字还在不断增加。所有这些指标都可以提示我们，中国金融在国际上的相对实力。

中国的经济对世界的影响还与美国相关。中国的经济对美国的经济依赖性很强。两国的宏观经济之间有高度的联系，比如美联储要加息，对中国的货币政策会带来影响。反过来，中国的货币政策也会影响美国在货币政策上的选择，进而影响全球的经济。

所以总结来说：一方面，中国自身对世界金融市场产生影响，这个影响通过资本的流动、大宗商品的交易和离岸的金融中心来体现；另一方面，由于中国的货币政策对美国产生影响，进而对全球经济产生影响。中美每年有两次经济对话，我想这也是为了协调各自的宏观政策，特别是货币政策。

这种影响在股市上反映很明显。前不久有消息说，国际货币基金组织（IMF）已敦促中国最终退出为遏制股市市值被抹掉的跌势而采取的救市措施。这一句话，造成股市连续两天下跌。

问：*除了您说的这些渠道，是不是还有其他资金进出的渠道？公安部说，已发现个别贸易公司涉嫌操纵证券期货交易，说明外贸公司变相成为境外资金进入的渠道。*

张军：监管部门应该意识到，虽然资本项目并未完全开放，但是依然没有阻挡热钱以各种形式进入。可以说，近20年来，有几十种渠道能让境外热钱流入国内，但可能金额上有限。因为毕竟中国还是全球投资最具吸引力的一个国家。

既然进入的渠道这么多，防不胜防，与其去稽查这些渠道，还不如把内功练好。这就类似于感冒，为什么医学这么发达，还解决不了小小的感冒问题。原因就是感冒病毒的花样太多，投入那么多钱研发了一种药，但是病毒已经变异了。所以最好的办法是练好内功，提升自身的免疫功能。

六、谈"金改"：加快资本市场开放

问：这次股市波动，自贸区的"金改"会否受到影响？中国资本开放的进程会不会推迟？中国会不会对境外的合格的投资者实施更加严厉的控制？

张军：这很大程度上取决于政府对这次股灾的始作俑者是否有正确和清醒的反思。如果政府坚持并依然认为有恶意做空中国股市的境外势力存在，这些担心就不无道理。如果政府相信股灾和境外做空势力没有因果关系，那么就不应该放慢"金改"的脚步，而是应该像邓小平南方谈话时承诺金融开放与金融转型的进度和时间表不会改变一样坚持开放，当时这些承诺赢得了全球的好评。这次股灾也是一个考验，接下来的事情是要加快金融的自由化，加快资本市场的开放。

2013年我在哈佛书店看到一本书，叫《每一次危机都不能被浪费》。这次危机的价值是要让监管部门更好地改善资本市场的制度建设，提升监管的能力。

我是说，明智的做法是，在这个时候，我们应该向全球投资者承诺，不仅不会推迟资本开放的时间表，而且还会在很多方面吸取股灾的教训，加强我们的监管，完善监管的制度，从长远来讲，这些措施对于保护投资者和促进资本市场发展是最重要的事情。

（本文发表于2015年8月5日，《上海观察》，记者：心台）

人民币贬值不是中国经济的救命稻草

2015年8月11日，央行出其不意推动10年来力度最大"新汇改"，3天调低人民币中间价逾3000点，令人民币累积贬值4.6%。做了10多年全球汇市优秀生、一直表现坚挺的人民币，突然之间由央行主动下调中间价，此举令世界震惊。

坊间舆论对此次人民币汇改议论纷纷，普通民众除了出国感受到人民币没有以往值钱，其余不明觉厉。2015年8月13日，央行召开新闻发布会，阐述此次大幅下调人民币中间价，是因为7月信贷投放大幅增长，给人民币汇率造成贬值压力。不过更多人仍然相信这背后牵涉到大国政治博弈，刺激出口、在美元加息之前贬值抑制资本外流、回应国际货币基金组织（IMF）推迟人民币加入特别提款权（SDR）等，都可能是新汇改的理由。

8月12日，复旦大学经济学院长张军教授接受观察者网专访时认为，选择这个时机推行新汇改，有可能是为了回应国际货币基金组织对人民币加入特别提款权的评估要求。在他看来，人民币的一次性贬值可谓一石三鸟：既有助于促进出口、又有助于抑制资本外流，还能够回应国际货币基金组织及日本对人民币加入特别提款权篮子的疑虑。

不过，访谈最后，对中国经济关切至深的张军认为，这些都不是最重要的，中国经济当务之急不是贬值人民币，而是坚持去库存和去杠杆来恢复内需的问题。如果经济 2015 年下半年能够复苏，货币贬值的讨论就到此为止了。

一、人民币贬值的 N 种解释

问：大家对央行此次主动促使人民币贬值的意图有很多种解读。2015 年 8 月 13 日，央行召开新闻发布会，其中央行发言人说，此时推行"汇改"是因为 2015 年 7 月拯救股市央行放水过多，对人民币汇率形成压力，您怎么看这个说法？

张军：如果真是这个原因，为什么还有这么多猜测？实际上，信贷的增加在过去并没有直接引起央行对汇率的调整。央行承认，人民币对美元的汇率非常坚挺，导致人民币无论是名义有效汇率还是实际有效汇率都偏高。但央行没有说清楚：这是怎么造成的？为什么人民币对美元的汇率曲线成了直线？为什么人民币实际上紧跟了美元？当然央行肯定知道为什么。

问：舆论对此次人民币贬值的讨论，有各种猜测，与官方的解释有所不同，大家认为促进出口稳增长、应对美元加息和资金外逃、为了人民币加入 SDR 等都可能是其中原因。你怎么分析？

张军：究竟是什么原因，让央行选择这个时间点推出"汇改"？2015 年 8 月 11 日当晚，我在我的学生圈里面抛出这个问题，让大家讨论。我的学生大多数在金融行业工作，还有的在外汇管理局、央行等国家机构工作，当然他们并不参与政策的制定，只是听到很多私下的讨论。

他们给出的原因归纳起来有三条。我对每一条都做了评论。

第一，刺激出口。这是大家首先想到的原因，因为我们的出口很差，我们定的 2015 年的出口增长目标是 6%，但是现在 2015 年 7 月出口增长是 -8.9%。2015 年的目标已经不可能实现了，这是我们必须面对的现实。

有一些分析更加具体，说目前中国外贸的新增长点在新兴市场，这时候汇率就显得非常重要，如果我们有价格优势，就可以提高我们的贸易出口。

但是这个观点有进一步讨论的地方。如果是为了刺激出口，出口低迷不是一天两天了，为什么是现在让人民币贬值？既然新兴市场是贸易增长点，巴西、俄罗斯、印度这些国家的经济增长一塌糊涂，还不如发达国家，靠新兴经济体稳住出口是不可能的。

另外，中国的加工出口现在还占三四成吧，人民币贬值对进口的中间品不利，所以贬值对出口有正面影响，但不一定会有想象的那么大。所以我认为出口刺激应该不太会是这次贬值的主要考虑。

第二，为了抑制资本外逃。近期，中国经济增长持续下滑。

第二季度 GDP 经济增长 7% 出来以后，引发外媒的一片质疑。因为这个 7% 跟我们政府制定的 2015 年经济增长目标一模一样，一季度增长也是 7%，国际上都说中国二季度 7% 的增长是被高估了。

统计局也做了解释，而且公布了非常详细的计算方法，但是那篇谈 GDP 被高估的文章，影响非常大，让很多人对中国经济增长表现产生了怀疑，再加上美国加息的预期，让央行担心一旦加息会导致资本大量出逃。这种预期之下，外资就要做空人民币离场了。其实外资做空人民币的情况早就存在了，不是从今天开始的，至少 2015 年年初以来，外资就在做空人民币了。

如果这次"汇改"是针对资本外逃的，也没错。提前贬值可以抑制外资持续做空人民币。但是贬值人民币为什么是现在，而不是一两个季度之前？

问：不过，人民币持续贬值会加剧资本外逃。

张军：如果你看到大量外资做空人民币，肯定他们有人民币贬值的预期。央行如果提早发现了这个苗头，那么就提前贬值到位，阻止他们继续做空。

中国经济持续下行，国际上做空的早就有了，其实资本外流该走的已经走了。既然说部分外资已经离开了，为什么选择这个时候贬值？如果要制止资本外流，人民币贬值是有道理的，但是本应该更早贬值。

第三，我们要改革汇率形成机制，要市场化。更加市场化的"汇改"肯定没错，但我觉得这个原因淡化了这次人民币贬值的真实目的。

人民币中间价大幅下调，并由报价商估值人民币，当然是一个大的改革，但这是否意味着汇率形成机制转为市场决定？不一定。因为央行对汇率的波动区间和干预汇率的权力并没有改变。看上去是希望做一次性的贬值，然后稳定在某个水平上。可能就是这样。这到底应不应该说是汇率市场化的重要一步，值得怀疑。不然的话，我们不能理解为什么在中国经济下行的趋势未得到扭转，全球唱空中国经济的气氛正浓的时候要去放弃汇率的干预，要知道这么做的风险极大，不排除人民币被拉入不断贬值的通道。

我认为人民币贬值构不成大趋势，中国需要人民币稳中有升，我们已经公布的那么多重要的对外经济战略规划和布局，包括人民币国际化、海外直接投资、"一带一路"以及亚投行等，甚至包括维持足够的国内需求实现经济的持续增长，都不支持人民币的持续贬值。但这次，很显然央行对人民币贬值的风险有足够的预判和自信，这只能说明这次的贬值更像是一次性的。当然一次性并不是说贬值3%已经到位，也可能逐步将人民币贬值到央行希望的水平。

二、人民币贬值一石三鸟

问：那么你认为原因是什么？

张军：我有个猜测，是不是跟 IMF 最近评估人民币加入 SDR 有关。关于 IMF 针对人民币加入 SDR 的真实态度，现在有些扑朔迷离。

第一个解读是，IMF 要推迟对人民币的评估。此前，IMF 提出 2015 年秋天重估人民币加入 SDR 篮子，2015 年内人民币入篮子是个大概率事件。美国阻挠股灾之后，国家出面救市在国际上造成了一些负面影响，后来 IMF 发布的一份报告中指出，可能将人民币加入 SDR 的评估时间延迟至 2016 年 9 月 30 日。当然这更多的是国际上主流媒体的解读。尽管后来 IMF 出面澄清，说没有改变想法，依然支持人民币加入 SDR。但是人们仍然相信：IMF 是在暗示可能会推迟人民币加入 SDR 的评估。

在这种情况下，央行需要知道在汇率问题上我们应该做什么改动来回应 IMF。很显然，我们 2015 年年初以来的人民币汇率实际上已经成了固定汇率。我们之前的主流媒体还在说，人民币币值实现了稳定是值得称赞的。这对于人民币加入 SDR 来说是好消息。所以我在 11 日当天对于人民币贬值的一个直接反应是，这是央行对 IMF 推迟评估做出的一个强烈回应。既然 IMF 推迟，我就没有必要非要稳住人民币的币值了。

2005 年"汇改"之后，人民币与美元之间的走势关联比较弱，但是 2015 年以来，美元累计升值了 20%，央行强调要稳住汇率，这是造成人民币实际上在盯着美元的主要原因。目前，中国宏观经济所有指标都在往下走，而且央行坚持不断释放流动性的宽松政策。所以，从外汇市场的供求状况来说，很难解释人民币为什么不能相对于美元贬值一些，肯定是央行在干预了，想要守住人民币汇率的稳定，力促人民币如期加入 SDR，我想这很可能是做给 IMF 看的。

对于 IMF 的态度，也还有另外一个可能的解读。假如 IMF 的真实意图并不是准备推迟对人民币的评估，但可能明确要求人民币的汇率需要更灵活和更市场化。如果是这样，那就有了第二个可能的猜测，就是现在的贬值是为了争取人民币如期加入 SDR，满足 IMF 的要求。目前还不能确认这个猜测的合理性有多大，但有一个相关联的说法值得注意。最近看到媒体报道说，日本提出，人民币过去半年的表现，跟美元走势一模一样，人民币再进SDR 就是多余的了。日本在中国进入 SDR 篮子一事也有投票权。所以现在人民币的贬值，也是对日本指责的可能的回应。

我认为，在当前背景下，在人民币维持稳定和让人民币贬值的取舍上面，当前或者短期选择后者显然利大于弊，而且一举三得。为此，我猜测央行方面肯定做了很多功课，我相信在今天中国经济处于这个状况下做这个贬值决定，是相当纠结的，需要很大的勇气。

三、亚洲国家不会竞相贬值

问：2015 年 8 月 11 日，越南央行声明，于 2015 年 8 月 12 日起扩大越南盾交易价浮动区间，由 1% 扩大至 2%。这是巧合，还是人民币贬值引发的连锁反应？2015 年 8 月 11 日就有日本一家研究所说，中国人民币贬值给亚洲新兴经济体国家货币前景蒙上阴影。你认为，亚洲其他国家央行会纷纷贬值吗？

张军：人民币贬值之后，这些国家肯定会有所反应。人民币过去半年一直是跟着美元走的，亚洲国家，尤其是东亚国家，像越南，大量出口一些可替代中国制造的产品。所以中国人民币一贬值，它们的出口会遭受很大的压力，所以它们央行会做出反应。但问题是，它们的货币都在中国之前提前贬值了，所以，尽管它们会做出反应，但我认为中国引起货币战的可能性并不大，毕竟它们行动在先。

1997~1998 年东南亚危机的时候，东南亚国家的货币大幅贬低。当时的朱镕基总理就表态，道义上我们要帮助这些国家，宣布人民币不贬值。当时贸易对中国经济的贡献很大，因此，

1998~2001 年，经济增幅被拉下来了，为保持汇率稳定，中国付出了很大的代价。

这次我们并没有引领贬值大战，而且亚洲其他国家我觉得也不会轻易跟着再贬值。贬值有很多负面因素，如果开启货币贬值的价格战，这些国家的经济会遭受沉重打击，比如资本会外逃，而且会扰乱整个宏观经济稳定。一个国家的汇率稳定很重要，会稳住投资者的信心。所以它们不会轻易采取跟随的战略，况且汇率的形成机制不可能朝令夕改，都是要有长期的战略性考虑的。

四、2015 年下半年经济若恢复，货币贬值会到此为止

问：从 2015 年 8 月 11 日至 8 月 13 日，人民币中间价共贬值 3000 多点，约 4.6%，央行的动作是不是大了一点？曲宏斌在 2015 年 8 月 12 日就提到，汇率贬值恶性循环和超调的风险很多。从历史的角度来看，怎么看当前货币贬值的风险？

张军：这取决于前天汇率处在什么状况。趋势上来看，人民币汇率一直处于升值状态，中国目前对全球的贸易余额增长是 1%~2%，一直在缩小，汇率也已经逐步收敛到均衡汇率。这是到 2014 年为止的状况。

但过去大半年，人民币意外地坚挺了。原因可能是，短期的贸易顺差扩大了。扩大的原因并不是出口增长更快了，而是进口下降得更快。这反映出国内的需求仍然低迷，内需严重不足。

这次的汇率调整会不会超调，的确值得关注。现在看，经济已经到了这个地步，很多人担心汇率会否开启贬值通道。我的看法，中国汇率不是完全市场化的。目标还是有管理的浮动汇率。

中国的经济，如果货币贬值过大，就会出现超调，会发生恐慌，经济会垮掉的。人民币中间价虽然是在上一日做市商的收盘报价基础上定的，但仍然是有管理的上下波动，而且浮动区间是央行定的。所以，也许并不需要太担心超调的问题。

我认为汇率是宏观经济重要的调节工具，但在今天肯定不是最重要的。我不认为人民币贬值应该是中国经济的最后一根救命稻草。当下，人民币贬值3%~5%也许是合理的，但靠贬值救不了中国经济。中国经济的当务之急是在结构调整中稳住投资需求，为此需要继续坚持去库存、去杠杆的做法。坚持去库存已经使得现在的房地产市场有回暖的迹象，政府还需在去杠杆上继续加大力度，改善地方政府和企业的融资能力。如果经济表现到2015年年底能够好于2015年上半年，货币贬值的讨论就可以到此为止了。

（本文发表于2015年8月14日，观察者网，记者：苏堤）

改革仍要发挥地方政府积极性

2015 年 11 月 13 日，第七届中国经济理论创新奖颁奖礼在深圳举行，这个奖项虽然没有孙冶方经济学奖历史悠久，但是从往届获奖人，以及获奖理论来看，其含金量在经济学界所有奖项中属最高。

比如 2008 年第一届杜润生等人的"农村家庭联产承包责任制理论"；2009 年，厉以宁等人的"国有企业股份制改革理论"；2010 年，以吴敬琏、周小川、郭树清等人的"整体改革理论"；2011 年，华生、田源、张维迎等人的"价格双轨制"理论，等等。

这些理论与中国改革进程的实践息息相关，也成为中国改革 30 年成就的最好注脚。

在颁奖礼的前一天下午，观察者网编辑在获奖者张军教授的家中，就此次获奖，以及近期公众关注的经济热点问题对其进行了采访。

此次林毅夫、张军、樊纲等三人获奖的"过渡经济学理论"，通俗的说法就是，对中国 30 年来从计划经济向市场经济转变的成功经验，进行了富有创新性的解释，并构建了一套指导后期改革的普遍理论。

一、"中国诺贝尔经济学奖" 贵在坚持

问：首先要祝贺你获得中国经济理论创新奖，从历年获奖的理论、经济学家以及奖金金额来看，这个奖应该是经济学界含金量最高的一个奖项了。请你具体讲讲整个评奖的过程。

张军：中国经济理论创新奖，原来是一年一次，2013 年决定改成两年一次，2015 年是两年评一次的第一年。我也是评选委员之一。

评奖方法跟诺贝尔奖有点类似，是 200 多位经济学家或机构先提名、推荐或自荐，获得提名之后公示，然后评审专家第一轮投票，根据投票结果排序。第一轮在十几个推选的理论中，投票选出三个获奖的理论，第二轮既对理论进行投票，也对相应的主要贡献人进行投票。每一张投票只能选择一个理论，同一理论的主要贡献人最多可选择 3 人（或组）。

第一轮"过渡经济学理论"进入了前三名，这个理论的主要贡献者有 8 个人，包括我、林毅夫研究组（林毅夫、蔡昉、李周）、胡汝银、冒天启、盛洪、樊纲等。第二轮投票我们作为主要贡献者，就不能再投了。评奖中有个规则规定：主要贡献人的票数要超过总票数的 25%。最后第二轮只有三个人票数超过了 25%，所以就是林毅夫、樊纲和我三人获得这次的中国经济理论创新奖。

从评选规则方法上来说，这个奖还是比较公正的。

不过，一些人对经济理论创新奖这个名字有些议论，认为用理论创新这几个字可能不是特别恰当。但是从历届获奖的理论来看，是对改革开放以来中国经济转型产生重大影响的一些理论研究，是指研究中国经济的理论，而不是单纯的经济学理论的创新。

比如第一届获奖者是杜润生研究团队的"联产承包制"理论，当然这也有作品；还有郭树清、周小川等设计的一揽子联动价格改革。

我相信，这个奖项如果坚持下去的话，越是后面就会越接近经济学理论的原创性研究了，就跟中国的改革没有太多关系了。贵在坚持，一定是要做下去。

问：经济学界还有很多奖项，比如孙冶方奖，媒体曝光度很高，此外还有张培刚奖、蒋学模奖等，你是这些奖项的获得者，也是不少奖项的评委，这些奖项的功能侧重点，有何不同？

张军：孙冶方奖，是历史比较久远的一个经济学奖项，1984年就开始了，每年获奖的学者比较多，有论文也有著作，已经举办了15届，虽然也是民间的，但似乎也有一些官方色彩。

张培刚本人是世界发展经济学的创始人之一，张培刚经济学奖，主要评选在发展经济学领域有建树的著作和论文。已经评选了五届，两年一次，坚持得不错。2014年开始，海外研究中国经济的学者也入选了。

2010哈佛大学的德怀特·帕金斯（Dwight Heald Perkins）教授获奖，他大老远飞到武汉来领这个奖，当时有四个人获奖，包括我、北师大李实，还有北大的卢锋。

复旦曾经还有一个蒋学模经济学奖，由复旦大学经济学院历届毕业生于2002年共同发起设立，当时的奖金比孙冶方奖高，奖金是10万元。第一届华民、姜波克等学者获奖；第二届是我一个人。

蒋学模奖的评选是所有候选人到场，现场投票现场颁奖的，所以投票的时候场面很激烈。有媒体参与，如果落选场面就比较残酷。后来搞了三届，就没有坚持下去，很可惜。

二、不是所有的改革都适合顶层设计

问：2015 年 10 月中旬，中国经济理论创新奖揭晓后，主办方到获奖者办公室来颁发获奖证书，还要获奖者发表获奖感言，你具体说了些什么？

张军：我讲了两点：一是，这个奖项，是对我在中国经济转型这个领域所做研究的承认，也是对 15~20 年前，我们这一批研究过渡经济学问题的学者所做的研究工作的认可和评价。

第二，转型是个永恒的话题，中国的经济改革还没有完成。对 20 世纪 80 年代的研究对未来的经济转型还是有一定价值的。

为什么是大约 20 年前的研究，而不是更早，原因在于，20 世纪 80 年代的时候，中国经济推动了一系列改革，特别是农业农村、乡镇企业改革、经济特区等领域，中国经济学家做了很多研究，但是那时候还没有转型的说法。

直到 20 世纪 80 年代末 90 年代初，俄罗斯以及东欧国家发生巨变，到 20 世纪 90 年代中期，不仅国内还有海外学者就开始研究，从计划到市场转型的过程中中国和俄罗斯的不同。

首先中国和俄罗斯的转型结果不同，中国导致经济增长，俄罗斯导致经济衰退。为什么会产生如此不同的结果，大家对这个领域的研究开始感兴趣。

中国和俄罗斯改革的方案不一样，策略不同：俄罗斯、东欧就是休克疗法，一揽子的一次性的改革；中国是渐进式的，碎片式的，增量式的，实验式的。当时的经济学家就创造了很多概念，通过刻画中国和俄罗斯在计划经济向市场经济转型中的不同，试图用这种差别来解读两种不同改革的结果。

20 世纪 90 年代中期，海内外学者在这个领域就做了很多研究，想探讨中国经济改革方式究竟是什么。我在这一领域做了不少工作，写了理论模型去解释中国的经济改革。

1995 年左右，我写了一本书《双轨制经济学：中国的经济改革 1978—1992》，整个研究观察的时间段其实主要是 20 世纪 80 年代。但是为什么 20 世纪 90 年代才写，因为俄罗斯、东欧 20 世纪 90 年代才发生转型，把中国和俄罗斯对照起来才能看清中国 20 世纪 80 年代的改革用了什么方式。

这本书还得了上海市社会科学优秀著作一等奖。书里主要是解释什么是双轨制，以及双轨制改革为什么会导致中国经济增长。

20 世纪 90 年代后期，我的研究继续深入：固然中国改革方式与俄罗斯不同，但是为什么中国会走上双轨制？俄罗斯为什么会走上休克疗法？就是说中国为什么选择了双轨制，俄罗斯为什么选择了激进的休克疗法？

一个国家选择哪一种改革方式，与这个国家面临的初始条件有关。我发表了很多文章，有中文、英文的，其中有篇文章专门讨论初始条件与改革的速度之间的关系。我写了一个模型来解释，为什么中国没办法选择激进的改革，而俄罗斯没法选择渐进式改革。

其实，在戈尔巴乔夫时代，苏联也走过渐进式改革的道路，但是很快发现行不通，失败了。这是一个很重要的经验，就要找到原因，我发现这跟苏联的约束条件有关系。

我的模型的一个主要思想是，要搞双轨制，政府必须有能力控制计划这一轨，同时放开市场轨。苏联之所以选择激进改革，是因为苏联的政治改革优先于市场改革，民主化了，政府已经没有能力控制计划轨，只能推动市场轨，这样渐进式改革方案一开始就实施不了。

改革方式是不是采用双轨制，跟政府能不能履行计划制度，有没有控制能力相关。苏联恰好不具备，因为政治改革优先于经济改革，国家对经济的控制能力没有了。

问：你提到过渡经济学理论对当下也有一定的现实意义，表现在什么地方？

张军：改革能不能成功，要考虑初始条件，要考虑改革方式选择的重要性。我们现在改革，都是自上而下的，即所谓的顶层设计。我个人觉得不是所有的改革都可以采取这种方式。20世纪80年代的很多改革之所以成功，是因为自下而上的比较多，这种情况下，改革的设计者，比他的高层更知道改革所能面临的约束条件，改革更容易操作，更容易推行。20世纪80年代要是搞顶层设计就完蛋了，苏联的一揽子改革方案，就是搞顶层设计，可最后的结果呢？我们现在很多改革，在约束条件不能解除的情况下，还是要有一个改革的策略。现在我们的改革方案很多都是纵向的，是中央部委主导的，地方政府的主导权被大大削弱，地方政府的主体性角色好像没有了，变成一个被动的接受者。

比如说，专车管理，地方上已经有了一些有意义的探索，但如果中央部委层面一刀切地设计一个方案向下推到地方，就可能有问题。所以我们在改革方面还是要研究，哪些适合在上层设计方案，哪些要以地方方案为主。我们面临的约束条件是什么，要寻找更有效的改革方案而不是更统一的方案。

深水区的改革是否就必须进行顶层设计，也是需要研究的问题。幸亏 20 世纪 80 年代大多数改革不是这种方式。

三、结构转型需要宽松货币政策

问：2015 年 10 月 PPI 继续下跌 5.9%，连续 44 月为负，CPI 勉强上涨 1.3%。中国经济面临"通缩"风险，似乎在学界已经达成共识了。记得 2015 年年初采访的时候，你就说"通缩"来了，调结构要让位于"稳增长"，关键要放松货币政策。2015 年 10 月你发布的文章仍然在呼吁，调整利率到了关键时刻。其实我们的货币政策，2015 年以来经历了 7 次降准降息，似乎没有起什么作用？

张军：因为力度还不够。经济在往下走，实际利率还很高。实际利率＝名义利率－物价指数。现在一年期企业贷款名义利率是 4.35%，按极端的工业品出场价格 PPI 2015 年 10 月同比增长 -5.9% 计算，实际利率 10% 以上了，还是太高；如果按 CPI 2015 年 10 月 1.3% 的增长来算，实际利率也有 3%。

实际利率要往零靠拢，这是货币政策的一个基准。欧洲一般都是零利率，中国货币政策宽松的空间还很大。

这背后的逻辑应该是这样的：央行不断降息—刺激投资—总需求回升—紧缩缓解—价格指数回升。不断降息，物价指数往上走，PPI 如果将来变成 -3%，-2%，这样实际利率就会不断缩小。

问：按照以前你一直坚持的观点，这样做的主要目的，还是减轻企业成本，以及化解政府债务？

张军：对，有两个方面，实际利率往零靠拢，债务负担会减轻。存量先不管，主要是利率高的时候，每年的利息增量很厉害。企业要借新还旧，利息很高，会把企业压垮。如果利息少，银行再借给企业，企业债务就能得到缓解。

另外，降低企业融资成本，企业融资成本降低了，投资需求也就上来了。现在实际利率这么高，正常企业也困难，别说陷入困境的，都不可能挣钱。因为通货紧缩，价格在往下走，企业产品卖不出价格，也赚不到钱。

可能很多人会说我们目前正在进行结构转型，不能靠货币政策放水去刺激。但是，当经济下行到已经明显低于潜在增长力的时候，仅仅依赖结构改革，或者结构转型，会进一步加剧经济下行压力。

（%）

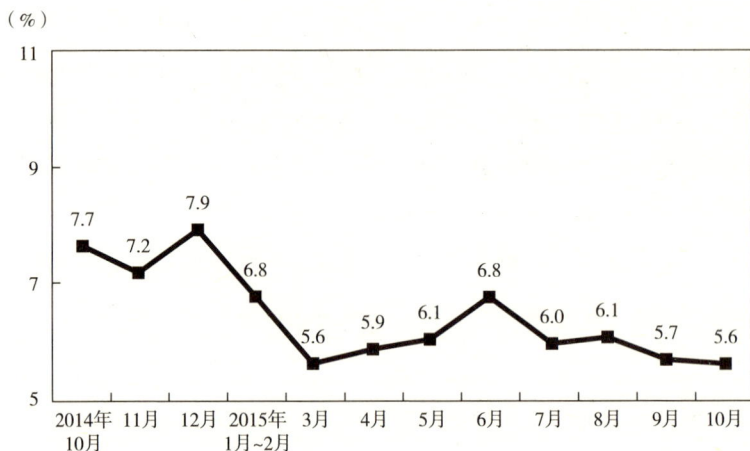

数据来源：作者整理自国家统计局

图4 2014 年 10 月~2015 年 10 月中国规模以上增加值同比增长速度

我觉得结构转型最核心的机制是熊彼特所说的"创造性破坏"。在创造性破坏过程中谁最重要？当然首先主体是企业经营者。这个非常重要。如果企业家要去寻找新的投资机会，创造新的产业，他就需要更低的融资成本，因为他需要更高的回报，这是非常核心的问题。

如果企业债务负担过重，经营困难，怎么会有钱投入科研，创造新的产业，实现产业转型？

因此，从这个意义上来讲，经济结构转型升级恰好需要比较宽松的货币环境，能够让很多企业家的投资活动，在快速的结构转换过程当中获得足够高的回报。

从另外一个方面讲，经济的转型过程当中有一个非常重要的方面，就是政府的公共资本开支。因为公共资本开支周期比较长，产生的回报比较低，但是它具有强烈的外溢效果，它可以支持创新创业活动。

从这个方面讲，我们也需要宽松的货币政策来让地方政府能够解除目前面临的财务约束。所以如果利率降低，能够让地方政府债务得到化解，政府能够获得更多的融资，使政府的公共资本开支上面依然保持相对的扩张和增长，这对于中国经济的结构转型其实是非常有意义的。

从以上这两个方面来看，经济结构转型需要宽松的货币环境来支持，而不是要用过于谨慎的、过于紧缩的流动性来进行所谓的"倒逼"。因此从这个意义上来讲，我对目前央行采取的过于谨慎的货币政策持保留的意见。

问：也有人说，降准降息没起作用，不断放水刺激还有很多副作用，因此要加大财政政策，当前的政策选择怎么平衡利弊？

张军：要知道，每个政策都有副作用，关键是什么是优先选择。2012年的时候，稳住总需求还不是最重要的，那时候，能不放水就不放水，现在两年下来经济没稳住，还在往下走，中国经济面临的矛盾变了，决策的优先顺序变了，现在"稳增长"是头等重要的。

比如吃药，这个药有副作用，那个也有副作用。但是医生说，你现在最主要的问题是什么，解决这个问题比那个副作用更重要。当然问题缓解之后就可以把药停掉。

同样放水也是这样，放水不是一直放，要让总需求恢复。要让通货紧缩不断加深的情况得到缓解和逆转。因为通货紧缩比通货膨胀更可怕，老百姓消费会受到抑制，他觉得物价还会往下走，经济会陷入萧条。

（本文发表于 2015 年 12 月 20 日，观察者网，记者：苏堤）

中国未来 10 年取决于人力资本的积累

> 张军认为，现在真正的所谓"中等收入陷阱"，很可能是，在经历了物质资本积累这个阶段以后，人力资本能否跟上。中国未来 10 年，将是看人力资本能否主导经济增长的 10 年。

一、要正确认识"新常态"，中国经济潜在增长率不低

问：2015 年对于中国经济而言是转型年。你参与了大量国际交流，国际上对中国的关注度或者关注点有变化吗？

张军：我个人的观察是，国际上对中国经济的关注总体还是比较稳定，热度上没有特别明显的提升，也没有下降。但是关注的这个焦点，我觉得发生变化了。

它们的关注比较集中在两大问题上：第一，如何看待中国经济减速，认为这会不会是一个新阶段的开始。这跟国内所说的"新常态"概念有点接近，当然它们并不用"新常态"这几个字。

第二，它们比较关注中国当前在国际上推行的区域性的大战略，像"一带一路""亚投行""金砖银行""人民币国际化""自贸区"等，希望中国的经济学家能去帮助它们做一些具体的介绍和解析。

问：中国经济的增长模式一直是你的学术研究重心。如今比较主流的看法是，中国经济已经从高速增长转入中高速增长阶段。有的看法可能更为悲观。你怎么看？

张军：现在国内多数经济学家可能有一个基本看法，认为现在的经济进入了所谓的"新常态"。辨认"新常态"的一个标志，就是近年增速徘徊在7%左右，而且还是在中国政府维持较大信贷刺激的情况下实现的。背后的潜台词是，在中国信贷扩张加速的同时，GDP的增长却在减速。

的确，从全社会融资规模的统计口径看，信贷增长几乎两倍于GDP的增长，但固定资产投资的增速却一直在下降，现在都不到10%了。可是，在我看来，信贷扩张与GDP增长的脱节现象，不一定就是中国经济潜在增长率陡降的确切证据。

从经验和文献上看，大概只有在经济受到剧烈冲击和震荡的情况下，这种潜在增长率陡降的情况才可能发生。一般情况下，潜在增长率的下降，是那些影响一个经济增长稳态值的长期因素变化的结果，如人口增长下降、储蓄下降和劳动力流动放慢等。但是，人口出生率和劳动力结构变化都是一个缓慢的过程。在这种情况下，潜在增长率的减速，其实是经济发展和结构变化的收敛现象。我们今天遇到的经济增长下滑，虽然有增长收敛的成分，但肯定有其他更重要的原因。

问：你怎么看当前经济严重下滑的原因？

张军：要弄清楚经济严重下滑的原因，就需要辨清：如今增长并不慢的对社会流动性的需求，到底来自哪里？知道了来自哪里，也就知道了这些融资去了哪里。

我的看法是，第一，信贷的增长有相当一部分源于政府滚动已有债务的需要，不然就出现债务危机了。

大量的债务人，比如地方政府、房地产开发商和一些大的企业，负债累累，需要偿还到期的债务，需要每年为那些未偿还的债务支付高额的利息。可是，商业银行在经济受到宏观调控时，担心经济下行会大幅度提高违约风险，从而不愿意再为债务人提供新的贷款。于是，这些偿债或支付利息的义务，都需要从别的渠道获得新的融资。这就是我们现在的社会融资规模扩张很快的原因。

而且在社会融资规模的统计中，银行贷款的占比下降很快，都不足 50% 了。大量的融资是通过信托、基金、委托贷款等非银行方式实现的。不过，这部分用于债务滚动而产生的对流动性的需求尽管很大，但它对 GDP 的增长却没有贡献。

而且，债务规模积累太大对经济增长的影响就很负面了，这个问题早在 80 年前就有经济学家研究了。可以看到，现在的经济通缩跟债务有很大的关系，债务与通缩形成相互加强的关系。因为债务拖累，经济中的正常投资和生产活动中断，整个经济不能按正常的、接近于它的潜在增长率的能力实现增长。它做不到了。

对融资规模持续扩张的第二个可能的需求，跟产业的结构变化有关。

过去 10 年，银行贷款的大部分是支持了基础设施、房地产和与之相关联的那些重化工业的扩张，推动了固定资产投资的超量增长。这也导致 GDP 的增长保持在 10% 的高位。但是这些行业都是资本高度密集的，从而是高负债的行业，再加上这些行业都有明显的景气周期，一旦这些行业的产能和供给在短期内接近峰值，之后就会出现回落，进入下行周期。这就会迅速暴露债务问题，而债务又会拖累整个经济的复苏。

当然，现在的融资规模增长，除了反映用于滚动债务的流动性需求之外，很大程度上还反映出经济中有一块还相当活跃。这块经济中的企业不属于原来那些重化工业，不是传统行业的传统业态，而是新兴的经济活动或旧行业中的新业态。

这些经济活动有活力，有增长动能，但现在还不够强大，不足以抵消传统的资本密集行业的衰落趋势。有意思的是，它们需要融资，但它们无法获得银行的贷款，于是就靠市场上更加直接的融资方式来获取资金。除了信托、基金等以外，它们也通过股权融资，包括新三板等获得融资机会。而由于这些融资的大部分并不用于基建和其他的固定资产投资，所以，融资规模增长很快，但统计上显示的固定资产投资的增长却是持续下降的。

如果这部分新的经济活动可以扩张下去，金融政策也支持它们，中国经济的结构调整就成功了。我相信未来的增长下滑趋势也会被扭转。

问：除了为新经济活动提供更大生长空间，如何才能尽快把中国经济拉回到正常的增长轨道？

张军：对照东亚经济 20 世纪 60~90 年代的增长轨迹和结构变化趋势，中国经济的中高速增长持续 10 年是很有可能的。

当前经济之所以没有回到正常的增长轨道，在我看来，一方面是因为债务拖累，债务没有得到及时的处置；另一方面，也因为在政策上没有处理好，如何从传统的重化工业扩张的经济向新兴经济活动主导的经济转变。现在看起来，这个转变处理得过于激进了，中间过渡得不够，导致总的需求跟不上了。

实际上，如果能解决好债务拖累这种"非常态"，加快债务重组、核销等工作，并降低利率，不仅有助于减轻债务利息负担，也有助于扩大新兴经济活动的需求。

同时，在过渡期也要适度保持对传统行业的足够的需求。包括解除对房地产的严厉调控，加大对购房的政策支持。对地方政府的融资平台，也要给予一个过渡期，不能戛然而止，要逐步做到新的融资方式与旧的方式的衔接和替代。不然，公共资本开支就会出现骤然回落，拖累经济增长和人们对中国经济的信心。

鉴于中国经济还没有完成劳动生产率水平向高收入国家收敛的过程，也没有完成经济结构的现代化转变，技术创新和工业升级的过程更是刚刚开始，中国经济的潜在增长率还是相当高的。只要中国经济潜在增长率还不低，未来 10 年中国经济的中高速增长就有可能。

二、经济不能再过分依赖于基础设施投资

问：说到如何让中国经济释放出正常的潜在增长率，越来越多人认为，在未来的中国经济发展中，企业家扮演的角色将越来越重要。但这就有一个前提，需要进一步理顺政府与市场、中央政府与地方政府之间的关系。

张军：从事中国经济研究，绕不开一个问题：自 20 世纪 90

年代以后，中国究竟做对了什么，以至实现了过去 10 余年较为稳定的高速增长。

我认为，这跟中国中央政府在 1993 年以后推行分税制密不可分。因为分税制，有大量的钱留在了地方。在中央政府更具调控能力的同时，地方政府也有了能力和积极性更关注投资，关注基础设施建设。

像前两年上海进行营改增试点改革，其实就是推进服务业以营业税为主向以增值税为主转变。改为增值税以后有个好处，那就是，它会提供给地方政府一个激励，使它更关注经济发展方式的质量和升级，更关注服务业的发展。发展得越好，税收收入越高，也就有更多资金可以进一步用于对经济发展的投资。

但我觉得，这个逻辑不能直线外推。激励地方发展经济的积极性是没错的，但是经济发展方式本身，不能再过分依赖于地方政府对基建和基础设施的投资。如果过分依赖基础设施投资，过度扩张重化工业和资本高度密集产业的投资，就会出现大起大落的周期，就会产生债务拖累，也很容易产生腐败。

这种腐败在没有被发现之前，丝毫感觉不到它会戕害经济发展，也丝毫注意不到，它在无形中已成为一种非常消极的、沉默的交易成本。

当然，随着经济越来越以服务业为主导，它会日益走向以人力资本为导向。比如现在经常讲的创新、创意，都是人力资本。一个经济体中，如果人力资本在其中的权重越来越重要，变得比物质资本（基础设施就属于物质资本）更重要，这个经济体中腐败机会的生存空间也会大大减少。

所以，我觉得在不远的将来，客观上来说，中国腐败发生的概率注定会减少，而不是增加。因为经济倚赖的决定性要素变了。随之，政府对整个经济的介入程度会降低，可以发挥作用的空间也会缩小。

问：能不能这样理解，中国经济接下来要想实现更高质量的经济社会发展，能否处理好物质资本与人力资本的合理配比非常重要？

张军：物质资本仍然是基础。举个典型的例子——印度。印度现在软件开发、高科技等多领域都有杰出表现，但要说印度经济要赶上中国，没有那么容易。因为它的基础设施一塌糊涂，总的物质资本的积累水平还比较低，只有中国的 1/5 左右。

所以对当下的印度而言，它劳动力不缺甚至过剩，首先必须解决好物质资本短缺的问题。一旦基础设施配套上去了，它的工业化才有了基础，才能找到最合适的工业化模式，从而使它的劳动力得到更好的利用，实现经济的全面发展。

经济的发展，其实是有它的阶段性的。一个阶段要做一个阶段的事情，任何跨越阶段的事情都非常危险。拿中国来说，如果没有相当长一段时间物质资本的高速积累，经济要走向所谓的"服务驱动、创新驱动"，也不可能。

三、跨越中等收入陷阱关键在人力资本

问：现在除了经济减速，还有一个问题也是很多人担心的：中国能否跨过中等收入陷阱？

张军：今天的中国确实进入了一个新阶段。与过去 10 余年非常不同的是，如今我们的资本积累富裕了，劳动力却相对于资本而言变得紧俏起来。而在 20 世纪 80~90 年代，则是劳动力过

剩、资本稀缺。于是在那时，真的是谁有钱，谁就能挣钱。如今的问题是，对于任何一个投资者，光有钱还不够，要想有好的回报，必须找到人才。

所谓人力资本密集的生产方式，就是说光有资本已经不能成事了，必须找到好的人。要在 20 世纪 80 年代与 90 年代，那一定是选择多用劳动、少用资本的生产方式，因为资本贵。所以，现在最重要的问题是，如何在物质资本越来越富裕的情况下，解决人力资本问题。

这里所说的人力资本，不是指普通劳动力，而是那些有技能、有创新和创业精神的人才。换言之，现在真正的所谓"中等收入陷阱"，很可能是，在经历了物质资本积累这个阶段以后，人力资本能否跟上。中国未来 10 年，将是看人力资本能否主导经济增长的 10 年。

如果不能实现人力资本的积累与驱动增长，中国经济要走向更高水平的发展，就很难。最后就会变成资本外逃，没有人愿意在这里投资，因为这里没有人才。然后做加工业也没法做了，因为劳动力贵，商务成本高。两头都做不了，资本就走了。问题是，人力资本并不容易积累，积累起来的速度相较于物质资本而言，也比较缓慢。它一定有一个过程。

从这个角度来说，现在我们每年有六七百万大学毕业生，还是很重要的一大利好。哪怕他们现在一时找不到工作，但从趋势上来看，如果能通过进一步的教育、培训、激发、锻炼，转化为高端业态需要的人才，那么这笔积累，就会转化为非常可观的人力资本。

所以，我现在最怕太多的学生读金融。应该有更多的人去读技术，那才是成为研发人才的基础。现在在度过了物质资本快速积累这个阶段以后，需要走向人力资本驱动的阶段，也就是所谓"产业升级"。这时，必须靠人才，靠研发。单靠那么多金融有什么用？

（本文发表于 2016 年 1 月 13 日，《上海观察》，

记者：尤莼洁，柳森）

G20 达成新广场协议　只是个传说

　　2016 年 2 月 26 日，全球财经媒体聚焦上海。全球市场上能够呼风唤雨的 G20 国家财长及央行行长们在上海举行会晤，在全球经济增长乏力、金融市场动荡不安的背景下，此次 G20 上海峰会被赋予了特殊了含义。

　　G20 可否协商建立一个类似于广场协议的汇率干预机制成为会前的关注焦点。中国央行行长周小川在央行上海总部举行记者见面会。

　　针对周小川的万字答问，以及此次 G20 会议的热点议题，观察者网 2016 年 2 月 26 日，采访了复旦大学经济学院院长张军教授。

一、暗示两会上货币政策、财政政策的基本风向

　　问：今天周小川在 G20 上海峰会记者见面会上的发言，你看到有什么新的信号？

　　张军：周小川的讲话要跟楼继伟的政策配合起来理解。周小

川说，我们的工具箱还是有很多工具，需要的时候会出台相关政策，包括对房地产的刺激；楼继伟说，我们 2016 年财政会更加积极，会提高赤字，会安排大量的支持实体经济和结构转型的财政开支。

总体上，还是强调了中国的货币政策的出发点，是促进实体经济的增长，而不是完全受制于金融市场的动荡，也不会受制于外部的压力。比如，大家担心资本外流会不会牵制我们货币政策的选择。周小川明确讲说不会受牵制，央行会应对资本外流，但是不会因此而改变货币政策的基本方向。

周小川和楼继伟的讲话是互补的，某种意义上，可以看得出马上召开的两会上货币政策和财政政策的基本态度。

问：周小川提到一个货币政策"稳健略偏宽松"的说法，与以往稍有不同，看起来是 2016 年稳增长任务蛮重的。

张军：对，稳增长要放在第一位，调结构要放在第二位。我很欣慰地听到周小川说，实行扩张性的财政政策也是为了调结构的需要。过去大家把调结构和宽松的货币政策、积极的财政政策对立起来了，认为调结构就要收紧货币政策，其实宽松的货币政策和积极的财政政策，也是支持调结构的目标的。这个观点我在之前的一篇文章提到过。

问：对，这也是您 2015 年以来就一直强调的观点：经济下行的背景下，偏宽松的货币政策，对于结构转型更有利。你在之前的文章中还提到，2015 年"8·11"汇改以来，中国的汇率大幅波动，有一部分原因是我们央行跟市场沟通存在不足。这次 G20，你觉得央行及财长应该向世界传达些什么样的信息？

张军：G20 是个绝好的机会。特别是我们刚刚经历了人民币汇率的波动，以及股市的动荡。我们作为世界发展的主要引擎，在市场沟通上做得不够好，这也是官方承认的。2015 年冬天，为此还专门派英语很好的方星海去达沃斯。

这次又提供了一次沟通的机会，所以中央高层比较重视。因为国际投资者容易钻牛角尖，他们对中国都是一知半解。利用好这个机会，把我们想做的事情、逻辑和全貌告诉他们，使全球投资者能够理解我们所做的努力，提高对中国经济的信心，这是非常重要的。

二、达成《新广场协议》是好事，但只是个传说

问：G20 会议之前，华尔街的投行分析师提议，应该在 G20 上，各央行携手搞一个新广场协议，支持中国的人民币，遏制美元继续走强。您对此怎么看？

张军：呵呵，真的要签一个《新广场协议》倒好了。《新广场协议》的含义就是让美元不加息，让美国为全球经济复苏做贡献，好是好，但我个人觉得这好像不现实。

G20 会议商讨机制已经建立很多年了，每年 4 次央行行长和财长的会议，从以往的会议成果看，看不到有达成这种协议的可能性。国际上每个国家制定货币政策肯定首先考虑自己的利益，虽然公开场合，美国财长会说，制定政策也要考虑政策的外溢效应，要考虑新兴市场的情况，但这只是说说而已。真的达成这种共识那是个奇迹。

问：前面你提到如果达成《新广场协定》反而是好事，怎

么讲？

张军：如果美国不加息，美元贬值，对我们有好处。人民币现在面临很大的贬值压力，要稳住汇率，最好的办法就是美国不要加息。

美元即使贬值了，人民币也不会升值，另外人民币汇改的目标是努力与美元脱钩，盯住一篮子货币，所以美元贬值，关系也不大。

人民币在过去这么多年，相对美元已经升值了 30% 以上，所以从市场角度讲，人民币有贬值压力。如果我们放手不管，让人民币去贬值，有一定的风险，现在已经碰到这个问题了。

尽管贬值对中国经济有利，但很多事情会超出我们想象，我们想贬一点，但市场会误认为我们会持续贬值，就会造成资本外流。

这样，我们的货币政策就会受到牵制，本来经济下行的时候，央行应该执行宽松政策支持实体经济，但现在不能这么做，因为货币政策越放松，人民币贬值越厉害，所以我们面临这样一个困境。如果美元不再升值，也不再加息了，有助于我们走出这个困境。

最近银行间市场利率升得很高，流动性偏紧。核心在于央行的货币政策比较谨慎，不希望通过降准来注入流动性，因为一降准，大家对人民币贬值的预期会加强。

三、能否让悲观情绪得到缓解，这最关键

问：那么对 G20，你最关心和期待的是什么？

张军：很多人期望，G20 能不能达成一个协议，在全球经济

萎靡、金融比较动荡的情况下，让美国这个全球老大，放慢加息的步伐。美国要是加息，大量新兴市场的资金都会流向美国，美元升值，这对新兴经济国家是不利的。但是让美元走贬值的道路，这也不现实。

本来我们认为，美元 2015 年 12 月 17 日宣布的 25 个基点的加息，大家认为接下来可能还要加息，但是现在美国动摇了。因为美国的实体经济看起来也还比较糟糕，出口也不好，工业也不行。

那为什么人们说美国经济有复苏迹象，其实只不过是金融领域在复苏，因为全球资本回流了，当然美国的资产价格都提高了，但实体经济还没有大的变化，还在变糟，所以我认为近期美联储加息的可能性也不大。

所以，此次 G20 会议，大家最关心的是，这些央行行长坐在一起，能否让市场形成的悲观情绪得到缓解，这是最重要的。美国作为世界老大，应该给世界一个信号。

（本文发表于 2016 年 2 月 27 日，观察者网，记者：苏堤）

受多重不利因素冲击，
中国经济能稳住增长吗？

> 这个冬天颇有些不平静，先是金融大鳄索罗斯唱空中国经济，接着国际评级机构穆迪又将中国政府债券评级展望从稳定调整为负面。在全国两会召开之前，复旦大学经济学院院长张军就跟我说，要聊一聊中国经济问题。但 2016 年 3 月初他前往韩国考察，于是采访被推迟到了两会结束后的第一天，而且是一个论坛的间隙。就在前一天，李克强总理在答中外记者问时表示对中国经济长期向好充满信心。

一、"条件收敛"不能完全解释 GDP 增速下降超预期

问："十二五"后期，中国的 GDP 增长呈现出逐年下降的趋势，您怎么看待和解释这种现象呢？

张军：作为经济学家，我喜欢从一个概念出发来理解增长和

数据来源：张军教授整理自国家统计局

图 5 2005~2015 年全国 GDP 增速（%）

增长率的变化趋势。我刚才演讲中提到了一个重要的概念，叫"有条件的收敛"。什么是"有条件的收敛"呢？简单地说，如果把我们要追赶的发达国家作为我们自己经济要不断接近的一个稳态值，那么，离开这个稳态值越远，潜在增长率就会越高一些。比如说我们可以把美国的人均 GDP、劳动生产率水平或者人均资本量作为这样一个稳态值的参照。

从可以比较的统计上看，我们发现，不论日本还是韩国，人均 GDP 或者劳动生产率水平指标的确都在逐渐向美国的水平"收敛"，也就是逐步趋向于美国的水平值。比如，现在韩国的人均 GDP 差不多已经是美国的 70% 了，而 30 年前只有 25%。这说明，韩国以比美国增长更快的速度向美国收敛。这就是有条件的收敛现象。但我们在统计上也发现，与美国的人均收入水平的差距越小，相对于美国的潜在增长率也就会变得越慢。

中国经过 30 多年的高速增长，与美国人均收入或劳动生产率水平的差距也变小了，尽管差距还相当大。按照可以比较的购买力平价指数来估计，20 世纪 80 年代的时候，我们的人均 GDP 水平相对于美国可以说微不足道，而现在已经达到了美国的 23% 左右。说明中国与韩国一样，也在快速追赶发达国家。同样可以预测到，因为与美国的收入差距变小了，我们的潜在增长率也会下降。

非常有意思的是，我在演讲中也特别讲到，尽管日本和韩国的人均收入只有美国的 70%，但它们的增长率却已经回落到了美国的水平，甚至比美国还低。这是很奇怪的。日本在 20 世纪 70 年代就开始出现明显的增长降速，而 20 世纪 90 年代之后增长率就下降到了 0~1%，以致失去了 20 多年的增长机会，韩国在东亚金融危机之后的 1999 年的增长率不到 1%，现在也只有 2%~3%，与美国差不多。但是它们现在的收入水平比美国低 30% 啊，这是不应该的。依据条件收敛的理论，日本和韩国应该有比美国更快一些的增长才对。

可见，"条件收敛"假说不能解释增长的超预期下降。

二、制造业与服务业之间的结构不平衡是主要原因

问：为什么出现这种现象？

张军：看上去原因当然很复杂，国家与国家不同，历史与文化不同，不容易说清楚。而且无论是美国，还是日本和韩国的经济学家，过去几十年一直试图去解释这个现象。今天中国经济也出现降速的问题，经济学家的解释也不同，有的认为是供给侧出了问题，也就是结构问题；也有的说是需求侧的问题，全球的需求都在下降。但我认为可以有一个最简单的解释。

需求侧的问题就是说需求出现大的波动，现在是需求萎缩。但需求萎缩往往是金融危机造成的结果，我们把这个叫作需求冲击。而供给侧的结构问题是什么呢？我认为主要是制造业与服务业的不平衡。不管是日本、韩国还是中国，经济发展的成功之处是相同的，就是主要依靠制造业的扩张，特别是通过加工制造出口品和制造业融入全球市场来快速提高劳动生产率，从而提高人均收入。制造业在相当长的时期都是增长的领先部门。但制造业主要是面向全球市场的，跟全球产业链捆在一起的。国内的不可贸易部门，特别是服务业并不同步发展，劳动生产率也很低。在中国，我们发现，城市化和服务业在相当长的一段时期都比较落后，但制造业和出口扩张很快。不过，最近这些年，中国的情况有了一些变化。

制造业主导的增长模式还有很多特点，比如金融市场不发达，间接融资比例高，银行和企业的负债率都很高，不仅金融非常脆弱，系统风险高，而且也容易形成明显的投资周期。在这种情况下，一旦外部出现金融危机，需求冲击会通过贸易部门冲击制造业，导致制造业的劳动生产率骤然下降，造成金融系统的功能紊乱，形成严重的货币紧缩局面。日本和韩国的情况基本相似，只有程度的差异。在1998年遭遇东亚金融危机之后，出口占GDP高达58%的韩国经济必然遭遇重创，劳动生产率急速下降，但由于服务业不够发展，劳动生产率大概只有制造业的一半，非常低，这给受到外部冲击的韩国经济带来了艰难而痛苦的结构调整过程。日本也是这样，制造业高度发达，但国内的服务业受到保护，迟迟不开放，劳动生产率很低，这使得日本在遭遇外部冲击的时候，服务业不可能发挥缓冲的作用。结构的黏性是最大的结构性问题。

中国虽然也存在类似的增长模式，但中国是个大国，国内的投资和消费需求比较大，国内市场也是巨大的，比如，中国的出口占 GDP 最高的时候也只有 35%，现在已经回落到了 30% 以下。还有，国内的服务业不像日本那样受管制，特别是过去这些年，中国的服务业部门得以快速扩张。再举个我们身边的例子，中国现在的网络通信，互联网金融和第三方支付都比日本和韩国发达，后者都有严格的管制和对市场的保护。还有物流业与快递业，中国的发展速度比日本和韩国都快得多。这说明，中国尽管也有制造业与服务业之间的结构不平衡的问题，但没有那么严重。统计上看，中国过去这几年，服务业的占比已经开始上升并几乎超过了制造业。这是我们这几年尽管受到需求冲击还能保持7% 左右增长的关键。结构调整在中国比在日本和韩国相对容易一些。所以我几年前就提出，相对于日本和韩国，中国经济有更大的韧性。

三、中国跨过"中等收入陷阱"的概率较大

问：日本在受到严重外部冲击，GDP 增长快速下降的时候，其实已经跨越了"中等收入陷阱"，但目前中国还没有跨越陷阱就受到了严重的外部冲击，您觉得中国有可能跨越"中等收入陷阱"吗？

张军：今天不讨论是否只有中等收入陷阱，但有一点我是可以说的，中国是否可以跨过中等收入陷阱，主要看我们在不断受到外部需求冲击时，是否可以很快稳住增长，而不是出现增长过度回落。而稳住增长的前提是我们的经济比较容易地调整结构，换句话说，GDP 增长率有回落的时候，我们有没有足够的缓冲余地。

我们要知道，大大小小的金融危机每年都有，从来没有停止。危机从来不是针对某一个国家发生的，它冲击所有国家，只是各个国家处在不同的发展阶段。日本已经跨过陷阱，韩国也跨过了陷阱，所以我们现在得研究日韩，吸取它们的教训。实际上，日韩运气还算比较好，它们在受到最严重外部冲击、GDP 增速持久下降的时候，人均收入已经达到了美国的一半以上，而我们现在人均收入只有美国的 20% 左右。好在我们的制造业与服务业之间的结构不平衡问题不像日韩那么突出。

如何跨过这个中等收入的陷阱？最重要的就是受到外部需求冲击时能逐步稳住国内的需求，稳住劳动生产率，从而稳住增长率。国内需求的稳定很大程度上要依靠服务业发挥吸纳就业的能力。制造业也要转型，要升级，但需要一个过程。如果服务业扩张速度很快，也能帮助制造业的结构调整与升级。起码服务业能通过制造业转型升级带来的多余的劳动力，实现再就业。

从这个意义上说，中国目前在跟美国进行的针对非贸易部门的投资开放的谈判是有意义的，听说快要签署协议了。如果谈成，我觉得这对开放我国的服务业是个机会。中国政府在做好监管的同时，开放服务业的投资，对结构的调整是极其重要的，同时也有利于进一步释放国内的投资与消费需求。我们现在提倡的所谓供给侧结构改革，实质上就是要让服务业当中那些一直受到保护、管制和抑制的行业，有更好的发展条件和增长机会，有更多的投资能够进入这些领域。在这些问题上，我们不仅仅要顾虑失去什么，更要考虑长远来说我们得到了什么。

问：上海的服务业 2015 年已经占到 GDP 的 67.8%，您给上海的经济结构打几分？

张军：上海的服务业占比比全国要高 10 个百分点，在这个背景下，上海的经济增速能达到 7%，很了不起。

上海这几年的经济增速之所以可以维持到 7%，我觉得其中金融、贸易和航运等高端服务业的发展是做了巨大贡献的，因为这些部门的劳动生产率比制造业还高。这些服务业的附加值特别高，所以上海守住服务业这一支柱不见得是坏事情。如果再做加工出口、低端制造业的话，用工成本等太高，没办法负担。

四、中国的 GDP 增速有望稳住

问：现在中国提出的目标是要把 GDP 增速至少维持在 6.5% 的水平，我记得您 2014 年说过，中国经济增速还有可能恢复到 8% 左右，现在您改变看法了吗？

张军：我说这话是有前提的，如果全球经济能很快复苏的话，那么中国的增长速度也许可以很快提高，需求，特别是投资需求提高之后，7.5%~8% 的增长不是不可能。现在全球的经济状况比我想象中要差得多，对中国来说，外部需求收缩得太严重了。短期来说，需求收缩已经严重影响了中国的经济增长。看样子，中国现在也许要做好假设外部环境在三五年之内都不会好转的准备。托住了底，稳住预期，后面最重要的是结构改革和结构平衡能够维持中长期的劳动生产率的适度增长和改善。现在中国的人均 GDP 还很低，劳动生产率水平只相当于韩国 1987 年、1988 年的情况，增长潜力还很大。

问：也就是说中国目前的人均 GDP 与日韩经济增速急速下跌时的人均 GDP 相比还有很大差距？

张军：对，很大的距离。所以我觉得中国潜在的发展空间还是很大的。短期而言，当前需要解决的是投资需求持续下降的问题。造成这个问题的原因有两个：一是外部需求环境不好，二是之前的过度投资导致的产能积压过多，企业和地方政府的债务负担过重。这些问题加剧了有效需求不足的问题。

问：怎么样才能托住底，稳住预期？

张军：对于宏观经济，凯恩斯提醒我们，信心和预期很重要。怎么样能稳住预期？在制造业受到冲击的情况下，改善预期的支持政策往往会先从倍数效应更大的部门开始，比如基础设施和房地产。

我一直认为结构改革应该是有条件的，不能简单和激进地推进结构改革。如果总的需求持续回落，预期递减，信心恶化，我们这个时候再推进结构改革，这就好比一个人血象不正常，还要动手术，非常危险。所以，我们即使坚持结构改革不动摇，也要设法维持一定水平的总需求。对于政府来讲，要维持足够的需求水平总得有个突破口，如果找到这个突破口，靠需求的提升能够慢慢地带动其他行业投资需求的复苏，最终能够稳住增长，我觉得这就理想了。

（本文发表于 2016 年 3 月 21 日，《上海观察》，

记者：张煜，陈抒怡）

下一步，上海自贸区须从
立法层面突破

张军认为，中国改革已从局部改革突破走向牵一发而动全身的全局改革，而全局改革并非一蹴而就。上海自贸区要进行的多项制度突破与创新都涉及全局改革，因此有必要对自贸区进行立法，让更多制度创新能在自贸区这块试验田先行先试，而不因与现行法律法规政策相矛盾而延误。也只有在立法层面有所突破，中央对上海自贸区的顶层设计才能加快落地。此外，在顶层设计基本原则不变的情况下，对自贸区所在地要给予充分的立法与行政授权。

一、"负面清单"是颠覆性改革，也遭遇现实尴尬

"上海自贸区 3 年来最突出的成就，是首次使用了'负面清单'的管理思维对外商投资进行指导。"张军表示，过去我国多年采用"正面清单"的管理思维，对外商境内投资可行性事项逐一"做加法"。而在《中国（上海）自由贸易试验区外商投资准

入特别管理措施》即"负面清单"中，只对外商"不能做的事"加以明确，清单之外都是能做的事。因此，提出"负面清单"管理模式是一次具有颠覆性的管理思维改革。

但过去3年，"负面清单"管理模式在实际操作中遭遇了一些尴尬，比如"负面清单"越来越"长"，这说明一些领域的管理限制不减反增了。"这是因为在实际操作中发现，'负面清单'与我国现有的一些经济政策和法规产生了冲突。"

在中央的规划中，上海自贸区是制度创新的试验田。在诸多领域，上海自贸区都要进行先行先试。但在张军看来，我国现有经济政策文本替代了法律，在实际操作中已经抬高了顶层设计协调各部门的成本。

"因此，只有对自贸区单独立法，让现行的行政监管制度在自贸区内失效，把监管授权给自贸区所在地，由地方对自贸区改革政策法规的实施制定细则，才能真正推动顶层设计中的制度创新落地。"张军指出，立法的根本目的，就是要明确自贸区的性质、建设自贸区的意义、自贸区该做哪些事该终止哪些事。但凡与自贸区发展有冲突的先行法规，在自贸区内都应该不再适用。

二、制度创新背后还需"助推力"

事实上，上海自贸区成立伊始，全国人大常委会就审议通过了《关于授权国务院在中国（上海）自由贸易试验区等国务院决定的试验区内暂时停止实施有关法律规定的决定（草案）》，对"负面清单"之外的外商投资暂时停止实施《外资企业法》、《中外合资经营企业法》、《中外合作经营企业法》等三部法律。

但这远远不够。当下，上海自贸区在金融领域的制度创新就应该加快推进，但背后还需要"助推力"。

2015 年 10 月，《进一步推进中国（上海）自由贸易试验区金融开放创新试点　加快上海国际金融中心建设方案》（以下简称"金改40 条"）出台，提出了上海自贸区实行金融改革的框架性原则。同年 12 月，首项实施细则出台，但此后至今都未有新的细则发布。

细则为何至今没有出台？张军认为，央行、银监会、证监会、保监会等"一行三会"对金融的监管条例非常密集，"金改40 条"中相关内容可能与现行监管条款产生冲突，其中就需要协调现行政策与金融创新之间的关系。此外，自贸区内放宽，自贸区外监管依旧，区内区外监管方式也可能需要协调。"如果能对自贸区进行立法，'屏蔽'现有一些法律法规，那么自由贸易账户体系建设、事中事后监管等一系列金融创新，都将能第一时间在自贸区'自然落地'。"

三、经济改革已从局部走向全局

通过立法推动改革"自然落地"，其实在中华人民共和国成立以后有先例。

1992 年 7 月，第七届全国人大常委会第 26 次会议做出了《关于授权深圳市人民代表大会及其常务委员会和深圳市人民政府分别制定法规和规章在深圳经济特区实施的决定》，授予深圳特区立法权。张军认为，这一决定在今天看来仍具有跨时代的意义，对推动深圳为我国率先试验对外招商引资、制定公司法起到了关键性的作用。

在此之前，深圳特区已经自行完成了多项试验，包括 1979 年第一个引进中国香港"外资"兴办来料加工企业、1981 年在蛇口第一个采用建筑工程招标制度、1985 年成立第一个外汇交易中心等，但有了立法权之后，这些地方自发的试验性改革都有了立法支撑，也让之后的改革产生了更大的溢出效应，被深圳周边地区相继引用。

张军告诉记者，"缺什么补什么"，是 20 世纪 80 年代至 90 年代初期中国改革的主要思路，所以那时的改革是发生在经济薄弱处，一般是局部的、在非核心城市、一种自下而上的改革。但到了 20 世纪 90 年代中后期，局部性问题已得到很大程度的解决，逐渐转向全局性问题，改革自然而然由当时的非核心城市走向核心城市，从局部改革走向全局改革，这时的改革只有通过顶层设计、通过自上而下才能推动。

四、过度过多监管会阻碍经济发展与创新

上海自贸区就是一种由顶层设计、自上而下推动的改革，这样的改革路线非常符合当下这一历史时期。但当下，这一由顶层设计、自上而下推动的改革遭遇到一些现实问题。

"经过 30 多年改革开放，中国经济经历翻天覆地的变化，经济环境也越来越复杂，而为了适应这一经济环境，中国对经济的监管模式也发生了很大变化，从原来计划经济时代简单的管理模式逐渐发展为现在相对复杂的管理模式，各个监管部门出台了很多针对当前经济特点的监管条款。在一定时期，这些监管条款起到防范经济风险、确保经济有序发展的作用。不过，近年，监管模式的僵化与过于复杂对经济发展的阻碍的困境已经逐渐暴露出来。"

2015 年有段时间，对"一行三会"进行改革的呼声很高。主要原因就是中国"一行三会"这一分业监管模式已经无法适应当前的国际与国内的经济形势，甚至在很多情况下推高了一些领域

的监管成本。不少经济学家都呼吁，应对"一行三会"进行改革，重建中国金融监管模式。

"我国经济上空已织起了一张密集的'监管大网'。这是在特定历史时期形成的，也起到了一定作用，但如今在某些领域过度与过多监管，已经阻碍了经济发展与创新。"

五、自贸区 3.0 时代，投资者将"用脚投票"

2016 年 8 月，党中央、国务院决定，在辽宁、浙江、河南、湖北、重庆、四川、陕西等省市新设 7 个自由贸易试验区，至此，自贸区数量增至 11 个。在经历了第一个自贸区成立、第一次自贸区扩容后，此次自贸区再次扩容标志着中国自贸区进入"3.0 时代"。

张军说，中国自贸区进入 3.0 时代，来自全球的投资者和金融机构将"倒逼"11 个自贸区相互竞争，各自的营商环境、产业支持政策、金融开放程度等一系列制度优势都成为竞争的"砝码"。而投资者只会"用脚投票"，资本、人才、技术最终将流向能够提供更优公共服务的自贸区。"每个地方都想把自己发展好，竞争会使市场变得有序，也会促进更优制度的产生。"

在张军看来，这 11 个自贸区的竞争不应仅仅体现在区位特性上，更关键的是，要能触及中国目前对经济的密集管理模式。唯有这样，才能促进更多具有颠覆性的制度创新在这些自贸区孕育而生，这些自贸区也才能形成更良性的竞争。

（本文发表于 2016 年 9 月 21 日，《上海观察》，

作者：舒抒，唐烨）

大量就业涌入低端服务业，
背后存在隐忧

> 如果越来越多的劳动力进入到那些低端服务业、非正规部门就业，未来的劳动生产率就会失去增长源泉；如果大部分劳动力只是流向那些维持基本生活的领域，对于人力资源也将是一种巨大的浪费。
>
> 中国的失业率数据是 4.1%，这个数字近十多年来基本没有变化。可是 GDP 增速从 2008 年至今，一直是下行趋势。这到底为什么？又说明了什么？

一、美国为何"不复苏"

就在 3 天前，张军与哈佛大学一位经济学教授围绕经济增速与就业问题展开讨论。哈佛教授将美国近年来的经济表现定义为"不复苏"，具体表现为 GDP 增长很慢，每年只是超过了 1%；但就业率表现不错，连续多年达到 1.3% 左右的增长，增长还在提升。就业增长快、经济增速慢，良好的就业表现却难以拉动经济增长，即为一种奇怪的"不复苏"状态。

在张军和哈佛教授的讨论中，两人都认为，这或许和移动互联网等新经济发展有关，很多人在非正规部门就业，比如有人失去了工作，但很容易成为一名 Uber 司机。显然，这种情况不止在美国，在中国和其他互联网经济发达的国家和地区都会存在。

当哈佛教授担心美国的"不复苏"状态时，张军也对中国面临的相似问题展开思考。张军认为，当中国经济从 2008 年下行，特别是近年来增速显著放缓的情况下，失业率没有增加，对短期宏观经济来说是保持稳定的好事情，但从长期的角度看，稳定的就业背后，也蕴含着不稳定因素。

"中国现在也很微妙，我们从 2008 年经济下行，特别是 2010 年以来，经济下行到百分之六点几的状况，但是现在失业率并没有增加。这个对于我们当下来说可能是一个好事情，但是中长期来讲，需要打一个问号。"张军说，就像哈佛教授也同样担心美国，这种情况下，很可能意味着生产率没有增长，如果生产率不增长，潜在增长率就会受到影响。

二、失业率为何没恶化

在统计领域，就业是一个很难完美进行的调查领域。在国内，长期以来采用的是登记失业率，所谓登记失业者，是指城镇中有非农业户口，在一定的劳动年龄内，有劳动能力，无业而要求就业，并在当地就业服务机构进行求职登记的人员。一方面，由于中国情况复杂，登记失业率很难涵盖那些大量没有工作的人口；另一方面，随着互联网新经济发展，诸如开网店、开专车等大量非正规就业也难以统计。因此，国家统计局已经开始在一些地区试点进行更为准确的调查失业率统计，在最新公布的数据中，2016 年 1～8 月，全国试点调查的 31 个大城市城镇调查失业率基本稳定在 5.1% 左右。

对于就业数据的可靠性，经济学家存在不少争议。近期，张军与他的学生一同进行了一次详尽的数据研究，根据他们掌握的 7 个省市住户失业率调查，经过对 2005 年到 2012 年 7 年内数据的谨慎定义与研究，发现得出的失业率虽然略高于官方口径，但确实没有出现大的波动，特别是 2010 年中国 GDP 增速突然放缓后，就业率没有随之下降。"政府调控经济，目前并不愿意出手一些扩张的财政政策，或者是宽松的货币政策，就业问题没有恶化，是一个很重要的理由。"张军说。

在官方解释中，就业稳定的原因是中国的服务业扩张速度很快，服务业吸纳就业能力强。张军认为，目前服务业增长速度确实超过制造业，服务业成为中国经济增长非常重要的驱动力，这可以解释失业率没有扩大的原因。

三、低端服务业就业带来的担忧

"然而，从长期看，如果将就业稳定作为经济增长的主要目标，就可能对经济的中长期增长产生影响和误导。"张军表示，通俗地说，这样的做法就是只要就业稳定，就要想方设法维持现状。

"就像哈佛教授谈论美国的情形，GDP 只有超过 1% 的增长，就业却还很强劲，他觉得其中有不能解释的地方，但我觉得其实有一点是肯定的。"张军说，这就是劳动生产率不增长，未来增长源泉就会失去，"这是经济学家公认的"。

张军表示，中美两国情况相似，GDP 产出状况在回落，就业率还在增加，两条曲线对比，就能发现单位就业率的产出呈现出明确的下降趋势。虽然对中美两国来说，造成这种下降趋势的原因可能不尽相同，但单位就业率产出的问题必须引起关注。

张军指出，通过数据分析可以看到，2010 年之后的 5 年内，中国制造业创造的就业明显下降，服务业创造的就业明显上升，2010 年的前后 5 年，两者比例几乎发生了"颠倒"。

"大家都觉得结构变化是好事情，但我个人认为，现在的问题是服务业里头什么东西都有，去掉一、二产剩下的全是三产，其中不同行业、岗位之间，附加值差异其实非常大。"

张军指出，目前中国的服务业中，包括了许多低端行业，这些行业生产率年复一年不增长，比如家中雇了一名保姆，连续干了 5 年活，保姆一年能挣 6 万元，5 年就是 30 万元，但她的生产率没有任何增加。"如果我们现在大量的劳动力都进入这些行业，虽然就业保持稳定，但劳动生产率增长就会变得很困难。"

张军表示，对于未来的潜在增长率而言，劳动生产率的强劲增长是必不可少的，这就需要把更多包括劳动力在内的资源，配置到高生产力或是生产力增长比较快的部门，主要是制造业和高端服务业。

"制造业能够驱动经济增长，就是因为它能迅速提升我们的劳动生产率。"张军说，中国发展到当前阶段，制造业突破的关键在技术层面上，因此产业升级是未来中国最重要的事，随着产业升级，制造业回暖，它创造就业的能力将恢复增长，同时可以极大地提升劳动生产率，当劳动生产率与就业同步回升时，经济就能在中长期内实现持续增长。

"我们过去有 8% 的劳动生产增长率，现在已经回落到 6% 以下，这个趋势在很多行业变得更加明显。如果现在越来越多的劳动力进入到那些低端服务业、非正规部门就业，那未来的劳动生产率增长的源泉在哪里?"张军认为，如果大部分劳动力只是去做那些维持基本生活的领域，对于人力资源也将是一种巨大的浪费。

（本文发表于 2016 年 10 月 17 日,《上海观察》，作者：徐蒙）

经济放缓，中国如何不重蹈日韩覆辙？

中国经济放缓是暂时的，还是像 20 世纪 90 年代的日本，亚洲金融危机之后的韩国那样，成为"新常态"？

这是 2016 年以来中国经济领域及舆论各界关心的终极大问题。近期，复旦大学中国经济研究中心"中国大讲堂"设下这一讨论主题。

一、经济放缓，中国如何不重蹈日韩覆辙？

张军一直致力于中国的生产率估计、增长核算以及经济增长的研究。2014 年，他和中欧国际工商学院朱天教授所做的研究，引起很大轰动。2015 年 10 月，因为 20 世纪 90 年代在中国过渡经济学理论的突出贡献，张军和林毅夫、樊纲一起获得了中国经济学家界的最高奖项——中国经济理论创新奖。

而中国经济放缓，以及如何汲取日韩教训，正是张军教授近些年来在研究、教学和阅读中最关心的问题。

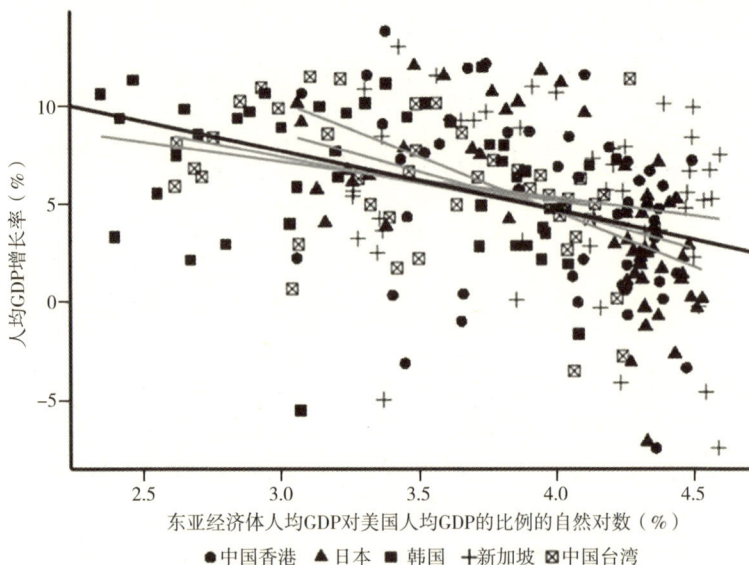

数据来源：张军教授

图6　东亚经济体人均 GDP 对美国人均 GDP 的比例的
自然对数与相应的人均 GDP 增长率

　　他的演讲从美国两位经济学家罗伯特·巴罗（Robert J. Barro）和哈维尔·萨拉伊马丁（Xavier Sala-I-Martin）于 2004 年发表的"条件收敛"假说讲起。按照条件收敛假说，假设美国是中国未来要收敛的稳态值目标水平，那么离目标值距离越远，潜在发展速度就越快。

　　张军团队利用美国宾州大学的著名的数据库"佩恩表"计算了中国与美国在多个衡量经济发展的水平值上的差距，发现中国目前的人均收入、人均资本和劳动生产率与美国的差距，大概仅相当于韩国的 20 世纪 80 年代、日本的 60 年代后期与当时美国的差距。

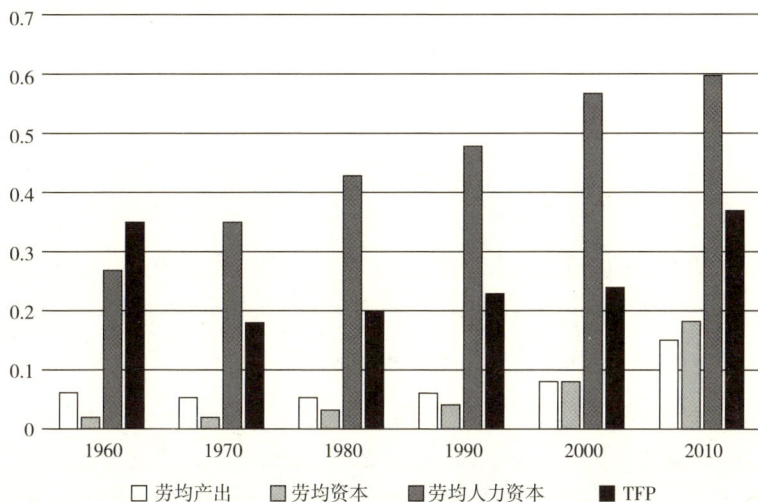

数据来源：Feenstra，Robert C.，Robert Inklaar and Marcel P. Timmer (2015)，"The Next Generation of the Penn World Table"，*American Economic Review*，105（10），3150-3182，available for download at www.ggdc.net/pwt.

图 7　1960~2010 年中国与美国在劳均产出、劳均资本、
劳均人力资本以及 TFP 的差距

那么，差距大是不是意味着中国必然还有二三十年的中高速发展？实际上，张军在演讲中提到，日韩经历了发展奇迹之后并非一如既往地保持着较快的增长，反而在赶超美国的进程中中途停滞了，日本甚至在 20 世纪 90 年代之后离美国的距离更远了一些，因为日本经济停止了增长，而美国继续增长。

所以，处理增长中的问题有时候比启动增长更困难，挑战很多。

张军教授在演讲中说，日韩之所以在后来的几个阶段经历明显降速，特别是在遭遇外部冲击以后至今没有恢复过来，大概有一个共同的原因，那就是这两个国家在经济发展中一直在试图维

持一种结构的不平衡，增长过分依赖制造业，特别是出口部门，国内的生产性和消费性的服务业相对而言非常封闭，管制过多，不开放，也不发达。

这种部门间的结构扭曲是实现高速增长的原因，但如果结构的扭曲不随着经济发展而逐步调整或再平衡，那么在遇到外部冲击的时候，制造业的投资就会收缩，把维持增长的总需求拉下来，而国内需求因为结构扭曲而无法释放，难以弥补外需消失遭受的打击，因而经济往往在受到外部冲击或外部金融危机中遭遇大幅度放缓，甚至演变成永久的停滞。

张军在演讲中展示了日本自20世纪50年代以来的增长曲线。日本20世纪70年代经历过尼克松冲击和石油危机的打击，出现高增长时期的第一次降速。不过，更严重的是1990年前后的那一次。那次降速很厉害，经济基本上就不增长，导致日本已经没有可能再收敛到美国的水平。这是一个很致命的降速。

韩国的情况稍微有点不同，但是也基本上遵循类似的逻辑。韩国的第一次降速出现在20世纪80年代，第二次是在东亚金融危机以后，也就是20世纪90年代后期。20世纪90年代后期韩国基本上进入到一个低速的增长时期。

张军教授说，今天韩国的增长率已经很低了，大概只有1%～2%。2008年全球经济危机发生以后，韩国增长率几乎是0，2009年是1.3%。之后尽管它努力恢复，现在的增长率依然低于2008年以前。

二、既然如此，中国怎么做？

张军在演讲的最后部分指出，中国在经济发展中当然应吸取

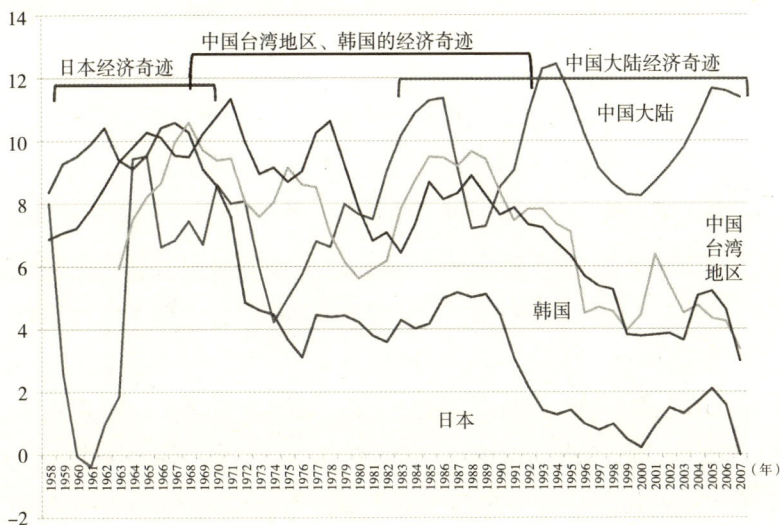

数据来源：Feenstra，Robert C.，Robert Inklaar and Marcel P. Timmer
(2015)，"The Next Generation of the Penn World Table"，*American Economic Review*，105（10），3150-3182，available for download at www.ggdc.net/pwt.

图 8　1958~2007 年东亚经济体 GDP 增速的五年移动平均值

日韩的经验和教训，过去我们谈它们的经验比较多，但现在特别要关注它们的教训。

其中避免像日本和韩国那样长期维持严重的部门结构不平衡，是非常必要的。实际上，中国比韩国、日本具有更大的国内潜在的需求规模，生产性服务业和消费性服务业的发展潜力巨大。中国要做的是在保持经济增长的同时，尽量避免把增长的源泉过于集中在少数部门，这就需要不断去克服结构矛盾的加深和扭曲的持久化。

任何一个国家，结构改革对于增长的持续都至关重要，但结构改革是一件非常困难的事，因为涉及利益集团和政治上的约束，政府受到的牵制和阻力比较大，不容易推行。

但中国以往的经验告诉我们，中国在进行结构改革方面是更容易形成共识的。

张军认为，从中长期来讲，部门之间的结构变化是减轻外部冲击的一个最重要的问题。因为外部冲击是很难避免的，过去20年大大小小的经济危机可能不下千次，所以外部冲击是个常态。所以，要思考，在经济体量变大时，经济有没有应对外部冲击的一种缓冲机制，以此避免因外部冲击导致的经济一蹶不振，这是个很重要的问题。

在问答环节，与林毅夫一样，在当前应对经济下行和通缩压力时，张军坚信投资对中国经济的拉动作用，只要固定资产投资增速能从2015年的9.8%上升几个百分点，2016年6.5%～7%的增长目标并不难实现。

一般说到投资，投资的回报问题自然是大家的关注点。张军教授认为，当前在增加投资方面，要吸取2008年"4万亿"的教训。政府要设法激活来自企业和民间的投资需求。这一方面要货币宽松，不断降低融资成本；另一方面财政政策应该可以发挥更积极的角色，包括对企业和投资者的减税减负。

至于投资领域，过去的投资长期以来只着重于制造业和基础设施，搞制造业一枝独秀，张军呼吁：为什么不投资服务业呢？现在应该强调福利投资的多元化，特别要投资服务业。中国的服务业部门也需要更多的投资来实现扩张和升级，在养老服务业、医疗服务业、农业等内部需求为主的服务业领域加大投资，不会恶化中国的投资回报。

会后答问环节，张军教授还回答了"印度服务业很发达，为什么还要发展制造业""一线城市房地产上涨，二三线城市在政策鼓励之下可能上涨，究竟该不该担心"等热点问题。

点评环节

陈钊[①]：要加大户籍制度、土地制度改革

张老师演讲里面提到了条件收敛，一国与追赶目标的差距越大，发展会越快。一个很有必要问的问题是，中国和日本可能还是不一样的，这里面的差异主要是什么？

我觉得有一个很重要的差异，日本毕竟是一个小国，国家规模也比较小，地区之间同质性比较强。而中国恰恰相反，中国是个大国，是地区之间发展差距相当大的大国。

恰恰是这些差异，会使得我们在面临短暂的经济减速的时候，可能会有一些机会。

我们就说一个最简单的区分，就是发达地区和欠发达地区。比如说沿海地区和内陆，东部和中西部。可能中国发达地区与全球经济前沿美国的差距比较接近，但是还有大量的落后地区，这使得我们还有很大的赶超空间。

这是不是意味着我们就可以很乐观呢？我觉得这恐怕是要打问号的。

怎么去看待这个问题？这取决于我们的东部发达地区，能不能持续保持张老师说的劳动生产率的快速上升。而中部地区是不是能够由于东部地区的带动，也在增长上向东部地区趋同，保持较快的发展速度。

这个问题的答案，取决于我们的一些政策有没有做对。这是我比较担心的地方。

---

① 陈钊，复旦大学中国社会主义市场经济研究中心常务副主任。

以东部的发展为例，我觉得东部的发展受到很多政策的限制。比如说城市化道路的选择，我们的城市化路径是倾向于发展中小城镇而限制大城市发展。限制大城市发挥它的集聚效应，这个实际上不利于东部的发展。

土地政策也是给东部更少的土地指标，使得东部的土地成本上升更快，导致房价上涨过快，劳动力成本上涨过快，事实上这不利于东部竞争力的提高，整体经济的发展也会受到不利影响。这些政策背后都有这样的理念，好像这样才能使地区之间缩小差距，能够保持平衡发展。但事实却恰恰相反。

再比如说户籍制度的改革也是一样。劳动力不能充分地在城市化的过程中自由流动，不能使外来常住人口实现真正的市民化。这导致劳动力的短缺会提前到来，劳动力成本的上升也会过早出现。

因为户籍制度而产生的公共服务的排斥，使得流动到大城市的外来常住人口的子女教育受到限制，这对于他们的人力资本积累很不利。劳动力背后，还有劳动力素质的问题，农民工及他们子女的人力资本积累显然会影响长期的增长。

另外，西部地区能不能发展？有两种模式，当东部发展起来，要素可以自由流动，劳动力可以到东部去，西部可以借着东部的发展来发展。

现在我们很多的政策是想要西部自己发展起来，想通过平衡，比如说给西部更多的投资，结果我们看到更多的产能过剩是在西部，地方债务问题更严重的是西部。这是在政策上，没有把西部的发展和东部放在一起考虑的结果。

那么，这是不是意味着中国的经济就很悲观呢？我觉得也不是。

张老师前面给的一张图，就是中国的长期增长的过程。20世纪 80 年代早期、90 年代初期及 2000 年之后，是发展最快的时候，为什么？因为改革始于 20 世纪 80 年代初，企业改革则是 20 世纪 90 年代初，开放程度的加快，特别是"入世"是在 2000 年之后。这告诉我们，只要坚持改革开放，增长是有保证的。

所以，我们需要改革。这里面包括城市化的道路，要重新反思，包括土地制度、户籍制度。

刚才张老师讲到日本失去的十年。日本失去的十年，恰恰是东京都人口增长最为缓慢的十年。

我们的金融部门改革也要有根本变化，最终要使信贷资金流动到有竞争力的企业里面去。

寇宗来[①]：应对经济放缓，要注意调整"两个结构"

尽管中国和日本有很大的差异，但我们还是需要将各种事情做好，这样才有可能真正避免步日本后尘的危险。

对此，张老师强调了调结构的重要性。比如，他强调了服务业对于稳定需求和投资的重要性。

我就以结构为关键词，谈一些我自己的看法。我觉得，如要理解中国经济过去的高速增长以及现在的增速下降，我们有必要强调两个结构。

第一个是中国供给和需求的结构问题。中国，包括前面的日本和韩国，为什么有高速增长？张老师图表里面已经展示了，这主要是因为这些国家都是出口导向型的，生产在本国进行，但很大的一部分需求则在国外，尤其是发达国家。

---

① 寇宗来，复旦大学中国社会主义市场经济研究中心副主任。

正因如此，一旦外部需求急剧下降，高速增长就受到很大的负面冲击。所以，为了提高中国经济的抗干扰能力，我们就必须更加依赖于内部需求。

但是，这就与收入分配结构紧密关联了。中国现在很大的一个问题是什么？我们的收入分配呈现出一种很典型的哑铃形，而不是纺锤形，即收入差距可能加大了。

借用凯恩斯边际消费倾向递减原理，收入差距扩大对于内需的负面影响是显而易见的。一个比较直观的佐证是，在国内需求下降的同时，我们对国外的奢侈品需求在上升。

解决供给与需求的错配，从需求侧看，就是要减小贫富差距，实现共同富裕。而从供给侧来看，就是要实现创新驱动，让中国企业能够生产和提供质量更高的产品或服务。

我想谈的第二个结构是国跟民的结构。中国现在调结构的一个重要方向应该是"放松管制"，真正做到"国""民"对等竞争。10年前，我们就出台过"民营经济36条"，但最后都没有真正落实。

最近，习总书记明确为民营经济站台、打气，后续会有什么样的具体政策出台，我们将非常期待。

姚树洁①：要利用好大国优势

我要在张老师的基础上补充一点。实际上，现在中国的经济发展水平离日本和韩国下降时候的水平，还有相当大的距离。我赞同收敛的理论，资本就是往回报率比较高的地方走，就是往发

---

① 姚树洁，英国诺丁汉大学经济学教授。

展比较弱势的地方投资。

因此，中国经济未来还是有比较大的发展空间。

另外陈钊老师说，我们国家实际上是 30 多个省，像四川省、广东省，人口只比日本少一点点。而其他的省，随便拿一个出来都比韩国要大。

地区之间的内生需求，使得中国大陆的增长潜力比起日本，还有"亚洲四小龙"要大，这是我们的特殊之处。

一个国家大并不是优势，可是我们现在刚好在 21 世纪，大国就可以有高铁的建设、高速公路的建设、机场的建设，还有互联网+，这些都是有很好的规模经济效应的。用的人越多，边际成本越低，而我们中国刚好又是人口多的国家。

我就经常讲，英国为什么高铁建不起来？从伦敦一发动，立马掉到北海去。但是在我们这里就可以发展起来，我认为还是有一些优势条件的。

问答环节

一、应对危机，要考虑如何释放服务业市场

问：我要挑战一下张军老师。我认为韩国和日本经济减速有可能不是外部因素导致的。因为日本两次经济下滑，还有韩国增速下滑，都伴随着人口减少。日本是劳动年龄人口比重下降，韩国经济下滑，也伴随着它劳动年龄占比的增速变缓，进入平衡期。可能是本身人口的转变，引发了一些泡沫，而外部的冲击就引发了泡沫的破裂。

张军：我要讲的，不是说外部冲击会导致这么大幅度经济的

降速，而是说如果经济内部的结构比较有黏性，就是长期保持高速增长的结构，当遇到外部冲击的时候，非贸易部门的生产率能够弥补贸易部门的冲击，从而避免剧烈的增速下降。这是我的一个基本的看法。

人口的变化，包括劳动力人口占比的变化，是包含在收敛机制里面的。通常情况下，人口增长，包括储蓄率的增长，会带来长期性的影响，总体还是符合收敛价值的。

我们来看日本跟韩国，其实到现在日本的服务业还是很糟糕，不仅份额小，而且生产率非常低，因为过度管制。从应对危机的角度来讲，中国应该考虑怎么更好地释放服务业的市场。

实际上，金融、房地产、交通运输、通信行业，它们的生产率水平比制造业的劳动生产率增长还要快。最重要的是，我们怎么样让更多的资源流向服务业。

问：张老师您好，韩国的全要素生产率（TFP）比较低，我猜想可能是结构问题。我们以美国作为参考，怎么找到自己的稳态值？

张军：假设美国是我们要收敛到的目标水平值，实际上从日本、韩国的情况来看，这些高速增长的经济体，并没有达到收敛值。

如果美国平均每年增长 2% 的话，现在韩、日都增长不到 2%，在没有达到那个水平值之前，它们的增长率已经落到美国之下。美国现在也在面临很多结构的问题，所以现在谈美国的结构问题、谈美国衰落的文献也很多。美国的研发、科技的进步是它经济增长的主要动力。美国的投资率很低，它的投资更多的是投向服务业。

今天的讨论有一个很重要的观点是，中国还有很多投资机会，但是并不意味着都要投到出口业，投资服务业、农业同样是很重要的。

现在中国农业的劳动生产率比制造业低一半以上。投资农业，对农业劳动生产率提高来说很重要，这样我们总体的劳动生产率就会上去。同样，服务业份额越来越大，如果投资服务业，我相信中国未来的劳动生产率的增长潜力还是很大的。

比如养老的投资、医疗投资也很重要，现在生二胎连产房都不够。劳动生产率提高，我们要从部门的加权角度来看，如果结构上制造业长期领先，一枝独秀，导致了结构黏性差，就难以承受外部的冲击。

问："十二五"最新的统计数据显示，中国的服务业超过50%，上海的服务业远远超过50%。根据经信委的数据，他们很悲观地认为，上海的制造业将在"十三五"期间下降到20%左右。您觉得日本的服务业不够，但是还有学者认为，上海要建设科创中心，着重点是发展高端制造业。跟您讲的服务业拉动新一轮增长还是有一些出入，您怎么看待他们说制造业拉动新一轮发展的观点？

张军：你说的"他们"是谁？他们可能是错的。实际上上海的服务业占比，比全国要高 10 个百分点。上海地区生产总值每年能增长 7%，很了不起了。发展金融那就不一样了，金融的劳动生产率比制造业还高。

佩恩表里面的数据显示，在 2000 年以后的 10 年，如果把中国制造业劳动生产率作为 1 的话，那么服务业大概是 1.6。上海的增长率可以维持到 7，我觉得金融做了巨大的贡献，金融附加值特别高。这个我觉得不见得是坏事情。

我担心你说的"他们"继续迷恋出口和制造业，这会造成很大的误导。因为制造业成本太高，没办法负担。你看到的这些大型装备、制造业，公司在上海，但产业都在外地。

其实上海的服务业比重跟人均 GDP 水平相比是比较相称的，服务业和制造业的比例，比较标准。北京的服务业比重比较高，是一个特例。上海是比较典型的例子，它现在能够实现接近 7% 的增长，真的是金融等高附加值的服务业做了巨大的贡献。

二、信心很重要，跌到中低速很危险

问：张老师，2008 年经济危机中温总理说道："信心比黄金更重要。"现在很多企业家朋友都很缺乏信心，已经移民或者正在考虑移民。您想对他们说点什么呢？"十三五"规划当中，国家把心理健康几个字也写到里面了，您觉得心理健康将会成为未来的服务业当中的一个品类吗？

张军：反正我觉得健康总是重要的。我自己曾经是个重病患者，所以我觉得健康头等重要。

你的第一个问题，信心这个东西的确很重要。很多人问我说："为什么经济增长定在 6.5%～7%？"我的想法是，这两年中央政府的政策，其实是一个托底的政策。

这次的记者会上，李克强总理就谈到了这个问题。托底政策就是说，我得确保有个稳定的增长预期，并不是希望经济向上走，而是希望预期要稳定。你说很多人要移民去了，我们刚刚王教授，还有姚教授都是从英国回来的。

怎么能稳住预期？房地产在一线城市火了一把，但是我们希望一线城市的"火"能够慢慢向二线、三线传递。因为二线、三线大多数的地方，房价其实是没涨的，甚至是往下走。

一线城市的管控只会加强，从这个意义上讲，一线城市现在也看不到下跌的可能。但是因为管控还在，所以还不会涨得太厉害。这些都跟信心有关系，我觉得信心还是很重要的。

我今天跟大家谈的，一个是要从中长期看中国经济增长的潜力。第二个我们看日本、韩国发生了什么，结构上要关注，要避免重复日本、韩国出现的问题。

我同意中国经济已经告别了高增长的时代，今天中国的收入水平已经是美国的百分之二十几了。但是中高速还是有可能的，要防止跌到中低速这样一个阶段。大家想，如果中国进入中低速的话，其实真的是很危险的。滑到接近发达国家的增长率的话，就没有希望赶超他们了。

三、印度可能是过早去工业化的国家

问：您在演讲中多次强调服务业的发展，大家都知道印度的服务业发展得很好，特别是 IT 产业都是举世闻名的。2015 年印度的经济增长率大概是 7.5%，可能是全球最高的。莫迪却提出了要加快印度制造业的发展，推出了印度制造的战略。中国服务业当中吸引外商直接投资（FDI）最多的是房地产行业。您觉得在中国现阶段，到底是实体经济空心化的问题更大，还是服务业发展不足的问题更大？

张军：印度现在的人均收入相对于美国而言其实是很低的，它的人均收入按现价结算是中国的 1/4，所以它需要工业化。它现在需要抓住这个机会，加快工业化，加快资本积累。

印度的"十二五""十三五"规划,把提高投资率作为很重要的方针。印度工业化不足就不能创造更多的就业机会。更何况印度有很多的农村地区,没有受到经济发展的任何影响。

服务业在印度没有办法支撑它的增长。莫迪的发展战略是要提高投资率,搞基础设施。印度的基础设施,去过的知道,很糟糕。印度的经济学家告诉我,由于建造新机场花费的时间太长了,从立项到造好,这个机场的设施已经落后 20 年了。可以看出,印度的基础设施有很大的增长瓶颈。

印度有很好的人力资本,但是资本积累不够,私人投资回报率很低。印度政府提倡"印度制造",并不见得一定帮人家做,可以自己做,不一定为满足出口,也可以满足内需。

印度面临的问题跟我们不一样。中国现在制造业发展得很好,这个过程中要吸取东亚的教训,不能不考虑结构的平衡,不然的话,一旦受到外国冲击,可能会像日本那样经济衰退下去。

印度现在面临的问题,是它的制造业不够发达,服务业一枝独秀,这样肯定也不行。

不过,现在也有人怀疑印度的制造业发展不起来,印度现在的财长的顾问写文章说:"印度很可能会成为一个过早去工业化的国家。"

因为印度在政策上的问题,其制造业发展比较困难。基础设施的投资在印度是很难的。可能是政治体制的影响,印度的决策很慢。这是一个很大的问题。

四、实现 6.5%~7%并不难

问:《经济学人》有篇文章是专门讲中国增长目标的,其中也认为中国的 6.5%～7% 的增长目标偏高了，并认为这可能会导致中国政府在经济数据上造假。张老师，您认为我们在接下来 5 年里面，经济增长有没有可能达不到目标？假如有这种可能的话，政府会不会出台短视的政策，对长远造成更大的影响？

张军： 短期我觉得什么都会发生，这是我的总体看法。我们在过去 30 年里出现过 3% 的增长，也出现过 5% 的增长。所以我觉得短期的情况可能很难讲。

从趋势上来讲，中国潜在增长率显然高于你刚才说的 3%。从官方来讲，人均收入要实现 2020 年相对 2010 年翻一番。我们根据 70 法则，算一算 10 年翻一番，要增长 7%。现在 5 年已经过去了，还有 5 年。因为前面 5 年可能高一点，超过 7%，后面 5 年基本上平均 6.5%，应该就可以实现这个目标。

6.5% 我个人看法应该不是一个特别高估的目标。

最近我给《胡润百富》杂志写过一个评论，短期算一个需求的账和 GDP 的账。中国现在假定消费没有变化，跟 2015 年差不多，前年 8% 左右，我们的进出口，假设 2016 年会比 2015 年再糟糕一点，那么，现在要维持 6.5% 的增长，就需要靠投资拉动增速。2015 年投资的名义增长率是 9.8%，2016 年如果能拉上几个点，目标不就实现了吗？这个好像不是特别难的问题。

问题是，2016 年特别重要，因为如果 2016 年这个 6.5% 能够实现的话，就会有信心，我觉得后面大概不会有什么大的问题；如果 2016 年实现不了，那后面几年就会更难了。因为大家预期都下调了，投资需求就更少了。

所以从这个意义上讲的话，我倒觉得短期什么都有可能。未来托底我可以加上 3 个点，让它多增长 3 个点的投资，来弥补出口的下降。我觉得，最重要的是后面几年会怎么样。

我一再说，短期是个托底的政策，托住了底，稳住预期，后面重要的问题就是中长期的生产率怎么样更好地改进了。

最重要的改革就是结构改革，结构改革就是要让受抑制的部门有更好的发展，有更多的投资进入那些部门。

五、房价上涨带动经济复苏，为结构改革创造条件

问：张老师您好，您是一位理性的经济学家，我是一个感性的门外汉。我问一个感性的问题：您刚刚在回答问题中提到，现在一线城市房价的疯涨，您是希望它向二三线城市蔓延。那么就是说中国房地产的增长也是一个信心的来源，我想对于在座想要在上海创业或者生存的年轻人来说，这个房价的上涨，确实让大家望而却步。

网络上流传一句话，"如果躺着炒房比站着创业更能致富的话，这对一个年轻人来说是没有希望的"。我觉得这对一个国家来说，也是没有太大希望的。

靠房地产的增长来支持信心和一个国家的经济的发展，我觉得是难以维系的。请问您对于网上的看法怎么评价？

张军：很理性。过去20年的情况并不能代表未来，因为未来情况不一样。过去20年我们每一次都说房价贵的时候，如果大家没有去买，后面就没有机会买。如果前面买了，后面就是很大的受益者。

当然这不代表未来。其实高房价问题是国际普遍现象，你到首尔、台北去，那里的年轻人还是在抱怨高房价。为什么会这样？因为经济不景气，资本都冲到房地产部门，这是避险的行为。

就上海来讲，现在坦率讲大家都愿意来这边，这是需求拉动

房价的上涨。

前面陈钊教授讲过，中国的城市化道路需要反思，就是要让更多的资源往发达地区配置，所以对上海来讲，是供给的问题，是怎么样更好地规划，扩大它的供给量，以安置更多的人口的问题。这是从长远来讲，其中涉及城市规划和发展战略的问题。

反过来讲，我记得张五常先生说："房价是唯一可以挡住人的要素。"我们得反思城市化的政策对不对，为什么要限制这么多人来大城市？这对于政策制定者来讲，也是很大的问题。

今天想说的是，房价慢慢起来，我倒觉得是整个经济的复苏和信心修复的表现，有一定的希望。不见得说一两个月就可以解决问题，但房价如果慢慢地上升，我们会发现这里的投资开始活跃起来。

最近我了解到，很多房地产开发商现在也非常活跃。因为房地产毕竟是倍数效应比较快的行业，所以它会影响到其他行业。从沿海逐步蔓延，能够进入二线、三线城市，对缓解整个经济的需求侧的收缩状态应该会有帮助。这对于我们推进结构的改革也是很重要的。

我一直觉得，结构改革应该是有条件的。如果需求持续回落，这时再大力推进结构改革的话，就好像一个人躺在手术室里，血象不正常，却大规模动刀子，这肯定会置人于死地。

对于政府来讲，总得有个突破口，刺激某个特定部门，能够慢慢地带动其他行业投资的复苏，最终能够扭转下行的趋势，我觉得这个是最理想的状态。起码目前在往这个方向走。

（本文发表于 2016 年 11 月 15 日，观察者网，记者：苏堤）

下

篇

一个经济学家的转型之路

> 在回顾自己学术经历的谈话中，张军谈到了 2009 年的那场大病——之前，他从未跟外界谈起过生病前后的详细经历。

和张军教授的对谈约在复旦大学第九宿舍。

第九宿舍造于 20 世纪 50 年代。外表已经很残旧，院内青杉挺立，遮天蔽日。这里住过的名人很多，陈望道、苏步青、谈家桢、贾植芳……张军的这间宿舍据称是谈先生曾经住过的，两室户，没有厅。

即使在室内，张军有时也戴着墨镜。2009 年，张军突患急性淋巴细胞白血病，之后接受了骨髓移植手术，手术很成功，但术后的排异反应症就是患上了免疫性的干眼症。

在患病之前，张军是正进入人生快车道的"青年经济学者"。在某个网站对中国经济学人不同阶段的分类中，他被分在"第三代"，与林毅夫、周其仁、张维迎等一波。但严格意义上，张军与他们并不属于同一代。

一个重要的区别是，他没有参加 1984 年 9 月召开的莫干山会议。这被认为是"文革"后年轻一代经济学者的首次亮相。张维迎、周其仁、华生、高梁，还有后来步入政坛的王岐山、马凯、周小川、郭树清、楼继伟……这批人大多出生在 20 世纪 40 年代末至 50 年代初，大多有"上山下乡"经历。而 1984 年，张军尚在读大三。

于是，和"莫干山一代"人生频繁跳跃于庙堂与江湖之间不同，张军几乎是"书斋中的一生"。本科毕业后，张军在本校读研，导师是宋承先先生。1921 年出生的宋先生所著的《现代西方经济学》，被称为"集马克思主义经济学与西方经济学于一身"。

1992 年在复旦拿到博士学位后，张军又在英国伦敦经济学院、萨塞克斯大学和美国华盛顿州立大学从事博士后研究，然后回到复旦任教。

这期间，1994 年深秋，张军转到美国华盛顿州立大学经济系，与哈勒根（William Hallagan）博士合作，两人共同对俄罗斯和中国的转型经济发生了兴趣，从此奠定了张军一生的研究方向：中国在改革开放后实现高速经济增长的基本机制到底是什么？各种看似互不相干的元素之间，有着如何千丝万缕的联系？

在回顾自己学术经历的谈话中，张军谈到了 2009 年的那场大病——之前，他从未跟外界谈起过生病前后的详细经历。急性淋巴细胞白血病对成年患者来说十分凶险。

2015 年张军出任复旦大学经济学院院长。这是一个公务十分繁忙的职位。张军说自己接受职务之前确实很矛盾，但最终他并不甘心后半辈子过老年人的生活。而接受这个职务，意味着承担起人生另一阶段的责任和使命。

虽然张军被称作仅有的几个能和北方经济学家"抗衡"的南

方学者之一，但他并不享有"公共知识分子"的称呼。他对自己这一代经济学者的地位有清醒的认识。

他曾经比较过当前与 20 世纪 80 年代的区别：中国经济所遇到的问题，已经是高度技术性的。每一个经济学家在某一个领域里话语权其实已然很小，且不能加总。在那些包括人民币国际汇率等在内的技术性问题中，经济学家之间的分歧也越来越大，难以形成共识，形成不了合力。所以他们的影响，相比于 80 年代，就变得相对比较中性。

对话张军

46 岁遭遇"急淋"

问：大家都知道你得了一场大病，但你还是接任了复旦大学经济学院院长。对此你心里有过犹豫吗？为何决定接手这么一份注定不会轻松的工作？

张军：确实很矛盾。我知道自己可能要当院长，是 2014 年年底。所谓矛盾，我想无非就是因为我 2009 年生过一场病。

我得的这个病叫急性淋巴细胞白血病，简称"急淋"，需要做化疗，做造血骨髓移植。虽然后来整个康复过程还是比较顺利的，但身体毕竟经历了一次大创伤。

"急淋"的英文名简称是 ALL。如果你去网上查，能看到这个病往往是小孩子得的较多。而我得这个病的时候，已经 46 岁了。

46 岁，在医院看来，属于高危年龄群。不仅接受造血细胞移植的风险非常大，能不能出移植舱都很难说，移植后的康复也是一个漫长的过程。我住院的时候，所有医生都跟我夫人讲，这个病的"预后（预测疾病的可能病程和结局）"很差。意思就是，后面的康复会非常复杂，会遇到各种各样的问题，也很难把握。现在回头想想，我能挺过来真是不容易。

问：现在的情况是基本康复了？

张军：骨髓移植，简单来说就是换了造血细胞，但等于是换了一个免疫系统。你的整个抵抗力，很大程度上取决于对这个新的免疫系统适应与否。

出院以后的两年里，就是不断跟医生打交道。一个礼拜要抽两到三次血，然后定期做骨髓穿刺，测量很多指标。每次用药有调整，都要跟踪检查它对身体的影响或者排异反应。就这样，这个（问题）处理好了，那个又起来，反正就是不停的。所以我有时候开玩笑说，这个长海医院除了妇产科我没去过，其他的科我几乎都去过了。（笑）

之前因为长期服用抵御排异反应的免疫抑制剂，我还得了白内障。两个眼睛的白内障已经都开掉了。后来发现还有点显示股骨头坏死的信号。但目前基本上已经比较稳定了，不再有特别明显的起起伏伏。按照临床上5年不复发的标准，我算被"治愈"了。现在主要就是眼睛的问题，想办法中西医并用，缓解干眼症状。

整个康复应该说很成功，但真的是一个很复杂很艰难的过程。时间久了我自己也成了这方面的专家了。我跟其他病人最大的区别就是，在这个过程当中，我一直看文献，中英文的都看。事实上，主治医生主动找文献给我，让我阅读。

必须面对

问：看文献需要莫大的勇气。生死变成冷冰冰的比例。

张军：是，有些人不敢看，有些人看了会吓死。我一直看，还会和医生讨论。看论文成了我们之间非常自然的一种互动交流方式。

经历了这个过程，我的体会是，医学这个东西，可能最好的方法，就是病人和医生能够一起参与到这个过程中。慢慢地等你理解了医生做判断的整个逻辑过程，你自己慢慢也会学着做一些推理，对自己的情况能有更全面的认知和接受。从这个方面来讲，我觉得自己在这个过程中还蛮愉悦的，等于一直没有离开我的本行，没有离开学术研究这样一个轨道。

问：这是源于一种对理性思考的偏爱吗？

张军：我夫人现在还记得，我刚查出得病的时候，有时会一个人在那里自言自语，说：没有什么选择了，对吧？

那时候真没什么选择了。就这一条路，没有第二条。那么既然如此，就必须面对。人一旦愿意正确面对，一旦参与到这个过程当中，心情就会还不错。心情好了以后，可能对整个治疗和康复都有帮助。

为何接受了经院院长一职

问：经历了这样一个康复过程之后，带给你什么变化吗？

张军：最大的一个变化，可能就是面对很多东西，顾虑少了。这一点对我后来恢复工作可能也有一些直接的助推。

我曾经是一个考虑比较周全的人。一步棋，走还是不走，会不会得罪人，我都要反复考虑。现在是只要直觉上我觉得一件事是对的，方向是对的，我就去做。可能在做一些决策之前，脑子里也会先主动过滤掉很多细枝末节的事情，让它不再干扰我的决策。

就像现在学院里很多事情，事后也会有人跟我讲：是不是太急了一点，是不是要慢一点？但只要这件事是为大家、为学校、为学院的发展而做的，我自己就觉得很坦荡。

你们刚才问当时有没有犹豫过。当知道我成为院长候选人之一的时候，我们家庭里面是两种声音。

问：三个人两种声音？

张军：对。当然身体肯定是第一位的。这么艰难，好不容易熬过来了，康复了，治愈了。当时我心里也在想，经历过这样一个过程之后，是不是接下来就应该处于一个半退休的状态，过着老年人的生活？但我觉得好像这样的话还是有点无聊。我不甘心。虽然这种不甘心在很多人眼中，肯定会觉得，这家伙是不是不要命了，对吧？

问：在担任院长前，你在英国《金融时报》中文版上开了专栏，然后又在新浪微博最火的时候开了微博。是不是"预谋"着想让自己恢复到一个思考的状态？

张军：我大概出院一年半之后才有了第一次远行。2011年的时候，要到深圳出席中欧国际工商学院的一个论坛，并做一个演讲。我觉得可以尝试一下，看看自己体力上行不行，对外部环境能不能适应。所以那时我是带夫人、儿子一起去了。

到了深圳，演讲还比较顺利。但那时是 11 月，深圳温度还比较高，出租车里开空调，结果我坐了一段就受不了了，开始呕吐、虚脱。后来就赶紧回来。这就证明当时身体还比较虚弱，抵抗力不够好。然后，基本上到了 2013 年，整个免疫功能都比较稳定了，才算全面复出。出门、坐飞机不用戴口罩了，也可以偶尔和家人到饭店吃个饭。之前人多的地方肯定不能去，怕感染。

现在我的整个工作量肯定不如 2009 年以前了，因为体力上已经不允许消耗那么多，也不可能再熬夜，晚上 11 点前肯定睡觉。但整个状态还是挺好的，比较有规律，饮食也比较注意。生活有规律以后，你就会发现，自己还是喜欢学术，单位时间的效率也可以提高。然后因为在世界各地跑了那么多年，一旦有机会可以从事管理工作，我也想把国际上一些学术机构里好的做法借鉴到我们学院来。

只知一路狂奔，就不能欣赏沿途风景

问：从你最近的一本著作《被误读的中国经济》里，我们似乎捕捉到了一些变化。在个人简介页，你花了一点篇幅介绍自己学术工作以外的兴趣，不太像以前的风格。

张军：这些兴趣原来也一直有，但现在我愈发感到这些兴趣和我做经济学研究这个工作，是可以和平共存的。其实就是因为我的生活节奏慢了，于是可以让过去积累下来的太多信息，有了一个消化、沉淀、再加工的机会。

换了以前，到什么地方脚步都很匆匆，事情完了就走了。现在的话，每到一个地方，我一定会去看看博物馆、找一些名人故居、去某条有趣的街道逗留一会儿，还能有时间给我夫人画一张素描什么的。这些东西，在生病之前，是无暇顾及的。

问：你早年写过一篇文章，说自己特别敬佩经济学家张五常那样一种状态：学问进入到一定阶段以后，有一种融会贯通的自觉。然后还练书法、开餐厅。

张军：五常老师那是没有了财务约束以后的一种兴之所至，他是任性的结果。而我呢，是一个特殊的原因，让我有了这样一个转变，对生活态度和取向上的转变。如果不是因为这场病，我可能还在原来的那个轨道上一直往前走，就不会停下来。

以前我只知道一路狂奔的时候，是不能欣赏那些路边的风景的。别人做的东西，如果风格不同、方式不同，我甚至会觉得那个东西好像不行。现在变了，会去看，会觉得那些人也很可贵。

人变得宽容了，学术上也变得更宽容。学会欣赏别人做的那些事情以后，我也开始愿意跟更广泛领域的思考者、思想者交朋友。想想自己以前一直处于一个很忙的状态，那样的训练会催你追求专业上的专注、专用和精进，但也会导致你的职业性封闭。

（本文发表于 2016 年 1 月 13 日，《上海观察》，

作者：尤莼洁、柳森）

一个经济学家的 "小目标"

> 回想以前的生活，张军感觉像是在参加锦标赛，唯有到达终点才有意义，拿下冠军才有价值，但他现在发现，"目标对我来说不重要了，每一步都对我有意义"。

如果在复旦经济学院院长办公室找不到张军，也许应该去咖啡吧碰碰运气。

我和张军的采访原本约在院长办公室，但他带我去的是经济学院的咖啡吧。这个咖啡吧占据了 2 楼的大部分开放空间，实木桌子边上是一排排摆满经济、人文类书籍的书架，馥郁的咖啡香加上淡淡的书香，很适合人放空自己。

往里走还有一个小房间，空间不大，刚好放下一张长条实木桌子和一排书架。"怎么样，还不错吧？"张军后背靠在垫子上，整个人窝在椅子里，看得出他对这个咖啡吧非常满意。他说，有时候自己一天要见十几拨人，他就坐在这个位子上，看着一拨人进来，一拨人出去。

这间咖啡吧的设立与张军有着直接的关系。经济学院本来没有咖啡吧，老师们平时都关在自己的办公室里，吃饭就去食堂，缺乏可以交流的公共空间。"能不能建个咖啡吧？"经济学院的一位校友听说张军的这个想法后，当即表示可以向经济学院捐赠咖啡吧，这位校友在上海已经开了至少两家咖啡店。巧合的是，还有一位经济学院校友表示，可以向学院捐赠一座花园和喷泉，改善学院周边的环境，并聘请加拿大设计师操刀设计整个花园。

有人愿意为学院建咖啡吧、喷泉、花园，对学院和师生而言，肯定是件好事，但真要做起来却没那么容易。单说咖啡吧，电路、管线、上下水怎么走？这些事情不仅和学校有关，甚至和政府有关；咖啡吧不能对外经营，只对师生开放，怎么和学校财务对接？师生的一卡通如何能在咖啡吧使用？实物捐赠，没有相应的制度可循怎么办？按照既有规定，总金额 50 万元以上的项目需要招投标，如果招投标，捐赠方不认同又怎么办？

"我当时刚走上院长岗位，不了解学校这些制度和流程，只有一腔热情，却不知道深浅。"张军这样评价自己。他没想到，一个小小的咖啡吧，涉及学校这么多部门。基建处、资产处、财务处、外联处……张军带着他的团队跑了个遍。不过，现在回头来看，他认为这不是坏事。"我需要熟悉这些部门的领导。事实上，我们现在成了不错的朋友。"

花园和喷泉的捐赠项目要落地也很麻烦。因为实物捐赠没设招投标，方案在校长办公会上直接被否了。张军现在还记得，得知这个消息时他正在去北京的高铁上。"一听这个，我就急了，怎么对得起校友？"回上海后，张军赶紧去找校长，详细解释了原委。"校长英明。"张军说，经过校长提议的一番再审之后，最终挽救了这个项目。

这还只是开始，工程队施工后又发现地下埋有管网，动不得，也无法知道谁有权能移动它们。权衡再三，张军决定更改喷泉的设计方案，缩小喷泉面积，在管网上方栽种植物。

"这个过程中有很多有趣的事情，"回忆那段经历，张军边说边笑，"如果没有满腔热血，没有坚持，这些事都做不了，也不想做。"

这样的张军和我印象中的他很不一样。张军是当今中国非常有影响力的经济学家，在某个网站对中国经济学人不同阶段的分类中，他被分在"第三代"，与林毅夫、周其仁、张维迎等划为一拨。

以前我采访张军时，谈的通常是"改革""自贸区""经济转型和增长"，但现在我的一杯拿铁快喝完了，话题却还在喷泉、花园和咖啡吧上。

张军的家人、朋友、同事都注意到了这种转变。他的好朋友，东方卫视著名主持人叶蓉在一次公开的论坛上说他变了很多，以前内敛，不太张扬，现在性格更加阳光，话也多了起来。张军的同事私下和张军太太说，以前张军有些清高，不愿意和人交谈，现在进进出出都会和人点头打招呼了。"其实我不是傲，只是对学术研究之外的这些为人处世的东西不太注意罢了。"张军这样辩解。

张军从小就是好学生，考上复旦大学后也一路顺遂，尽管1985年才本科毕业，但到20世纪80年代末，他已经在国内中青年学术圈中占有一席之地，并在20世纪90年代迅速崛起。少年得志的人，通常不太注意人际关系，但现在，张军在这方面似乎游刃有余。

"一场大病，是改变生活方式和人生态度的一个触发点。"张军的手指不自觉地敲击着桌子。他说的这场病指的是2009年他突患的急性淋巴细胞白血病，之后他接受了弟弟的骨髓移植手术，现已完全康复。

"我开玩笑说，是不是因为我现在的细胞是我弟弟的，我的血型也从 A 型变成了他的 AB 型，我弟弟的性格比较开放、活泼。"

细胞改变性格还有待科学进一步论证，张军也不认为观念的改变是从医院里开始的，但他承认，"健康危机毫无疑问会冲击原有的生活观和世界观，当决定放慢前进速度时，你才发现会有比之前更多的时间去反思过去。过去哪有反思自己的机会呢?"

回想以前的生活，张军感觉像是在参加锦标赛，唯有到达终点才有意义，拿下冠军才有价值，但他现在发现，"目标对我来说不重要了，每一步都对我有意义"。

我注意到在张军回复的电子邮件的签名档里有这么一句话: There is no way to happiness，happiness is the way。"过去总是认为彼岸才有幸福，一定要到了彼岸才能获得幸福，现在知道幸福是没有彼岸的，幸福在通往彼岸的路上。"在采访中，张军这样解释了他对这句英文的理解。

在出院康复期间，张军重拾了荒废了 40 年的素描。之前忙碌的工作让他差点忘了，自己在小学和中学时期喜欢画画。在他2015 年出版的《被误读的中国经济》一书中，作者简介一栏中有这样长长的一段话:"喜爱强调形式美的西方绘画和建筑艺术。对书法（左右笔）和珠算有一定的训练。大学时期就格外关注自然科学家的工作和个人逸事。喜欢欣赏摄影、雕塑、建筑作品和古典音乐。中学期间吹过笛子，动手做过雕塑，刻制过机械模型。对旅游和户外运动兴趣大增。爱修建草坪和花园，更爱家庭。"

"虽然我的体力不如从前，但我现在追求的状态是要做到

'心不累'。"张军说，心累来自持续的压力，要做到内心平衡，需要努力做到无视压力，抛弃烦心事，着眼大处，尽量规避过于追求细节。

这样的心态直接影响到他看问题的角度和学术研究。在康复期间，受他的好友张力奋之邀，张军在FT中文网开了一个专栏，定期写一些关于中国经济的文章。他还应邀为世界报业辛迪加（Project Syndicate）写英文专栏。有不少人跟他反映，他病了以后写的文章和以前的不太一样了，站得更高了。"他们说我以前的文章势不够，现在有势了。"

改变也体现在行政工作中，以前张军不能容忍的琐碎杂事和看不惯的人和事，现在能包容了。"要始终提醒自己，工作中必须看到每个人的长处，从大处着眼，这样才能共同推动学院工作的发展。"

图9　张军就读复旦大学本科时旧照

几年前,《解放日报·上观新闻》曾经对他做过一次专访,当时他提到,如果有时光机,他愿意回到2009年之前。但这次,当我让他给2015年以后的生活打分时,他亮出了一个高分:9分。这个分数甚至超过了他对之前生活的打分。

图 10　张军在复旦大学读书期间与老师尹伯成合影

图 11　1990年张军在伦敦经济学院国际暑期学院学习

图 12　张军家中挂着的他为太太画的素描像

谈当院长的"小目标":"经济学院要实现无痛的转型"

问:既然生过一场大病,为什么还要接手院长这个职务?现在的工作强度对身体有影响吗?

张军:我在 2009 年住院,做了骨髓移植,现在已经治愈。不过那时候我接受组织上的这个任命还是挺有勇气的。那么多人提醒我做了院长会对身体有什么什么的影响,现在看来还好,我能把握得当。工作强度虽然增加了,但工作的性质改变了。

我现在每天都在我的时间组合中寻找平衡,除了行政工作,我还要指导硕士生和博士生的研究,也有合作中的研究,还要听讲座,出席国际国内的一些重要会议,我需要在各种类型的工作组合中寻找平衡，这样才能做到"忙得不亦乐乎"。用数学上最优化原理的语言，过去我只做研究，那时候的最优解是个"角落解"，现在我的最优解是个"角内解"，哈哈哈。

问：您担任经济学院院长后，经济学院有很多新动作，包括校友捐款、成立全球校友会等，为什么会把校友作为学院建设的一个抓手？

张军：你知道，国内的老牌经济学院有一个共同的问题，负担重，人员老化，体制落后，国际化步子慢，虽然还是可以吃老本很多年，但已经无法面对新兴学院和国际对手的竞争。从财务上说，一个学院如果今天还主要依赖学校下拨的基本运行和发展经费，那发展速度就会受到制约。

比照与一流大学和学科的差距，我们要发展、要转型的东西太多了，人才结构要更新，培养研究生的方式要改变，科研的质量和水平要提升，硬件和软件的基础设施要现代化，国际化水平要提高，甚至行政后勤要做到有效率，能用双语工作。这些都需要很大的投入才行。

我也很清楚一个学院在现有的体制下能做什么。我们不能推倒重来吧？只能在增量中发展，通过增量的扩大来逐步优化结构和实现向更高阶段的发展。所以，我认定经济学院要实现无痛的转型，需要寻找到一个突破口，能否更多依赖社会资源这一增量来发展自己？这是我一开始就想到的问题，就是能否盘活经济学院可能是最重要的外部资产？什么是我们的外部资源？除了从政府支持的项目中获得支持，可能最大的外部资源就是我们的校友资源。

我首先要知道我们到底有多少校友，但是没有一个很好的数据库，也没人说得清。所以我上任后成立的第一个行政办公室就是校友服务中心，这个中心做的第一件事就是建立校友数据库。有意思的是，后来我们是在校友的技术支持之下建了这个数据库。统计发现，学院在册的校友，超过 4.6 万人。

我跟学院班子商量，我们一定要成立自己的校友会，而且我的口气还很大，要成立复旦大学经济学院全球校友会。这个想法得到了党政班子的支持，也得到学校的首肯。在 2015 年 10 月举行的庆祝复旦大学经济学院建院 30 周年的大会之后，我们宣布成立了全球校友会。我们邀请了校友、著名经济学家吴敬琏和泛海控股集团董事长卢志强担任名誉会长。另外两位杰出校友担任联席执行会长。

我们还组建了全球校友会下的地方校友联络处。在经济学院全球校友会地方联络处首批授牌仪式上，蒋昌建先生来主持，我记得他说："大家可不要把地方联络处看低了，这都是了不得的地方，第一个纽约，第二个香港，第三个法兰克福，第四个北京，第五个深圳。"从 2015 年到现在，我们已经成立了 28 个联络处，接下来厦门、天津、合肥、重庆也要挂牌了。

问：2015 年泛海控股集团向经济学院捐赠 1.5 亿元也是出于校友情谊？

张军：对，我发现只要有一个很好的想法，校友们非常愿意支持。

我上任后第一次向校长汇报工作就提出经济学院需要一栋新的大楼，也想配合上海国际金融中心建设的目标，建一个高端的国际金融学院。我还表达了寻求卢志强校友支持的想法，他是复旦大学的校董。校长很支持我，记得是 2015 年的 3 月，有一天晚上我正在操场上走路，在北京出席两会的校长给我打电话，要我后天飞北京一起拜访卢志强，并要我写一个基本方案。

我写了 1 页多纸的提纲，列了大概 9 条想法。一是要成立复旦泛海国际金融学院，金融学科是经济学院的强项，为了更好地培养金融人才，服务国际金融中心建设，应该成立一个国际金融学院。第二，想新建一栋经济学院大楼。第三，要成立经济学院院董会、国际咨询委员会。第四，要设立经济学院的发展基金，等等。

问：我记得您在发表"就职演说"时就说过，希望老楼边上能有一栋新楼，用空中长廊连起来，现场还响起了笑声和掌声。

张军：现在想想有点后怕，我只是一时冲动，那时候没有跟人探讨过可行性，还没有来得及向学校领导汇报过，也根本不知道学校有没有可二次开发的地块，简直就是痴人说梦啊。

问：那怎么就脱口而出了？

张军：也许是羡慕嫉妒恨吧。我去过很多兄弟学院，我很注重那里的硬件怎么样。发现有些学院硬件相当好，近乎一流，还有的在别处建了分院。硬件既是发展的结果，也对进一步的发展至关重要。别的不谈，你去看看浦东的中欧国际商学院，一流的校园和硬件设施，这不重要吗？建新楼是我的一个梦想，那时候王健林还没说"小目标"呢，哈哈。

后来我想，既然这话已经说出去了，我就把这点写进了方案中。卢志强对建校友会、设立基金、建楼的想法都表示支持。卢志强说："你算算建楼要多大面积，匡算一下需要多少钱，我来出钱。"就这样，2015 年 5 月份泛海控股集团向复旦大学捐资 1.5

亿元人民币，用于经济学院新大楼的建设以及国际金融学院的组建。

整个大楼项目的立项得到了我们学校书记、校长的大力支持。在北京，校长亲自站台，我极为感动。再后来，当时的朱之文书记亲自带领分管基建的副校长等来经济学院调研，我陪他登上现在经济学院的8楼，考察可能的建设地块。现在项目进展顺利，卢志强邀请了国际上7家设计事务所参与竞标，最后纽约的一家方案得到了认可。

整个2015年，除了卢志强的巨额捐赠之外，还有前面提到的校友捐赠了咖啡吧、花园、喷泉，另外还有两位校友分别捐赠了2000万元和1000万元，扩大了我们发展基金的盘子。有了这些捐赠，我们不仅营造和改善了内部的小环境，而且也才能有实力在这两年加快引进高端人才和推进我们的补短板建设。

问：经济学院的校友60%以上在金融行业工作，是不是你们学院的校友是复旦校友队伍中资金最雄厚的一群人？

张军：对，我们的绝大多数校友应该是刚刚改革开放以后毕业的学生，现在金融界比较活跃的，正好就是这拨人。

从全国来讲，据统计各金融机构首席经济学家中我们经济学院培养的数量最多。另外，IMF前副总裁朱民先生和亚洲开发银行前首席经济学家魏尚进教授都是我们经济学院毕业的。在我们2015年举行的首届复旦首席经济学院论坛上，吴敬琏先生在演讲时也说过"我也是首席经济学家"，因为他曾经做过中金的首席经济学家。

这两年，我们的全球校友会推出的复旦首席经济学家论坛和经济学院全球校友会的年会，在学界和业界的影响力越来越大，两个活动都由我们的校友们冠名赞助支持。

问：现在教职员工的收入是不是也增加了？

张军：我一再说，对学院来说，最重要的任务是培养学生。我们需要有一大批杰出的经济学家和出色的教师，具备具有吸引力的教学与研究环境，这样才能吸引到优秀的学生报考经济学院。这几个方面我们都在加大投入力度。尤其是，结合泛海国际金融学院的建设，从 2015 年到现在，我们要结合学科建设大力提升海外优秀人才引进的力度。

在人才引进方面，我提出两条腿走路，健全"一级市场"和"二级市场"高端人才的引进机制。"一级市场"是指刚刚出炉的博士生首次进入的劳动力市场。我们每年 1 月到美国的经济学会年会去招人。比如，2017 年 1 月，我们收到了 300 多份申请，挑选了 80 多人到芝加哥面试，最后招入 8 人，平均年薪在 40 万元以上。

我说的"二级市场"是指那些已经在其他大学或研究机构就职的杰出人才。根据学科发展的需求，我们每年也会瞄准一些在科研和成果上非常突出的学者，他们可以是教授或副教授，这部分人的年薪一般在 60 万~100 万元，个别情况下也可以更高。

当然，我们现有的教师队伍包括行政后勤人员，也要根据绩效和学院事业的发展深度不断改善收入水平和福利待遇。我现在深深体会到国外大学的校长或院长为什么要把筹款当作第一要务了。我就任院长后不久，有一次我在班子会上讲，我期望两年后学院的总收入能突破 1 个亿，那样的话，说明我们在教学、人才培养、科研、人才引进、国际化乃至行政后勤等各项事业上的投入力度已大幅度提升。

现在我很欣慰，我们在各项工作的投入都大幅度增长，尤其是在学生培养、科研激励和人才引进等方面。另外，我也给我们班子加压，承诺教职员工的收入每年都能有明显增长。到目前为止，这两个目标都实现了，说明我们班子很努力，算是实现了个"小目标"。

图 13　张军在海外求学时的照片

图 14　张军在海外求学时的照片

谈个人转变："如果和社会格格不入，怎么去改善这个社会？"

问：您花大量时间在学院工作上，会影响个人研究吗？

张军：那肯定影响。但你得承认，这也同样是很重要、很有意义的工作。而且既然做了这样一件事，就要坚定信念，主动把工作做好。

对我个人来说，学术固然很重要，但到了我这个年龄，学术也不再意味着就考虑如何发表论文，还应该更多去做一些更深层次问题的思考。

我很清楚，学术对我来讲，已经不完全是用发表论文多少来衡量的了。过去我有发论文的目标，做的是碎片化的具体研究，现在没有发论文的压力，也到了要超越碎片化研究的阶段。做行政以后，影响的是我以前做碎片化研究的时间，不影响我思考和研究更深层次的大问题的兴趣和热情。

问：什么大问题？

张军：说大问题也许会产生歧义，它是相对于细小问题而言的。比如说，以前做宏观经济研究，研究全要素生产率、经济增长、劳动力市场的变化、利率、汇率等这些非常具体的方面。现在我更希望站得有高度，思考这些东西之间的关联。我现在更习惯于用这些关联来考虑一些现象背后的机制。

比如，现在很多人，甚至普通人都相信我们国家的经济这些年受到了资金脱实向虚的困扰。但我认为这样的看法还只是看到了更浅表的东西。如果可以站得再高一些，你会去思考：虚实的划分在概念上真有意义吗？如果没意义，你看到的脱实向虚现象说不定是生产率增长源泉发生微妙变化的结果呢，只是我们可能还没有充分理解这个变化而已。以前不太会想这些更有趣的问题，但现在会想。

以前我做局部化的碎片化研究时，跟大多数人一样，各个板块之间有一堵无形的墙，挡住了你的视野，而你也不在意，因为这并不妨碍你写出可以发表的论文。你如果能站得更高一些，越过了这些墙，你看到的就可能是不一样的东西。过去看不到的关系，现在说不定就被发现了，这对我们理解现实的经济更有帮助。

问：您长期研究经济，现在算是真的投入到火热的经济生活中了，有什么感觉？

张军：这个倒蛮有意思，一个做经济研究的人通常不太做经营，往往对具体操作不屑一顾，好像对实务性的操作也没有太大兴趣，也不见得有这个能力。

行政管理里面包含了两个层面：一是有理性的一面，你应该识别规律，遵循规律。但另一方面跟理性没关，更多是情感层面的，是人际关系，需要协调各种关系，这时候就需要一定的技巧来应对。

在大学里，教授来做院长不容易，尤其是当你真想做点追赶的事情时。我每天都会遇到新问题，有时候也觉得事情怎么可以没完没了。好在学校的大领导和很多部门的领导对我还是很支持的。我记得为了花园捐赠项目一事去找学校基建处的处长沟通，处长说他还从来没有在办公室接待过一个院长。出于这种感受，彼此理解和尊重，他们也会支持我的工作。

知识分子通常比较清高，但是做院长，有时候就不要把自己当成院长和知名学者。所以到目前为止，好像我要做的事情都做成了，虽然也都不是一蹴而就。

所谓清高的知识分子，有时候也是可悲的。如果和社会格格不入，怎么去改善这个社会？还是要和这个社会紧密联系。当初学校没有实物捐赠的成文规定，但有了我们的案例，学校方面以后有类似实物捐赠的，都可参照经济学院这套模式走，这就是改善啊。

我研究中国经济改革这么多年，大概知道中国做对了什么。有的时候没有制度，那就做事在先，回头再去建立规范的制度；有的时候制度存在很久了，但这个制度让你想干的事成不了，你无法接受，但是只要你觉得这个事情对发展大计重要，你就要想办法去突破，最终能推动发展，也推动制度的改变。我们过去这样的改革者太多了，没有他们，中国不可能走到今天的发展水

图 15　复旦大学经济学院咖啡吧

平。我自知不是改革者，也没有这个能力，但我坚持不懈啊，我认准对学校、学院发展是有利的事情，就坚持，最终或许能办成。

图 16　复旦大学经济学院喷泉

图 17　复旦大学经济学院花园

谈经济学家与政府关系："很多受过很好训练的经济学家已经撕破了这张皮"

问：你们这批 20 世纪 80 年代涌现出的经济学家和政府的关系比较密切，您也多次参与上海和全国的一些决策咨询活动，还应邀出席过李克强总理主持的经济形势座谈会。您最早是从什么时候开始的？

张军：第一次见的市领导是汪道涵，那时候我刚刚研究生毕业。他喜欢读书，有一次读了好几本经济学的书之后，他想找几个年轻人聊一聊，就把我也叫去了。我记得他当时的办公室在外滩市政府，现在的浦发银行，一楼的一个角落里，他穿着一双布鞋，看起来非常随意。我们交流读书心得，谈论对经济改革的理解，想到什么聊什么，氛围非常好。我是参与者中最年轻的学者。

后来徐匡迪任上海市市长时，我除了在决策咨询会议见到他之外，每年小年夜他都邀请我们去市政府吃饭聊天，持续了多年。十多个人围坐着吃饭聊天，也非常轻松。

再后来，我受聘担任上海市委决策咨询委员会的委员，韩正书记亲自为我们颁发证书。我还是民进中央的特邀咨询研究员，严隽琪主席为我颁发了聘书。另外，我还与国务院参事室保持着密切的关系。

问：回想 20 世纪 80 年代时，经济学家为政府出谋划策的参与性很强，但现在经济学家的影响力似乎没有那么大了？

张军：你说的是对政府或在社会上的影响力吧？20 世纪 80 年代的经济学家，无论是知识结构，还是分析能力，和今天的年轻经济学家肯定不能比。在 20 世纪 80 年代活跃的经济学家参与的并不是决策，更不是经济的操盘手，而更多是引领思想。从这个意义上讲，尽管在那时候很多人在思想界很活跃，但跟当时的经济治理之间，还是隔了一张皮。

到 90 年代情况开始发生变化了。相当一批在 80 年代思想非常活跃的经济学家已经撕破了这张皮，直接参与到经济的运行中了。比如央行、证监会、外管局的领导都是曾经的经济学家，周小川、楼继伟、郭树清、易纲、方星海都是经济学家。

除了这批做了领导的经济学家，我们毕竟还有学院派的经济学家，这是绝大多数。现在学院派的经济学家中，年轻人越来越多，这些人在大学里教书做研究，跟政府本身还保持一定的距离。现在越来越明显的趋势是，这个年轻队伍的主要任务是做更纯粹的经济研究和发表高质量的研究论文。

我们不能急功近利，这些学院派的年轻学者正是中国经济学领域的中坚力量，即使眼下好像跟我们的政策或决策离开得比较远。好在我们还有一部分经济学家已经转向了政策研究和咨政服务，这拨人一部分来自学院派的资深经济学家的队伍，一部分本来就在智库型机构，比如社科院或党校等。

从前笼统地说就是一拨人，现在分成了三拨人。国际上也是如此。

问：您觉得现在做经济研究和以前有些什么不一样？

张军：其实我一直关注和研究改革后时期的中国经济，这个至今没有太大变化。因为研究中国经济，所以我必须近距离观察和熟悉我们的经济运行。从 20 世纪 80 年代中期我在读研究生的时候到现在，都是这样。我记得我刚刚留校工作就积极参与了市经委主办的国有企业改革的调研活动，我们去了当时的纺织局、机电局、仪表局、轻工局，见识了好多国有企业的厂长、经理，有些是非常优秀的企业家。比如上海白猫的老总，我们现在还有联系，还有上海刀片厂的厂长，最近我们又联系上了。

那个时候大家都很淳朴，还组织有关的人员跟你座谈。现在去企业，可能根本见不到董事长、总经理。

问：这样看来，您这一代的经济学家可能是唯一一批兼顾学术和实操的经济学家了。

张军：我觉得这取决于你做什么研究、研究什么问题。我做中国经济研究，当然需要更多了解这个经济，了解这个经济并不要求你一定要去做操盘手。现在很多年轻学者并不研究中国经济，而是研究美国的问题，或者研究纯理论问题，那就不一样了。

图18　20世纪90年代初张军参加国有企业改革课题组时合影，
后排中间的两位分别是上海刀片厂厂长和
上海白猫的老总，后排右三为张军

我自己指导的研究生大多数也选择中国经济作为研究对象，但他们不像我们那时候有更多的机会和耐心观察真实的经济，感受就差很多，往往是基于他人的研究文献或数据来做研究。这是个问题，但我认为这也是可以逐步改变的。

（本文发表于 2017 年 4 月 7 日，《上海观察》，作者：陈抒怡）

我的 2014

问：请用一句话形容一下你的 2014 年？

张军：回到了 2009 年之前的状态。

问：对你来说，2014 年最重要的公事是什么？

张军：呵呵，还真没有这样想过。公事很多啊。2014 年 12 次作为演讲嘉宾出国出席论坛和发表演讲也是公事啊。也许我亲自出马为复旦大学中国经济研究中心拿下"国家创新团队发展计划"，是个大事。

问：私事呢？

张军：身体健康。

问：你迄今为止买过最贵的东西是什么？

张军：就我个人而言，应该是 2004 年花了 24 万买了一辆帕萨特，今天还舍不得报废。

问：印象中最近一次被感动是什么时候？

张军：其实我一直为了自己而感动，因为我自 2008 年以来居然能够坚持下来，而且在经济研究上似乎有了全新的视野。

问：2014 年看过什么印象深刻的书？

张军：《吴清源自传》。

问：2014 年最喜欢的电影是什么？

张军：一部都没看过，没时间看电影。

问：2015 年的新年愿景是什么？

张军：刚刚做了经济学院的院长，要推动复旦经济学院更大发展。

问：你觉得上海合理的房价是多少？上海的车牌贵吗？

张军：我一直说，就上海作为国际大都市而言，现在的房价还真不离谱。至于车牌贵不贵，看谁需要嘛。

问：预测下 2015 年的股市走向？

张军：我从不预测股市，不可预测，但猜测可以，准不准另当别论。2015 年应该还会有行情。也许你不信，我一直关注资本市场，但还没开户买过股票呢。不知道为什么我入市的道路这么漫长。

问：你怎么看"打虎"这件事？

张军：这大概就是新常态吧。

问：你的手机里一共存了多少个联系人？

张军：1400 多个。

问：你觉得微博、微信占用了你太多的时间吗？

张军：是的，大约占了25%的时间，好像还是有点多了，要限制一下。

问：怎么看庞麦郎和他的歌？

张军：没听过呀。

问：你会购买转基因食品吗？买或不买都给个理由。

张军：会。因为根本不知道哪个是转基因食品，哪个不是转基因食品。

问：你觉得自己因为财务自由而实现人生自由了吗？

张军：思想自由不需要解除财务约束吧。

问：如果有个时光机，你想回到哪一年？

张军：对我而言，毫无疑问是2009年以前。

问：你看春节联欢晚会吗？你知道鹿晗吗？

张军：看。不知道，这人是谁？

（本文发表于2015年2月20日《上观问大咖》栏目，

《上海观察》，作者：陈抒怡）

图书在版编目（CIP）数据

高端访问：危机、转型与增长／张军 著. —北京：东方出版社，2018.1
ISBN 978-7-5060-9884-7

Ⅰ.①高…　Ⅱ.①张…　Ⅲ.①中国经济—转型经济—研究　Ⅳ.①F123.9

中国版本图书馆 CIP 数据核字（2017）第 221665 号

高端访问：危机、转型与增长
（GAODUAN FANGWEN：WEIJI、ZHUANXING YU ZENGZHANG）

作　　者：张　军
责任编辑：李　烨
出　　版：东方出版社
发　　行：人民东方出版传媒有限公司
地　　址：北京市东城区东四十条 113 号
邮　　编：100007
印　　刷：北京楠萍印刷有限公司
版　　次：2018 年 1 月第 1 版
印　　次：2018 年 1 月第 1 次印刷
开　　本：787 毫米×1092 毫米　1/32
印　　张：9.75
字　　数：207 千字
书　　号：ISBN 978-7-5060-9884-7
定　　价：49.00 元
发行电话：(010) 85924663　85924644　85924641